MATTHES & SEITZ BERLIN
PAPER.
BACK

J. A. Baker

DER WANDERFALKE

Mit einem Vorwort von
Robert Macfarlane

Aus dem Englischen von
Andreas Jandl und Frank Sievers

Matthes & Seitz Berlin

Inhalt

Vorwort **7**

Anfänge **19**
Wanderfalken **27**
Leben und Jagen **47**

Vorwort

Der Wanderfalke ist zweifelsohne ein Meisterwerk der nicht-fiktionalen Literatur des zwanzigsten Jahrhunderts. Als Elegie für einen Ort steht er neben Barry Lopez' *Arktischen Träumen* (1986). In seiner Eigenart, die Melancholie und Schönheit aus der englischen Landschaft herauszuarbeiten, ist er vergleichbar mit W. G. Sebalds *Die Ringe des Saturn* (1995). Als Verschmelzung von Spirituellem und Elementarem kann man ihn mit Peter Matthiessens *Auf der Spur des Schneeleoparden* (1978) vergleichen. Und als Bericht über die Besessenheit eines Menschen von einem Tier ist er schlichtweg einzigartig. Ein Vorwort soll sein Buch natürlich in den höchsten Tönen loben, doch stelle ich hier keine pompösen Behauptungen auf. Mein Lobgesang trifft einfach zu.

Wenn man dem Buch so etwas Konventionelles wie eine Handlung zuschreiben möchte, dann lautete sie wie folgt: Zwei Wanderfalkenpaare kommen im Herbst zum Jagen in eine südenglische Küstengegend – ein abwechslungsreiches Gelände mit Marschen, Wäldern, Feldern, Flussniederungen, Watt, Flussmündung und Meer. Aus einem Grund, der nie ganz geklärt wird, ist der Erzähler von den Vögeln besessen. Von Oktober bis April ist er ihnen täglich auf der Spur und beobachtet sie beim Baden, Töten, Fressen und Schlafen. »Der Herbst eröffnet die Saison meiner Falkenjagd, der Frühling beendet sie, dazwischen funkelt der Winter wie der Bogen des Orion« (*Autumn begins my season of hawk-hunting, spring ends it, and win-*

ter glitters between like the arch of Orion), so seine Worte. Das Buch berichtet von dieser Jagd in all ihren bewegten Wiederholungen.

Also die täglichen Aufzeichnungen eines Ornithologen, mögen Sie jetzt denken. Aber den *Wanderfalken* als eine wissenschaftliche Aufzeichnung zu charakterisieren, würde ihn ebenso auf ein Merkmal reduzieren, als nennte man *Mrs. Dalloway* einen Tagebucheintrag. Treffender ist es, den Text als ein langes, in einem dichten Stil verfasstes Prosagedicht anzusehen, so dicht, dass Grammatik und Syntax mitunter zerdrückt werden. Die Dramatik und Ortskunde würde ein minder begabter Autor auch auf tausend Seiten kaum unterbringen können. Dieses Buch trägt eine massiv verdichtete Energie in sich, wie Erdöl, Kohle oder ähnliche derartige Rohstoffe.

Über J.A. Baker selbst erfährt der Leser wenig. Alles, was im *Wanderfalken* geschieht, trägt sich innerhalb des Jagdgebiets der Wanderfalken zu. Die Handlung geht über diesen einen Landstrich nicht hinaus. Weshalb der Autor dem Falken folgt, wird nicht erläutert, es gibt keinen speziellen Auslöser. Auch ist kein Platz für einen anderen Menschen neben Baker selbst. Wir erfahren nichts darüber, wie er lebt, wenn er nicht beobachtet: Wir wissen nicht einmal, wo er schläft, nur wenig darüber, was er isst. All diese Informationen, das spüren wir, werden nicht zurückgehalten, um Interesse zu schüren, sondern weil sie unwichtig sind.

Unwichtig, da *Der Wanderfalke* nicht vom Beobachten eines Vogels erzählt, sondern davon, wie man zum Vogel wird. Schon früh formuliert Baker sein Jagdmanifest:

> Wohin er diesen Winter auch gehen mag, ich werde ihm folgen. Ich werde die Furcht und Freude seines Jagens teilen, und auch die Langeweile. Ich werde ihm folgen, bis meine bedrohliche Menschengestalt das wirbelnde Kaleidoskop, das die Sehgrube seiner glänzenden Augen füllt, nicht mehr in Angst verdunkeln lässt. Mein heidnischer Kopf soll im Winterlandboden versinken, auf dass er rein werde.

Hier, in diesen vier sonderbaren Sätzen, steckt der dramatische Kern des Buches. Baker hofft, durch rigorose, anhaltende und »reine« (*purified*) Konzentration auf den Wanderfalken seiner eigenen menschlichen Gestalt entfliehen und in die »glänzende« (*brilliant*) Wildheit des Vogels flüchten zu können.

Während die Jahreszeiten voranschreiten, intensiviert sich die Beziehung des Erzählers zum Vogel. Zunächst lernt er, die Falken auszumachen. Wanderfalken fliegen oft so schnell und in solcher Höhe, dass sie für das menschliche Auge vom Boden aus nicht zu sehen sind. Baker entdeckt aber, dass sich Wanderfalken lokalisieren lassen, weil sie andere Vögel in Unruhe versetzen, ähnlich wie sich die Position eines unsichtbaren Flugzeugs anhand seines Kondensstreifens bestimmen lässt. So schreibt er am 7. Oktober: »Wie flüchtige Flammen durchsengen die Falken den kalten Himmel und verschwinden spurlos im dunstigen Blau. Doch aus den unteren Luftschichten zieht eine Welle von Vögeln nach und schraubt sich durch eine weiße Spirale von Möwen in die Höhe.« (*Evanescent as flame, peregrines sear across the cold sky and are gone, leaving no sign in the blue haze above. But in the lower air a wake of birds trails back, and rises upward through the white helix of the gulls.*)

Indem er seine Verfolgungstaktik verbessert, kommt Baker immer näher an den Vogel heran. An einem Tag im November legt er seine Hand auf ein Stück Wiese, auf dem der Falke kurz zuvor gestanden hat, und verspürt »ein starkes Gefühl von Nähe, von Verbundenheit« (*a strong feeling of proximity, identification*). Im Dezember hat er sich bereits in eine Art wildes Tier verwandelt. Als er eines Nachmittags über ein Feld läuft, sieht er Federn im Wind treiben:

> Eine tote Ringeltaube lag mit der Brust nach oben auf einem Ballen weicher, weißer Federn. Der Kopf war gefressen worden. [...] Die Knochen waren noch dunkelrot, das Blut noch feucht.

> Ich kauerte mich über das Tier wie ein es ummantelnder Falke. Meine Augen kreisten flink, spähten nach den Köpfen herannahender Menschen. Unbewusst imitierte ich die Bewegungen des Falken, wie in einem archaischen Ritual; der Jäger, der sich in seine Beute verwandelt. [...] In diesen Tagen im Freien leben wir dasselbe rauschhafte, angsterfüllte Leben. Wir meiden die Menschen.

Die Personalpronomen erzählen die Geschichte – das ›ich‹ wird zum ›wir‹, der Mensch geht in den Falken über.

Warum sollte ein Mann zum Vogel werden wollen? Mit acht Jahren war Baker an rheumatischem Fieber erkrankt, von dem er ein lebenslanges Arthritisleiden davontrug. Sein Zustand verschlechterte sich, die Krankheit breitete sich aus, von den Knien zur Hüfte, dann zu den Händen. Codein linderte die Schmerzen, löschte sie aber nicht aus, und er bekam zeitweilig Goldinjektionen in die Gelenke, um das Fortschreiten der Krankheit zu verlangsamen. Als er den *Wanderfalken* schrieb, krampften und krümmten sich Bakers Hände zunehmend zusammen, so dass sie eher Krallen denn Fingern glichen. Mit dieser Enthüllung will ich mich nicht dem Wunsch des Buches nach Diskretion widersetzen, es ist ja stets zu spüren, dass der Erzähler an einer tiefen Wunde, ob seelisch oder körperlich, leidet, die seine Wahrnehmung mit »Trübnis« (*dimness*) und »Trostlosigkeit« (*desolation*) färbt, wie sie aber zugleich sein Bewusstsein für Schönheit schärft.

Bakers Krankheit erklärt auch bis zu einem gewissen Grad das zentrale Drama des »Jägers, der sich in seine Beute verwandelt« (*the hunter becoming the thing he hunts*). Denn wer sich mittels intensiver Fokussierung in ein anderes Wesen verwandelt, entkommt damit auf eine Art seinem eigenen Leiden. Es ist eine Selbstzerstörung, die zur Wiederauferstehung führt. Darin erinnert es an Keats' berühmte Doktrin der »negativen Befähigung« (*negative capabi-*

lity), jenes »poetischen« Vermögens, sich so umfassend in ein anderes Wesen zu entleeren, dass man nicht nur wie dieses Wesen denkt, sondern dazu *wird*. Keats' Gedanken über dieses Thema wurden, wie der Zufall es will, von einem Vogel ausgelöst: »Oder wenn ein Sperling an mein Fenster kommt«, schreibt er im November 1817, »dann schlüpfe ich in seine Existenz und picke im Kies herum ... // [so] dass ich in kurzer Zeit ausgelöscht bin.«[1] Selbstauslöschung war auch Bakers Ziel.

Doch nicht nur Baker hat in *Der Wanderfalke* zu leiden. Die Falken selbst sind bedroht. Das Buch erschien erstmalig im Jahr 1967. Bereits 1962 hatte Rachel Carson in ihrem Werk *Der stumme Frühling* die Weltöffentlichkeit gewarnt, wie verheerend sich der Einsatz von Pestiziden auf die Vogelbestände auswirkte. Ein Jahr später veröffentlichte der britische Greifvogelspezialist Derek Ratcliffe einen aufsehenerregenden Artikel über die schrecklichen Folgen der Agrarchemie für die Population der Wanderfalken in Großbritannien[2]. 1939 gab es laut Ratcliffes Aufzeichnungen siebenhundert Wanderfalkenpaare in Großbritannien; eine Erhebung aus dem Jahr 1962 zeigte einen Rückgang der Bestände um 50 %, wobei nur achtundsechzig Paare erfolgreich Junge großzogen. Die Jahre, in denen Baker die Feldforschung für sein Buch unternahm, waren die Jahre, in denen den Wanderfalken in Großbritannien am meisten Schaden zugefügt wurde. Für Baker muss es so ausgesehen haben, ja sogar allzu wahrscheinlich gewesen sein, dass die Wanderfalken aufgrund des, wie Baker es nennt, »heimtückischen Dreckpollens der Agrarchemie«

1 John Keats, *Richtmaß des Schönen. Briefe*. Verlag Philipp Reclam jun., Leipzig 1982, Übersetzung: Christa Schuenke.

2 Ratcliffe, D. A., »The Status of the Peregrine in Great Britain«, in: *Bird Study* 1963 (10), S. 50–90. Ratcliffes Artikel führte zur Regulierung des Einsatzes von DDT in der britischen Landwirtschaft und zu einer leichten Erholung der Wanderfalkenbestände. Bis 1979 waren zwei Drittel der Horste wieder besetzt. In Ländern ohne Pestizid-Regulierung kam es fast zur völligen Ausrottung: In Finnland sank die Population von 2.000 Paaren im Jahr 1950 auf nur noch 16 im Jahr 1975.

(*the filthy, insidious pollen of farm chemicals*) aussterben würden. Gewiss hatte Baker Ratcliffes Artikel gelesen; auch hatte er den Rückgang der Wanderfalkenbestände bei seinen eigenen Beobachtungen bemerkt. »Nur wenige überwintern noch in England, und noch weniger nisten hier« (*Few winter in England now, fewer nest here*), beklagt er, »die alten Brutstätten verwaisen« (*the ancient eyries are dying*).

In weiten Teilen des Textes herrscht die Stimmung eines Requiems vor, einer leichten Traurigkeit angesichts dieser Zustände, vermischt mit dem Unglauben, dass es doch noch anders kommen könnte. In einigen Passagen steigert sich der elegische Ton zur Wut. Am 24. Dezember, einem Tag mit Minusgraden und wenig Licht, entdeckt Baker bei seinem Spaziergang auf einem Stoppelfeld einen halbtoten Reiher. Obwohl die Flügel am Boden festgefroren sind, unternimmt er schrecklich aussichtslose Fluchtversuche:

> Als ich näherkam, sah ich, wie sein ganzer Körper sich zur Flucht aufbäumte. Aber er konnte nicht mehr fliegen. Ich gab ihm Frieden, und sah die verbleichende Sonne seiner Augen langsam in Wolken genesen. Kein Schmerz, kein Tod ist für ein wildes Tier so schlimm wie die Furcht vor dem Menschen. [...] Eine vergiftete Krähe, die mit aufgerissenem gelbem Schnabel im Gras liegt und hellgelben Schaum spuckt, wird bei dem Versuch, sie zu fangen, sich wieder und wieder in die haltlose Luft raffen wollen. Ein Kaninchen, das von der Seuche schon aufgedunsen und angefault ist, [...] wird die Erschütterung Ihrer Schritte hören und Sie mit vortretenden, blinden Augen anstarren.
> Wir sind die Mörder. Wir stinken nach Tod. Wir tragen ihn in uns. Er haftet an uns wie Reif. Wir kriegen ihn nicht vom Leibe.

»Wir stinken nach Tod. Wir tragen ihn in uns.« (*We stink of death. We carry it with us.*) Bei diesen Worten verstehen wir, dass sie von einem Mann stammen, der seinen eigenen Tod schon vor Augen hat, und von einem Menschen, dem es vor der eigenen Spezies graut.

Warten auf Godot wurde als ein Theaterstück beschrieben, in dem nichts passiert, und das zwei Mal. *Der Wanderfalke* ist ein Buch, in dem sehr wenig passiert, und das Hunderte Male. Sonnenaufgang. Der Mann beobachtet, der Vogel jagt, der Vogel tötet, der Vogel frisst. Sonnenuntergang. Und so weiter und so fort, sieben Monate lang. Baker hat verstanden, dass er den Leser nur halten kann, wenn er die immer gleichen Abläufe in einer neuen Sprache beschreibt. Die Sprache, die er erfand, war ebenso instinktiv, unvermittelt und luftig wie der Vogel, dem er sie widmete, eine Sprache, die genau wie der Vogel trotz aller Wiederholung immer wieder überrascht.

Wieder und wieder erstaunt uns Baker mit seinen Sätzen. Da sind zum einen die Neologismen: Substantive werden plötzlich zu Verben, Verben wandeln sich in Adjektive. »Fünftausend Strandläufer regneten davon wie eine Schar Käfer aus goldbeglimmertem Chitin.« (*Five thousand dunlin rained away inland, like a horde of beetles gleamed with golden chitin.*) »Der Nordwind bebröselte weiß die gegitterten Hecken.« (*The north wind brittled icily in the pleached lattice of the hedges.*) »Vier Sumpfohreulen sachtelten aus dem Ginster.« (*Four short-eared owls soothed out of the gorse*) Dann gibt es die in der englischen Sprache sehr ungewöhnlichen Inversionen – »Wuchtig stob er ihnen davon, glitt majestätisch nach Süden und stieg am hellen Rand der schwarzen Wolke empor.« (*Savagely he lashed himself free, and came superbly to the south, rising on the rim of the black cloud*); »Sehr still die Mündung; dunstige Horizonte, die mit der Gischt verschmelzen« (*Very still the estuary; misty skylines merged into white water*) –, die wie Stöße aus dem Signalhorn wirken und den Szenen einen strahlenden Ritualismus verleihen. Nicht zuletzt die erstaunlichen Beschreibungen archetypischer Situationen, so feierlich und dynamisch wie imagistische Lyrik, etwa beim Verfolgen und »Niederstoßen« (*stoop*): diesem »herabsäbelnden Himmelssturz« (*sabring fall from the sky*), wenn der Wanderfalke aus einer Höhe von dreitausend Fuß auf seine Beute niederschießt und sie durch den Aufprall wie auch mit seinen schlitzenden Krallen tötet:

> Eine Wanderfalkin, heraldisch schwarz vor weißem Himmelsschild, kreiste vom Meer heran. Sie wurde langsamer, segelte ziellos dahin, als wäre die Luft über dem Land zäh und schwer. Sie stürzte herab. Die Strände tosten und loderten von Salven weißer Flügel. Der Himmel riss auf, barst von wirbelnden Vögeln. Die Falkin bewegte sich auf und ab wie ein schwarzes Sichelmesser in weißem, splitterndem Holz.

In Bakers Händen verhalten sich Worte zueinander auf unvorhersehbare Weise, ebenso wie Formen und Räume. Als ein Wanderfalke durch »Wolken« (*cumulus*) von Tauben herabschoss, »fiel ein Tier zurück, wurde aufgeschlitzt, schaute verdutzt wie ein Mann, der vom Baum fällt. Der Boden rauschte heran und zerschmetterte es.« (*one bird fell back, gashed dead, looking astonished, like a man falling out of a tree. The ground came up and crushed it*) Es ist wohlbemerkt der Boden, der »heranrauscht« (*comes up*), um den Vogel zu zerschmettern, und nicht – wie zu erwarten wäre – der Vogel, der zerschmetternd auf ihn herunterfällt. In ähnlicher Weise beschreibt Baker, wie der Falke einem Strandläufer nachjagt: »Es schien, als fiele dieser langsam zum Falken zurück. Dann verschmolz er mit dessen dunkler Silhouette und tauchte nicht wieder auf.« (*the dunlin seemed to come slowly back to the hawk. It passed into his dark outline, and did not re-appear*) Man hätte vermutet, dass es sich genau andersherum verhält, dass der Greifvogel sich der Beute annähert. Aber hier fällt der Strandläufer »langsam zum Falken zurück« (*comes slowly back to the hawk*). Der Strandläufer stirbt in einer sonderbaren Bereitwilligkeit. Und wie ein Schlag überfällt uns die Erkenntnis, dass dieser Moment für das gesamte Buch steht: als eine weitere Form der Selbsttötung, ein weiteres langsames Einswerden mit dem Raubvogel.

»Was sieht der Falke?«, fragte Anaximander von Milet im sechsten Jahrhundert vor Christus. Baker zufolge sieht ein Falke wie ein kubistischer Maler. Er nimmt Ebenen und Formen wahr, die in abstrakten Winkeln zueinander stehen. Er merkt sich keine Details, sondern Formen und deren Anordnung zueinander:

> Der Wanderfalke lebt in einer zerfließenden Welt ohne Halt, einer Welt der Wellen und Wogen, aus versinkenden Flächen von Land und Wasser. [...] Der Wanderfalke sieht und merkt sich Muster, von denen wir nicht einmal wissen, dass es sie gibt: die geordneten Karrees der Obstgärten und Wälder, die endlos verschiedenen Vierecke der Felder. Mithilfe einer langen Reihe solcher eingeprägter Symmetrien findet er sich über dem Land zurecht. [...] Seine Augen sehen Landkarten in Schwarz-Weiß.

Eine der vielen Freuden, die wir beim Lesen des *Wanderfalken* haben, besteht darin, dass wir die Perspektive des Falken einnehmen können. Wir schauen von oben auf die Landschaft von Essex und sehen sie in bloßen Formen: Rebhühner stehen »in dunklen Zirkeln« (*dark rings*) auf den Feldern, Vögel sind in »funkelnden Wellungen« (*shiny corrugations*) verborgen, ein Obstgarten sinkt zu »dunkel dürren Linien und grünen Streifen« zusammen (*into dark twiggy lines and green strips*), der Horizont »befleckt sich mit fernen Städten« (*stained with distant towns*), eine Mündung »öffnet ihren silberblauen Trichtermund« (*lifts up its blue and silver mouth*). All dies hätten wir vom Boden aus nicht sehen können. Baker beschenkt uns mit der Perspektive, die die Griechen *kataskopos* nannten, den ›Kundschafterblick‹ – der in der Regel Göttern, Vögeln und Bergsteigern vorbehalten bleibt. Und wie wunderbar ungewohnt ist dieser Blick auf Essex – ein County, das sich nie mehr als 140 Meter über den Meeresspiegel erhebt, durch das man den Blick schweifen lässt, auf das man ihn aber selten herabsenkt.

Das Merkmal tiefer Fremdheit, mit dem Baker die Landschaft ausstattet, ist meiner Meinung nach die bemerkenswerteste Leistung des *Wanderfalken*. Jeder Schriftsteller, der sich der englischen Landschaft annimmt, steht vor dem Problem, nicht der erste zu sein. Jeder Morgen Land ist bereits beschrieben worden. Es mag so scheinen, dass nichts Originelles, nichts Originäres mehr darin zu finden wäre. Eine Aspikschicht aus Klischees klebt wabbelnd auf dem Land. Und doch wirkt Bakers intensiv bewirtschaftetes und dicht besiedeltes Essex fünfzig Meilen nordöstlich von London wie das geheimnisvollste, ursprünglichste, wildeste und abgelegenste Fleckchen Erde.

Um diese Wirkung zu erreichen, verwendet Baker unter anderem keine konkreten Ortsbezeichnungen. Stattdessen macht der Betrachter – wie Rilke es in seinen *Sonetten an Orpheus* den Dichtern empfiehlt – die Orte durch eigene Namensgebung lebendig. Er spricht vom »Süden«, »Norden«, »Osten« und »Westen«. Er bewohnt eine Landschaft, die sich am Grundlegensten ausrichtet. Wenn er sich darin orientiert, so ausschließlich anhand geografischer Formen und Merkmale: »landeinwärts« (*inland*), »die Böschung hinauf« (*up the slope of the hill*), »die Wälderlinie entlang« (*along the line of the woods*). Baker entvölkert seine Landschaft auch in mysteriöser Weise. Man sieht einen einzelnen Spaziergänger, Schiffe fahren zur See hinaus, ein roter Traktor durchkämmt ein Feld. Ansonsten herrscht eine unheimliche Leere. Das ist natürlich so, weil Baker die »Menschen« (*humans*) meidet, denen er sich nicht hinzurechnen möchte. Er gehört jetzt zur Wildnis, bleibt im Schutz von Hecken, von Bäumen, im Dunkel, so wie Jäger und Gejagte es tun müssen.

Alles, was im *Wanderfalken* vorhanden ist – die Landschaft, der Erzähler, die Vögel, die Sprache –, verhält sich auf unvorhersehbare Art und Weise. Im Vorüberfliegen wenden der Falke und der falkengleiche Blick des Erzählers alles in so seltsame wie schöne Überraschungen. Mit diesem Buch schwingt sich die Phantasie zu einem Flug auf, der nach der Lektüre noch Monate und Jahre andauert.

Robert Macfarlane, London 2014

Für meine Frau

Anfänge

Im Osten meines Hauses liegt die Anhöhe langgestreckt auf dem Horizont wie der flache Rumpf eines Unterseeboots. Den östlichen Himmel darüber erhellen die Spiegelungen fernen Wassers, und man wähnt Segel dort draußen hinter dem Land. Auf den Hügeln drängen sich Bäume zu dunklen Waldhüten zusammen, doch wenn ich auf sie zugehe, fächern sie langsam auseinander, der Himmel senkt sich zwischen sie, und vereinzelt stehen Eichen und Ulmen, jede in ihrem eigenen weiten Revier aus Winterschatten. Die Stille, die Einsamkeit der Horizonte lockt mich zu ihnen, an ihnen vorbei, hinaus zu wieder anderen. Wie Schichten durchziehen sie die Erinnerung.

Vom Ort aus fließt der Fluss nach Nordosten, biegt um das Nordende der Anhöhe nach Osten und dreht dann nach Süden zur Mündung. Oben ist die Niederung eine flache, offene Ebene, weiter unten wird sie enger und steiler, nahe der Mündung ist sie dann wieder flach und offen. Die Ebene sieht ihrerseits aus wie eine Mündungslandschaft, mit zerstreuten Gehöften als Inseln. Der Fluss fließt langsam, mäandert; er ist zu schmal für das lange, breite Mündungsdelta, in das sich einst ein viel größerer Fluss ergoss, der fast alleinige Abfluss von ganz Mittelengland.

Detaillierte Landschaftsbeschreibungen sind mühsam. Oberflächlich betrachtet ähneln die einzelnen Teile Englands einander sehr. Die Unterschiede sind nur fein, von Heimatliebe gefärbt. Der Boden hier besteht aus Lehm: im Norden des Flusses Blocklehm, im Süden London-Lehm. Auf den Flussterrassen und den höheren Lagen der Anhöhe liegt Kies. Einst Wald, später Weiden, wird das Land heute vor allem zum Landbau genutzt. Die Wälder sind klein, mit wenigen großen Bäumen; zumeist Hochstämme von Eichen, aber auch Niederholz mit Hainbuche und Haselnuss. Viele Hecken sind gerodet worden. Was noch aufragt, ist Weißdorn, Schwarzdorn oder Ulme. Die Ulmen schießen im Lehm in die Höhe; ihre vielgestaltigen Formen konturieren den Winterhimmel. Silberweiden zeigen den Verlauf des Flusses, der Bach ist von Erlen gesäumt. Der Weißdorn wächst gut. Es ist ein Land von Ulme, Eiche und Dorn. Die Menschen, die hier im Lehm geboren wurden, sind grimmig und mürrisch, fangen nicht schnell Feuer, schwelen wie Erlenholz, sind wortkarg, schwer und ernst wie das Land selbst.

Wenn man alle Buchten und Inseln einrechnet, gibt es vierhundert Meilen Gezeitenküste; dieser Landstrich ist das County mit der längsten und zerklüftetsten Küste. Trotz seiner Nähe zum Wasser ist es auch das trockenste County, obwohl es am Rand hinunterbröckelt zu Marsch und Salzwiesen und Wattenmeer. Der trockene, sandige Schlick bei Ebbe sorgt für einen klaren Himmel; die Wolken spiegeln das Wasser und schicken sein Licht landeinwärts.

Die Höfe hier sind ordentlich und bemittelt, und doch liegt ein Anflug von Nachlässigkeit auf ihnen wie herumgeisterndes Gras. Irgendetwas scheint immer zu fehlen, immer fühlt man sich wie vergessen. Sonst gibt es hier nichts; keine Schlösser, keine alten Baudenkmäler, keine Hügel wie grüne Wolken. Es ist nur ein Stück gekrümmte Erde, hartes Winterfeld. Dämmrige, flache, trostlose Landschaften, die allen Kummer vernarben.

Ich habe mich immer danach gesehnt, Teil dieses Lebens, dieses Außen zu sein, dort draußen am Rande der Dinge zu stehen, den menschlichen Firnis mit Leere und Stille von mir abzuspülen, so wie der Fuchs sich in der kalten Weltlosigkeit des Wassers seines Geruchs entledigt, um als Unbekannter in die Stadt zurückzukehren. Das Wandern hat einen Glanz, der mit der Ankunft verblasst.

Erst spät lernte ich die Vögel lieben. Jahrelang habe ich sie nur als ein Huschen am Rande des Blickfelds wahrgenommen. Sie kennen Leid und Freude in einer Schlichtheit, die uns verwehrt ist. Ihr Leben wallt auf in einem Puls, den unsere Herzen niemals erreichen könnten. Sie rasen ins Vergessen. Sie sind alt, noch ehe wir erwachsen sind.

Der erste Vogel, den ich beobachtete, war die Nachtschwalbe, die in der Niederung nistete. Ihr Lied klingt, als würde Wein aus großer Höhe in ein dröhnend nachhallendes Fass geschüttet. Ein Klang, dessen Bouquet als wohlriechender Schwall in den ruhigen Himmel aufsteigt. Im blendenden Tageslicht mag er dünner und trockener erscheinen, doch die Dämmerung macht ihn samtweich und erlesen. Wenn Gesang einen Geruch hätte, röche dieser nach zerstoßenen Trauben und Mandeln und dunklem Holz. Der Klang sprudelt heraus, und nichts davon geht verloren. Der ganze Wald ist von ihm erfüllt. Dann endet er, plötzlich und unerwartet. Im Ohr aber klingt er noch lange als ein sich ausweitendes, verhallendes Echo nach, das sich durch die umliegenden Bäume schlängelt und schwindet. Freudig züngelt die Nachtschwalbe empor in die tiefe Stille zwischen den ersten Sternen und dem langen Abendrot. Leicht und geräuschlos gleitet und flattert, tanzt und hüpft sie dahin. Auf Bildern scheint sie froschhaft verzagt, verströmt eine Aura von Schwermut, als läge sie in Dämmer begraben, gespenstisch, verstörend. In Wirklichkeit sieht sie nie so aus. Durch das abnehmende Licht sieht man nur ihre Silhouette und ihren Flug, unfassbar leicht und fröhlich, grazil und behände wie eine echte Schwalbe.

In der Dämmerung waren immer Sperber in meiner Nähe, wie etwas, das mir auf der Zunge lag, ohne dass ich darauf kam. Blind blitzten ihre schmalen Köpfe durch meinen Schlaf. Ich folgte ihnen viele Sommer lang, aber sie waren schwer zu finden und noch schwerer zu beobachten, da es so wenige und so scheue Tiere waren. Sie lebten ein flüchtiges Guerillaleben. An allen verwilderten, überwucherten Orten versinken nun die gebrechlichen Knochen von Generationen von Sperbern im tiefen Humus der Wälder. Sie waren eine vertriebene Rasse wunderschöner Barbaren, und als sie starben, gab es keinen Ersatz.

Ich habe der moschusartigen Überfülle der Sommerwälder den Rücken gekehrt, in der so viele Vögel den Tod finden. Der Herbst eröffnet die Saison meiner Falkenjagd, der Frühling beendet sie, dazwischen funkelt der Winter wie der Bogen des Orion.

Meinen ersten Wanderfalken sah ich an einem Dezembertag vor zehn Jahren, an der Mündung. Die Sonne rötelte durch den weißen Flussnebel, die Felder funkelten von Raureif, die Boote waren reifüberzogen; nur das leise plätschernde Wasser bewegte sich frei und glänzte. Ich ging den hohen Flussdeich entlang in Richtung Meer. Als die Sonne durch einen klaren Himmel in blendenden Dunst aufstieg, wurde das starre, knirschend weiße Gras feucht und schlaff. An schattigen Stellen blieb der Frost den ganzen Tag, die Sonne war warm, kein Wind wehte.

Ich blieb am Fuß des Deichs stehen und beobachtete die Alpenstrandläufer, die an der Flutlinie fraßen. Plötzlich flogen sie flussaufwärts, und Hunderte von Finken flatterten über mir mit dem panischen ›harr‹ ihres Flügelschlags davon. Allzu langsam dämmerte mir, dass gerade etwas geschah, das ich nicht verpassen durfte. Ich ging den Deich hinauf und sah, dass die verkümmerten Weißdornbüsche auf dem Deichhang landeinwärts voll mit Wacholderdrosseln waren. Ihre spitzen Schnäbel wiesen nach Nordosten, schimpften und klapperten beunruhigt. Ich folgte ihrem Blick und sah einen Falken, der auf mich zuflog. Er drehte nach rechts ab und verschwand im Binnenland. Er sah aus wie ein Turmfalke, nur größer und gelblich gefärbt, der Kopf kegelstumpfförmig, mit längeren Flügeln und mehr Energie und Beschwingtheit im Flug. Erst als er die

Stare sah, die in den Stoppelfeldern fraßen, ging er in Gleitflug über, dann fegte er herab und wurde, da die Stare aufstoben, von ihnen verschluckt. Eine Minute später rauschte er direkt über mich hinweg und war in einem einzigen Atemzug im sonnenbeschienenen Dunst verschwunden. Er flog jetzt viel höher als zuvor, holte weit aus, warf sich voran, wobei seine scharfen, nach hinten abgewinkelten Flügel hin und her schnellten wie bei einer Schnepfe.

Das war mein erster Wanderfalke. Seitdem habe ich viele andere gesehen, doch keiner hat diesen bislang an Schnelligkeit und feurigem Temperament übertroffen. Zehn Jahre lang habe ich jeden meiner Winter auf der Suche nach diesem schwungvollen Strahlen verbracht, nach der plötzlichen Leidenschaft und Wucht, die der Wanderfalke vom Himmel herab verbreitet. Zehn Jahre lang habe ich Ausschau gehalten nach diesem wolkenbeißenden Anker in der Luft, dieser fliegenden Armbrust. Das nach Falken hungernde Auge ist unersättlich. Rauschhaft springt es sie an, so wie sich das Auge des Falken auf die appetitanregenden Silhouetten der Möwen und Tauben richtet und weitet.

Um von einem Wanderfalken erkannt und akzeptiert zu werden, muss man stets dieselbe Kleidung tragen, denselben Weg gehen, in seinen Bewegungen dieselbe Abfolge beibehalten. Wie alle Vögel fürchtet er das Unvorhersehbare. Am besten betritt und verlässt man jeden Tag zur selben Zeit dieselben Felder und beschwichtigt das Wilde im Falken mit Verhaltensritualen, die ebenso unveränderlich sind wie seine. Man verbirgt den Schimmer der Augen, verhüllt das weiße Zucken der Hände, bedeckt das nackte, glänzende Gesicht und wird still wie ein Baum. Ein Wanderfalke fürchtet nichts, das klar erkennbar und weit von ihm entfernt ist. Am besten, man nähert sich ihm über offenes Gelände in steter, immer gleicher Bewegung. Man lässt seine Silhouette wachsen, ohne die Konturen zu ändern. Ein Versteck nutzt man nur, wenn es perfekt ist. Man geht allein. Auffälliges Menschentun sollte man beschränken, die feindseligen Augen der Bauernhöfe meiden. Man muss lernen, zu fürchten. Gemeinsam etwas zu fürchten, ist das stärkste Band, das es gibt. Der Jäger muss das werden, was er jagt. Das, was ist, der gegenwärtige Moment, muss die bebende Stärke des in den Baum bohrenden Pfeils haben. Gestern ist matt und monochrom. Vor einer Woche noch waren wir nicht einmal geboren. Ausharren, aushalten, folgen, sehen.

Die Jagd nach dem Falken schärft den Blick. Das Land, das hinter dem Vogel vorbeifliegt, strömt einem in stechenden Farben sich fächernd aus dem Auge. Der schräge Blick nach oben schlägt durch die Schlacke der Oberflächen wie die angeschrägte Axt ins Herz des Baums. Ein lebhafter Ortssinn erwächst wie ein zusätzliches Körperglied. Jede Himmelsrichtung bekommt Farbe und Bedeutung. Der Süden ist hell und versperrt, milchig und dumpf; der Westen verdichtet die Erde in Bäume, zieht sie zusammen, die große Rinderhälfte Englands, die himmlische Keule; der Norden ist offen, kahl, der Weg ins Nichts; der Osten beschleunigt himmelauf, ist lockendes Licht, ein plötzliches, brausendes Meer. Die Zeit wird mit der Blutuhr gemessen. Ist man in Bewegung, nahe beim Falken, hinter ihm her, dann rast der Puls, die Zeit läuft schneller; steht man still und wartet, beruhigt sich der Puls, und langsam ist die Zeit. Wenn man dem Falken nachstellt, bekommt man immer ein beklemmendes Zeitgefühl, die Zeit zieht sich zusammen wie eine sich spannende Uhrfeder. Die Bewegung der Sonne, die ständige Veränderung des Lichts, der zunehmende Hunger und das unerträgliche Metronom des eigenen Herzschlags sind einem zuwider. Sagt man »zehn Uhr« oder »drei Uhr«, so ist das nicht die graue, verschrumpelte Zeit der Städte, sondern die Erinnerung an ein bestimmtes Aufblühen oder Abfallen des Lichts, das zu dieser Zeit, an diesem Ort und an diesem Tag einzigartig war, und diese Erinnerung bleibt für den Jäger so lebendig wie gleißendes Magnesium. Sobald der Falkenjäger die Türschwelle überschreitet, weiß er, wie der Wind weht, fühlt er das Gewicht der Luft. Tief in seinem Innern scheint er den Tagesablauf des Falken zu sehen, der auf den Glanz ihrer ersten Begegnung zuwächst. Zeit und Wetter halten Falken und Beobachter zwischen ihren Wendestangen. Hat der Jäger den Falken aufgespürt, kann er versöhnlich zurückblicken auf all die Unbill und Mühsal des Suchens und Wartens, die alledem vorausging. Alles ist wie neu, als hätten die zerfallenen Säulen einer Tempelruine plötzlich ihre alte Pracht wiedererlangt.

Ich will auch verdeutlichen, wie blutig das Töten vonstatten geht. Allzu oft wurde von Falkenschützern darüber hinweggegangen. Der fleischessende Mensch ist in keiner Weise besser. Es fällt uns so leicht, Totes zu mögen. Das Wort ›Raubtier‹ ist ausgeleiert vor missbräuchlicher Verwendung. Alle Vögel fressen irgendwann in ihrem Leben lebendiges Fleisch. Man denke an die kaltäugige Drossel, diesen drollig hüpfenden Fleischfresser aus dem Vorgarten, der Würmer aufspießt und Schnecken totschlägt. Wir sollten über ihrem Gesang nicht in Sentimentalität versinken und darüber das Töten vergessen, das ihn erst ermöglicht.

Ich habe in meinem Winter-Tagebuch versucht, eine Einheit zu wahren und den Vogel, den Beobachter und den Ort, der beide verbindet, zusammen zu sehen. Alles, was ich beschreibe, habe ich mit eigenen Augen gesehen, wobei ich nicht glaube, dass eine aufrichtige Beschreibung des Gesehenen genügt. Die Gefühle und das Verhalten des Beobachters sind ebenfalls Tatsachen, die wahrheitsgemäß aufgezeichnet werden müssen.

Zehn Jahre lang bin ich dem Wanderfalken gefolgt. Ich war von ihm besessen. Er war mein Gral. Jetzt ist er fort. Die lange Jagd ist zu Ende. Es kommen nur noch wenige Wanderfalken hierher, bald werden es noch weniger sein, vielleicht werden sie nicht überleben. Viele sterben auf dem Rücken liegend, krallen in ihren letzten Zuckungen wie irre in den Himmel, verdorrt und innerlich verbrannt durch den heimtückischen Dreckpollen der Agrarchemie. Ich habe versucht, ehe es zu spät ist, die außergewöhnliche Schönheit dieses Vogels einzufangen und die Wunder der Landschaft festzuhalten, in der er lebte, eines Landes, das in meinen Augen ebenso reich und prächtig ist wie Afrika. Eine vergehende Welt, wie Mars, die noch leicht glimmt.

Wanderfalken

Am schwierigsten ist es, das zu sehen, was tatsächlich da ist. In Büchern über Vögel sieht man vielerlei Abbildungen von Wanderfalken, begleitet von Texten gespickt mit Informationen. Groß und mittig steht er im blendenden Weiß der Seite und starrt zum Betrachter, kühn, statuenhaft, in bunten Farben. Aber sobald man das Buch zugeklappt hat, verschwindet er vor dem geistigen Auge. Im Vergleich zur unbewegten Nahaufnahme wirkt die Wirklichkeit glanzlos und enttäuschend. Der lebendige Vogel wird niemals so groß und strahlend aussehen. Er wird tief in der Landschaft versunken sein und noch weiter zurückweichen, immer tiefer in sie hinein, bis man ihn fast verliert. Vor der betörenden Lebendigkeit des echten Vogels sind Bilder wie Wachsfiguren. Wanderfalkenweibchen sind zwischen dreiundvierzig und einundfünfzig Zentimeter lang; das entspricht etwa der Unterarmlänge eines Mannes, vom Ellbogen bis zu den Fingerspitzen. Die Männchen, auch Terzel genannt, sind sieben bis zehn Zentimeter kürzer und messen zwischen sechsunddreißig und einundvierzig Zentimeter. Auch im Körpergewicht unterscheiden sich die Geschlechter: Falkinnen wiegen zwischen 790 und 1.130 Gramm, Terzel zwischen 560 und 790 Gramm. Alles am Wanderfalken ist von Tier zu Tier verschieden: Farbe, Größe, Gewicht, Persönlichkeit, Bewegungsmuster: alles.

Ausgewachsene Exemplare sind auf der Oberseite blau, blauschwarz oder grau, auf der Unterseite weißlich mit kreuzweisen grauen Bändern. In ihrem ersten Lebensjahr, und oftmals bis weit ins zweite Lebensjahr hinein, sind die Jungtiere auf der Oberseite braun und auf der Unterseite braungelb – mit senkrechten braunen Streifen. Ihre Brauntönung reicht von Fuchsrot bis Tintenfischschwarz, das Braungelb von Hellcremefarben bis Blassgelb. Die Jungen schlüpfen zwischen April und Juni. Ihre ersten Federn mausern sie frühestens im darauffolgenden März; viele beginnen erst damit, wenn sie schon über ein Jahr alt sind. Manche behalten ihr braunes Federkleid auch noch den ganzen zweiten Winter über, zeigen allerdings ab Januar die ersten Erwachsenenfedern. Die Mauser kann insgesamt bis zu sechs Monate dauern. Durch Wärme wird sie beschleunigt, durch Kälte verlangsamt. Wanderfalken brüten erst mit zwei Jahren, wobei mitunter bereits einjährige Tiere einen Horst suchen und ein Revier verteidigen.

Der Wanderfalke fängt und tötet andere Vögel im Flug. Sein Körper ist stromlinienförmig. Der abgerundete Kopf und die breite Brust verjüngen sich fließend in den schmalen, keilförmigen Schwanz. Die Flügel sind lang und zugespitzt; die langen, schlanken Handschwingen sorgen für Geschwindigkeit, die langen, breiten Unterarmschwingen für die nötige Kraft zum Anheben und Tragen schwerer Beute. Mit dem gekrümmten Schnabel kann er Fleisch von den Knochen rupfen. Am Oberschnabel hat er einen Zahn, der in eine entsprechende Kerbe im Unterschnabel greift. Mit diesem Zahn kann der Wanderfalke durch Drücken und Drehen dem Beutevogel das Genick brechen. Seine Beine sind dick und muskulös, die Zehen lang und kräftig. Auf der Unterseite der Zehen hat er höckrige Polster, dank derer sich die Beute besser greifen lässt. Von seinen vier Zehen ist der todbringende Hinterzeh der längste und kommt auch nur zum Einsatz, um Beute bewusstlos zu schlagen. Die riesigen Brustmuskeln verleihen ihm Kraft und Ausdauer im Flug. Die dunklen Federn um die Augen absorbieren Licht und dämpfen deren Glanz. Das kontrastierende Gesichtsmuster aus Braun und Weiß soll möglicherweise Beutevögel aufscheuchen, damit sie jählings auffliegen. Zudem bietet es den großen, spiegelnden Augen eine gewisse Tarnung.

Die Geschwindigkeit seines Flügelschlags wurde mit 4,4 Schlägen pro Sekunde gemessen. Hier einige Zahlen zum Vergleich: Dohle: 4,3, Krähe: 4,2, Kiebitz: 4,8, Taube: 5,2. Im gleichmäßig flatternden Flug gleicht der Wanderfalke am ehesten einer Taube, aber seine Flügel sind länger und flexibler und ziehen höher über den Rücken. Ein typischer Flug wurde beschrieben als eine Abfolge schneller Flügelschläge, gefolgt von regelmäßigen, langen Gleitphasen mit ausgestreckten Schwingen. In Wirklichkeit gleitet der Wanderfalke nur sehr unregelmäßig, und mindestens die Hälfte der Flüge, die ich gesehen habe, wurde gar nicht oder nur sehr selten von Gleitphasen unterbrochen. Wenn der Falke nicht jagt, wirkt er im Flug manchmal langsam dahinwogend, ist aber immer schneller, als man vermutet. Ich habe seinen Flug auf dreißig bis vierzig Meilen pro Stunde bemessen, langsamer ist er fast nie. Auf der Jagd im Horizontalflug erreichte er Geschwindigkeiten zwischen fünfzig und sechzig Meilen pro Stunde, und das über Entfernungen von einer Meile oder mehr; Geschwindigkeiten über sechzig Meilen pro Stunde erreichte er immer nur für kurze Zeit. Die Geschwindigkeit im Sturzflug liegt zweifellos weit über einhundert Meilen pro Stunde, aber es ist unmöglich, genaue Angaben zu machen. Die Erregung, die einen überfällt, wenn man den Wanderfalken im Sturzflug sieht, lässt sich nicht in Statistiken ausdrücken.

Die Wanderfalken erreichen die Ostküste zwischen Mitte August und November, wobei die meisten gegen Ende September und in der ersten Oktoberhälfte hier ankommen. Sie können in allen Wetterlagen vom Meer heranziehen, meistens jedoch sind es klare, sonnige Tage, wenn ein frischer Nordwest weht. Zugvögel bleiben vielleicht zwei, drei Wochen an einem Ort, ehe sie weiter nach Süden ziehen. Im Zeitraum von Ende Februar bis Mai kehren diese dann zurück. Die Wintergäste fliegen meist Ende März oder Anfang April wieder von hier fort. Die jungen Wanderfalkinnen sind im Herbst die ersten, die ankommen, gefolgt von den jungen Terzeln und dann einigen wenigen ausgewachsenen Tieren. Die meisten erwachsenen Wanderfalken fliegen nicht so weit nach Süden, sondern bleiben in der Nähe ihrer Brutreviere. Diese Reihenfolge, die an der gesamten europäischen Küstenlinie, vom Nordkap bis zur Bretagne, bei der Falkenwanderung vorherrscht, ähnelt dem Vogelzug, der an der Ostküste Nordamerikas beobachtet wurde. Mit einigen beringten Tieren ließ sich nachweisen, dass die wiederkehrenden Immigranten an der englischen Ostküste aus Skandinavien kommen. Hingegen wurden keine Wanderfalken mit britischen Ringen in Südostengland gesichtet. Die Jungtiere, die in der Flussniederung und entlang der Mündungen überwinterten, waren allgemein gesprochen allesamt blasser als die Jungtiere aus britischen Nestern; sie wiesen ein markantes Muster aus hellen, rötlich-braunen Flügeldecken und Armdecken auf, von denen sich die schwarzen Handdecken deutlich absetzten, ähnlich wie bei einem Turmfalken.

Das Gebiet, in dem ich meine Beobachtungen machte, misst etwa zwanzig Meilen von Osten nach Westen und zehn Meilen von Norden nach Süden. In jedem Winter jagten dort mindestens zwei Wanderfalken, manchmal auch drei oder vier. Die Flussniederung und die Mündung östlich davon sind jeweils zehn Meilen lang. Gemeinsam bilden sie das lange, schmale Herzstück dieser Gegend, in der sich immer mindestens ein Wanderfalke aufhielt. Warum die Tiere ausgerechnet diese Orte auswählten, lässt sich nicht mit Sicherheit sagen. Die meisten Gegenden Englands, selbst Klein- und Großstädte, würden sich als Quartiere für überwinternde Wanderfalken eignen, und doch gibt es einige Gegenden, die regelmäßig aufgesucht wurden, während andere verschmäht blieben. Wanderfalken, die eine starke Vorliebe für Enten und Watvögel haben, findet man natürlich vorzugsweise an der Küste, an Flutungsbecken und Rieselfeldern oder im Moor. Aber die Exemplare, die in der Niederung überwinterten, erbeuteten viele verschiedene Vogelarten, wobei Ringeltauben und Lachmöwen in der Mehrzahl waren. Ich vermute, sie kamen aus zwei Gründen hierher: weil dieses Überwinterungsgebiet seit vielen Jahren genutzt worden war und weil die kieshaltigen Wasserläufe der Niederung ideale Bedingungen zum Baden boten. Der Wanderfalke liebt die Tradition. Hunderte von Jahren werden dieselben Felsvorsprünge zum Nisten besetzt. Es ist sehr wahrscheinlich, dass ein und dieselben Überwinterungsgebiete von den nachfolgenden Junggenerationen genutzt werden. Ja, es ist sogar gut möglich, dass sie an die Orte zurückkehren, an denen ihre Vorfahren genistet haben. Die Wanderfalken, die jetzt im Tundrenklima Lapplands oder der norwegischen Berge nisten, könnten Nachfahren jener Vögel sein, die einst zum Nisten in die Tundraregionen der unteren Themse kamen. Seit jeher leben Wanderfalken so nah wie irgend möglich an der Permafrostgrenze.

Wanderfalken baden jeden Tag. Am liebsten ist ihnen fließendes Wasser, fünfzehn bis zwanzig Zentimeter tief; alles, was flacher als fünf Zentimeter oder tiefer als dreißig Zentimeter ist, ist für sie nicht mehr akzeptabel. Das Flussbett muss steinig oder fest sein und vom Ufer her seicht und langsam abfallen. Sie bevorzugen Orte, an denen die Farbe des Flussbetts der Farbe ihres eigenen Gefieders ähnelt. Auch mögen sie es, wenn sie von steilen Ufern oder überragenden Sträuchern verdeckt werden. Seichte Wasserläufe, Bäche oder tiefe Rinnsale sind ihnen lieber als Flüsse. Salzwasser nehmen sie nur selten. Manchmal wählen sie betonierte Kanäle, aber nur, wenn der Beton sich entfärbt hat. Seichte Furten in schnellfließenden Bächen, die braungesprenkelte Feldwege kreuzen, gehören zu ihren Lieblingsorten. Zur Meidung nahender Menschen verlassen sie sich auf ihr bemerkenswert gutes Gehör sowie auf die Warnrufe anderer Vögel. Die tägliche Suche nach der geeigneten Badestelle ist eine der Hauptaktivitäten des Wanderfalken, und dementsprechend sucht er sich auch seine Jagd- und Rastplätze aus. Er badet oft, um sich seiner eigenen Federläuse zu entledigen wie auch der Läuse, die von seinen Beutevögeln auf ihn übergegangen sind. Letztere überleben normalerweise nicht lange, nachdem sie ihren ursprünglichen Wirt verlassen haben, aber für den Wanderfalken stellen sie dennoch eine Belastung dar, auf die er sehr sensibel reagiert. Wenn er die Anzahl der Läuse auf seinen Federn nicht durch regelmäßiges Baden in Schach hält, kann schnell seine Gesundheit darunter leiden, was für einen Jungfalken, der das Jagen und Töten noch nicht gut beherrscht, gefährlich ist.

Wenngleich es viele Variationen geben mag, beginnt der Tag des Wanderfalken normalerweise mit einem langsamen, gemächlichen Flug vom Rastplatz zum nächsten Bach, der sich zum Baden eignet. Dieser kann bis zu zehn, fünfzehn Meilen entfernt sein. Nach dem Baden verbringt er noch ein bis zwei Stunden mit dem Trocknen der Federn, mit Putzen und Schlafen. Nur ganz allmählich erwacht der Raubvogel aus seiner Trägheit, die ihn nach dem Baden überfällt. Die ersten Flüge sind kurz und ohne Eile. Er bewegt sich von Sitzwarte zu Sitzwarte, beobachtet andere Vögel und fängt gelegentlich ein Insekt oder eine Maus am Boden. Dabei durchläuft er jedes Mal sämtliche Etappen, in denen er seit dem ersten Verlassen des Horstes die Fähigkeit zu töten langsam erlernt hat: die ersten, kurzen, zögerlichen Flüge; die längeren, schon selbstbewussteren; die spielerischen Scheinangriffe auf unbelebte Gegenstände, wie vom Baum fallende Blätter oder im Wind treibende Federn; die Spiele mit anderen Vögeln, die in einen scheinbaren oder tatsächlichen Angriff übergehen; und dann der erste ernsthafte Versuch, zu töten. Das eigentliche Jagen kann ein vergleichsweise kurzer Vorgang am Ende dieses langen Nachspielens seiner Jugendphase sein.

Immer geht dem Jagen eine Art von Spiel voraus. Der Falke macht Täuschungsmanöver gegen Rebhühner, belästigt Dohlen oder Kiebitze, liefert sich Gefechte mit Krähen. Manchmal tötet er plötzlich, ohne Vorwarnung. Anschließend scheint er verblüfft über das, was er getan hat, und lässt die Beute liegen, um später zu ihr zurückzukehren, wenn er tatsächlich jagt. Selbst wenn er Hunger hat und in Wut getötet hat, sitzt er bisweilen zehn bis fünfzehn Minuten neben seiner Beute, ehe er anfängt zu fressen. In solchen Fällen ist dem Beutevogel meist äußerlich nichts anzusehen, was den Falken zu verwirren scheint. Er schubst ihn lasch mit dem Schnabel. Wenn Blut fließt, frisst er sofort.

Regelmäßiges Jagen über ein und demselben Gebiet führt zu immer effektiveren Abwehrreaktionen möglicher Beutetiere. Im September und Oktober lässt sich daher beobachten, dass Vögel auf einen über ihnen fliegenden Wanderfalken nur schwach reagieren, während ihre Reaktion den Winter über kontinuierlich heftiger wird, bis sie im März gewaltig und spektakulär ist. Der Wanderfalke darf nicht zu oft die immer selben Vögel ängstigen, damit sie die Gegend nicht dauerhaft verlassen. Aus diesem Grunde lässt er sich manchmal, nachdem er mehrere Tage in Folge an einem Ort gejagt hat, eine Woche oder länger nicht mehr dort blicken. Er kann sich sehr kurze Strecken oder auch zwanzig Meilen weit fortbewegen. Die einzelnen Tiere unterscheiden sich in ihren Jagdgewohnheiten stark. Manche rauschen in geraden, fünf bis fünfzehn Meilen langen Linien über ihr Revier. Mitunter wenden sie plötzlich und fliegen auf demselben Kurs zurück, um Vögel anzugreifen, die sie vorab in Unruhe versetzt haben. Diese Jagdlinien verlaufen manchmal von Mündung zu Flutungsbecken zu Niederung und von Niederung zu Mündung; oder sie liegen auf den Fluglinien zwischen ihren Rast- und Badeplätzen. Außerdem überfliegen sie das Revier in langen, genau im rechten Winkel verlaufenden Aufwindflügen, gefolgt von diagonalen Gleitflügen mit Rücken- oder Seitenwind, die ein bis zwei Meilen von ihrem ursprünglichen Startpunkt entfernt enden. Zum Jagen kreist und segelt der Falke an sonnigen Tagen hauptsächlich im Wind, wobei er ähnlichen Diagonalen am Boden folgt. Wenn er zum Angriff ansetzt, dann zumeist nur einmal, in brutalem

Sturzflug. Verfehlt der Falke sein Ziel, fliegt er oft sofort weiter, um nach anderer Beute Ausschau zu halten.

Im Frühherbst und im Frühling, wenn die Tage länger sind und die Luft wärmer, segelt der Wanderfalke in höheren Luftschichten und jagt über ein weiteres Gebiet. Im März, wenn die Bedingungen oft ideal zum Segeln sind, nimmt seine Reichweite nochmals zu, und mit seinen langen Sturzflügen aus großer Höhe kann er größere und schwerere Beute erjagen. Wolkiges Wetter bedeutet kurze Flüge in geringer Höhe. Regen verkleinert den Jagdradius zusätzlich. Nebel lässt ihn auf ein einziges Feld schrumpfen. Je kürzer der Tag, desto aktiver der Falke, da er zum Jagen weniger Zeit hat. Seine Aktivität nimmt mit den kürzer und länger werdenden Tagen beiderseits der Wintersonnenwende jeweils zu und ab.

Jungfalken stehen flügelschlagend in der Luft, wenn der Wind zu stark wird, um langsam genug über dem jeweiligen Gebiet zu kreisen. Sie bleiben dann meist zehn bis zwanzig Sekunden an einer Stelle, wobei einige Vögel dies häufiger tun als andere und über längere Zeiträume hinweg. Der jagende Falke nutzt jeden sich bietenden Vorteil. Am augenfälligsten ist die Höhe. Er kann aus jeder Höhe zwischen drei und dreitausend Fuß niederstoßen (ein Fachbegriff für den Sturzflug des Falken). Im Idealfall überrascht der Falke seine Beute: indem die Höhe ihn unsichtbar macht, bis er auf sein Opfer stürzt, oder indem er plötzlich aus der Deckung eines Baums oder Deichs schießt. Der Wanderfalke wartet wie ein Sperber in seinem Hinterhalt. Die spektakulärsten Tötungsmethoden sieht man weniger bei Jungfalken denn bei ausgewachsenen Tieren. Mancher Falke, der aus hohem Segelflug herabstürzt, dreht sich absichtlich so, dass die Sonne direkt hinter ihm steht. Dies geschieht zu oft, als dass es reiner Zufall sein könnte.

Wie alle Jäger hält sich auch der Wanderfalke an einen bestimmten Verhaltenskodex. Er jagt selten am Boden oder verfolgt ein Tier bis in sein Versteck, wie es andere Falken tun, obwohl er dazu durchaus in der Lage wäre. Viele ausgewachsene Tiere greifen ihre Beute nur im Flug, die Jungtiere sind weniger festgelegt. Wanderfalken perfektionieren ihre Tötungstechnik durch endloses Training, wie Ritter oder Sportler. Wer sich im Rahmen des Kodex am besten anpasst, überlebt. Wird der Kodex von einem Falken regelmäßig gebrochen, ist dieser wahrscheinlich krank oder geistesgestört.

Das Töten ist für den Wanderfalken sehr einfach, sobald er seine Überlegenheit gegenüber den Beutetieren zu nutzen gelernt hat. Kleine, leichte Vögel ergreift er mit dem ausgestreckten Fuß; größere, schwerere Vögel betäubt er im Sturzflug, in einem beliebigen Winkel zwischen zehn und neunzig Grad, wobei der Aufprall oft so heftig ist, dass der angegriffene Vogel zu Boden geht. Der Sturzflug erhöht die Wucht, mit der der Falke auf seine Beute trifft. Die Geschwindigkeit verleiht ihm somit zusätzliche Kraft und ermöglicht auch die Jagd auf Vögel, die doppelt so schwer sind wie er selbst. Junge Wanderfalken müssen das Niederstoßen erst von ihren Eltern lernen; Vögel in Gefangenschaft müssen in ähnlicher Weise vom Falkner trainiert werden. Die Fähigkeit zum Niederstoßen scheint nicht angeboren zu sein, wenngleich sie rasch erlernt wird. Möglicherweise ist es eine recht junge Entwicklung in der Evolution, die das Verfolgen der Beute und die Jagd auf Niederwild ablöst. Die meisten Vögel fliegen immer noch auf, wenn ein Wanderfalke über ihnen hinwegzieht, obwohl sie dadurch meist in viel größere Gefahr geraten.

Der Wanderfalke schießt auf seine Beute herab. Im Sturz streckt er die Beine nach vorn, bis die Füße unter der Brust sind. Die Zehen krallt er zusammen, nur den langen Hinterzeh schiebt er unter den drei Vorderzehen hervor, die er wiederum nach oben biegt, um diesem Platz zu machen. Der Falke fliegt mit gleichbleibend hoher Geschwindigkeit auf das Opfer zu, bis er fast dessen Körper berührt. Der ausgestreckte Hinterzeh (oder die Hinterzehen – manchmal ist es einer, manchmal sind es beide) durchschlitzt wie ein Messer den

Rücken oder die Brust des Vogels. Im Augenblick des Aufpralls breitet der Falke die Flügel über seinen Rücken. Wenn das Beutetier sauber getroffen wird – und es wird zumeist entweder schwer oder gar nicht getroffen –, ist es auf der Stelle tot, aufgrund des Schocks oder weil ein lebenswichtiges Organ verletzt wurde. Ein Wanderfalke wiegt zwischen 700 und 1.100 Gramm; wenn ein solches Gewicht aus einer Höhe von dreißig Metern herabschießt, lässt sich damit jeder Vogel töten, auch der allergrößte. Brandenten, Fasane und Mantelmöwen erliegen normalerweise Angriffen aus Höhen von fünfhundert Fuß oder mehr. Manchmal wird die Beute gepackt, hinaufgezogen und wieder fallen gelassen, sodass sie zu Boden taumelt, benommen, aber noch am Leben; oder der Falke packt sie, um sie an einen geeigneten Platz zum Fressen zu befördern. Mit dem Schnabel bricht er seiner Beute noch im Flug oder direkt nach der Landung das Genick. Keine fleischfressende Kreatur tötet so schnell oder zeigt sich so gnädig wie der Wanderfalke. Hinter seiner Gnade steckt keine Absicht; er tut einfach nur, wozu er bestimmt ist. Die Krähenfänger von Königsberg töten ihre Beute auf dieselbe Weise. Nachdem sie die Krähen in ihre Netze gelockt haben, töten sie sie mit einem Biss in den Nacken, durchtrennen mit ihren Zähnen stracks das Genick.

Bevor der Wanderfalke zu fressen beginnt, rupft er seine Beute. Wie viele Federn er rupft, hängt von seinem Hunger ab, aber auch von den Vorlieben jedes einzelnen Tieres. Einige Falken rupfen ihre Beute immer sehr sorgfältig, andere ziehen nur ein paar Schnabelvoll Federn heraus. Wanderfalken stellen sich zum Festhalten auf ihre Beute und umklammern sie mit der inneren Zehe eines oder beider Füße. Das Rupfen dauert zwei bis drei Minuten, das Kröpfen je nach Größe des Beutetiers zwischen zehn Minuten und einer halben Stunde; zehn Minuten bei Wacholderdrossel und Rotschenkel, eine halbe Stunde bei Fasan und Stockente.

Erweist sich die Beute als zu schwer, um sie fortzutragen, oder eignet sich die Stelle zum ungestörten Fressen, bleibt der Falke direkt am Tötungsort. Vielen Wanderfalken scheint dies ziemlich gleichgültig zu sein, sie fressen, wo immer sie gerade Beute gemacht haben. Andere bevorzugen ein möglichst offenes Gelände, wieder andere einen möglichst abgelegenen Ort. Siebzig Prozent der Beutetiere, die ich gefunden habe, lagen in kurzem Gras, obwohl hier die meisten Flächen Ackerland sind. Wanderfalken fressen offenbar gern auf festem Untergrund. Kleinere Beutevögel werden, vor allem im Herbst, zumeist auf Bäumen verzehrt. Vögel, die in Baumnestern aufgewachsen sind, fressen ihre Beute auch möglichst oft auf Bäumen. In Küstennähe ziehen einige Wanderfalken es vor, auf dem Deich zu fressen, andere wiederum an dessen Fuß, nahe der Wasserlinie. Letztere stammen möglicherweise aus einem Klippenhorst und sind es gewohnt, beim Fressen eine steile Böschung über sich zu wissen.

Die Beute eines Wanderfalken ist leicht zu erkennen. Das Gerippe des Vogels liegt auf dem Rücken, die Flügel sind unberührt und am Schultergürtel noch mit dem Körper verbunden. Das Brustbein und die größten Knochen sind nurmehr fast fleischlos. Wurde der Kopf übrig gelassen, sind dafür meist die Nackenwirbel blank. Beine und Rücken bleiben häufig unangetastet. Ist das Brustbein noch unversehrt, hat der Falke mit dem Schnabel höchstwahrscheinlich kleine dreieckige Stücke herausgepickt. (Eine Ausnahme bilden lediglich sehr große Vögel mit dickeren Knochen.) Wenn bei einem Beutevogel noch sehr viel Fleisch übrig ist, kehrt der Wanderfalke möglicherweise am nächsten Tag, manchmal auch erst nach mehreren Tagen, noch einmal zurück, um die Reste zu fressen. Liegengelassene Falkenbeute dient Füchsen, Ratten, Hermelinen, Wieseln, Krähen, Turmfalken, Möwen sowie Landstreichern und Zigeunern als Nahrung. Die Federn werden von Schwanzmeisen zum Nestbau verwendet. Ich habe eine ungewöhnlich hohe Konzentration solcher Nester in Gegenden gefunden, wo sehr viele Vögel getötet wurden.

Kein anderes Raubtier macht dem Wanderfalken seine Beute streitig, aber manchmal wird er an bestimmten Orten von vehementen, in Gruppen angreifenden Krähen vom Jagen abgehalten. Wenn in einer Gegend Menschen eine Jagd abhalten, fliegt der Wanderfalke anderswohin. Er kann erstaunlich schnell zwischen einem Unbewaffneten und einem Menschen mit Gewehr unterscheiden. Zwischen Wanderfalken und Turmfalken besteht eine seltsame Beziehung, die schwer zu bestimmen ist. Oft sieht man beide Arten an ein und demselben Ort, vor allem im Herbst und im Frühling. Ich habe selten einen der beiden gesehen, ohne dass der andere ganz in der Nähe gewesen wäre. Mag sein, dass sie sich die gleichen Badestellen teilen, dass der Wanderfalke dem Turmfalken gelegentlich die Beute wegschnappt, dass der Turmfalke von Beutetieren frisst, die der Wanderfalke zurückgelassen hat, dass der Wanderfalke Vögel angreift, die der Turmfalke unbeabsichtigt für ihn aufscheucht. Im September und Oktober scheinen einige Wanderfalken die Jagdmethode des Turmfalken nachzuahmen, und ich habe auch beide Arten gemeinsam über einem Feld in der Luft stehen sehen. In einem ähnlichen Fall sah ich einen Wanderfalken in der Nähe einer Sumpfohreule jagen, deren Flugstil er offensichtlich nachahmte. Im März war die Beziehung zwischen Wanderfalke und Turmfalke dann eine ganz andere; der Wanderfalke zeigte sich sehr feindselig und stürzte auf jeden Turmfalken herab, der in seiner Nähe flatternd in der Luft stand.

In zehn Wintern fand ich insgesamt 619 Beutetiere der Wanderfalken. Die Anteile der einzelnen Arten sind dabei wie folgt:

Ringeltauben	38 %	Wacholderdrosseln	3 %
Lachmöwen	14 %	Sumpfhühner	2 %
Kiebitze	6 %	Brachvögel	2 %
Pfeifenten	3 %	Goldregenpfeifer	2 %
Rebhühner	3 %	Saatkrähen	2 %

Zu den zehn oben genannten Arten kommen 35 weitere Arten, die die restlichen 25 % ausmachen. Nach Familien geordnet, sehen die Proportionen folgendermaßen aus:

Taubenvögel	39 %	Rabenvögel	5 %
Möwen	17 %	Kleine bis mittelgroße	
Watvögel	16 %	Sperlingsvögel	5 %
Enten	8 %	Andere	5 %
Hühnervögel	5 %		

Im Verlauf des Winters, den ich in diesem Buch beschreibe, wurden mehr Ringeltauben getötet, da ihre Zahl bei kaltem Wetter besonders groß ist und sich im beschriebenen Zeitraum keine anderen Inlandarten in diesem Gebiet befanden. Die relativen Zahlen für diesen speziellen Winter lauten:

Ringeltauben	54 %	Wacholderdrosseln	2 %
Lachmöwen	9 %	Sumpfhühner	2 %
Kiebitze	7 %	Brachvögel	2 %
Pfeifenten	3 %	Saatkrähen	2 %
Rebhühner	3 %	Stockenten	2 %

Die restlichen 14 % setzen sich aus 22 anderen Arten zusammen.

Die Tabellen lassen darauf schließen, dass Jungfalken hauptsächlich die Arten jagen, die in ihrem Jagdrevier am häufigsten vorkommen, vorausgesetzt, sie wiegen über 220 Gramm. Spatzen und Stare kommen hier sehr häufig vor, werden aber selten von Wanderfalken getötet. Von den größeren Vögeln sind die häufigsten und verbreitetsten Arten Ringeltauben, Lachmöwen und Kiebitze, in dieser Reihenfolge. Betrachtet man das Gesamtgewicht aller vorhandenen Beutetiere in einer Gegend, stellt der Anteil der Ringeltauben an der Gesamtbiomasse vermutlich einen ähnlichen Prozentsatz dar wie der Ringeltaubenanteil an den vom Wanderfalken erbeuteten Vögeln. Die angewandte Auswahlmethode ist, sofern es überhaupt eine gibt, wahrscheinlich eine ganz banale: Der Wanderfalke tötet am häufigsten diejenige Vogelart, die er am häufigsten sieht, solange die Tiere groß und auffällig genug sind. Taucht eine bestimmte Vogelart in ungewöhnlich großer Zahl auf, führt dies unweigerlich dazu, dass ihr Anteil an der Beute des Wanderfalken steigt. Wenn in einem trockenen Sommer mehr Rebhühner ihre Jungen erfolgreich großziehen, werden im nächsten Winter mehr Rebhühner vom Wanderfalken gefressen. Steigt bei kühlerem Wetter die Zahl der Pfeifenten, werden mehr Pfeifenten getötet. Raubtiere, die töten, was am häufigsten vorhanden ist, haben die besten Überlebenschancen. Wer Vorliebe für eine bestimmte Art entwickelt, muss mit höherer Wahrscheinlichkeit Hunger leiden oder an Krankheiten zugrunde gehen.

Über der Niederung und der Mündung lassen sich im Oktober und November viele Möwen und Kiebitze erbeuten, meist auf frisch gepflügtem Land. Zwischen Dezember und Februar sind Ringeltauben die Hauptbeute, vor allem bei niedrigen Temperaturen, wenn weniger Kiebitze da sind. Ringeltauben werden auch noch im März gefressen, wenn wieder mehr Kiebitze und Möwen zu den Opfern gehören und mehr Enten als in jedem anderen Monat. Hühnervögel, Blesshühner, Wacholderdrosseln und Watvögel stehen den ganzen Winter über gelegentlich auf dem Speiseplan des Falken. Bei Regen oder Nebel sind Hühnervögel und Sumpfhühner die Hauptbeute. Enten werden weit seltener getötet als gemeinhin angenommen. Das gilt für alle Länder, sommers wie winters; der Wanderfalke ist keineswegs ein ›Entenfalke‹ (*duck hawk*), wie er in Nordamerika genannt wird. Haus- und Straßentauben stehen auf den Beutelisten des Wanderfalken meist weit oben, ich habe hier jedoch keine gefunden. Kein Wanderfalke hat sie jemals vor meinen Augen angegriffen oder irgendein Interesse an ihnen gezeigt.

Auch die jahreszeitliche Witterung kann Einfluss darauf haben, welche Beute der Wanderfalke sich aussucht. Wenn auf einen feuchten Sommer ein feuchter Winter folgt, ist das Land wassergetränkt, wird später gepflügt, und die Badeplätze in der Niederung sind überschwemmt. Die Wanderfalken jagen dann über dem Weideland südlich der Niederung und zwischen den beiden Mündungen. Sie baden in Rinnsalen oder im Randbereich der Überschwemmung. Einige Falken jagen ungeachtet der Witterung immer über dem Weideland. Diese Grünlandjäger kommen im Spätherbst und bleiben bis Ende April oder Anfang Mai. Wahrscheinlich stammen sie aus der Tundra Lapplands, wo das Land im Sommer wie ein riesiger smaragdgrüner Schwamm ist. Die feuchten Marschen und die grünen Felder aus schwerem Lehm haben die Farbe ihrer Heimat. Sie durchstreifen weite Gebiete, fliegen sehr hoch, und es ist viel schwerer, sie zu finden und ihnen zu folgen, als den vergleichsweise sesshaften Wanderfalken in der Niederung. Kiebitze, Möwen und Wacholderdrosseln, die auf feuchten Wiesen nach Würmern picken, sind ihre bevorzugte Beute. Zwischen Januar und März stellen sie hauptsächlich kleefressenden Ringeltauben nach. Auch nestbauende Saatkrähen werden häufig attackiert.

Es steht zu vermuten, dass Wanderfalken keinen anspruchsvollen Gaumen haben. Wenn ein Falke eine Vorliebe für eine bestimmte Art hat, liegt das wahrscheinlich an der Beschaffenheit des Muskelfleisches und der Menge an zartem Fleisch, das an den Knochen sitzt. Saatkrähen, Dohlen, Möwen, Säger und Taucher sind für den menschlichen Gaumen alle mehr oder weniger unschmackhaft, vom Wanderfalken hingegen werden sie mit offenkundigem Genuss gefressen.

Auffälligkeiten in Farbe oder Musterung erhöhen die Gefährdung und beeinflussen die Beutewahl des Wanderfalken. Vögel, die sich von einem Ort zum anderen bewegen, sind immer in Gefahr, ob sie nun entlang bekannter Strecken zu oder von ihren Schlafplätzen fliegen oder nur einmalig durch ein Gebiet ziehen. Neuankömmlinge werden sofort angegriffen, noch bevor sie gute Verstecke kennen. Auffällige Tiere werden immer gleich herausgegriffen. Die Albinos, die Kranken, die Entstellten, die Einzelgänger, die Dummen, die Alten, die Jüngsten; für sie ist die Gefahr am größten.

Raubtiere fangen ihre Beute, indem sie deren Schwächen nutzen, selten durch ihre eigene Überlegenheit an Kraft. Die folgenden Beispiele zeigen dies:

Ringeltauben Die weißen Federn der Flügel und des Nackens sind schon von weitem zu sehen. Weiß hebt sich von allen Farben des Bodens ab. Der Wanderfalke sieht und reagiert schneller darauf als auf irgendeine andere Farbe. Acht Prozent der Vögel, die im beschriebenen Gebiet getötet wurden, waren vorwiegend weiß oder hatten eine auffällige weiße Zeichnung. Ringeltauben verraten sich außerdem durch ihr lautes Flattern beim Auffliegen. Im Frühling sind sie durch ihren Balzflug noch auffälliger. In der Schar gewinnen sie zu langsam an Höhe, und die einzelnen Tiere bleiben nicht dicht genug beieinander. Im Horizontalflug sind sie stark; sie sehen schnell, wenn Gefahr von unten droht, und weichen jäh zur Seite aus; werden sie aber von oben angegriffen, reagieren sie weniger geschickt und weichen nur schwerfällig und langsam von ihrer geraden Flugbahn ab. Weil sie häufig vom Menschen beschossen und gestört werden, sind sie oft dazu gezwungen, unter dem jagenden Falken zu fliegen. Durch ihre nur lose Fiederung sind sie leicht zu rupfen. Für den Wanderfalken stellen sie in jeder Hinsicht die ideale Beute dar. Sie sind laut, auffällig gefärbt, zahlreich, massig, nahrhaft, haben viel Fleisch und sind nicht schwer zu töten.

Lachmöwen Möwen sind die auffälligsten aller Wintervögel. Auf dunklem Ackerland erkennt sie sogar das schwache menschliche Auge auf eine halbe Meile. Deswegen tötet der Wanderfalke so viele ausgewachsene weiße Möwen und so wenige junge. Möwen können sehr schnell aufsteigen, um einem Sturzflug auszuweichen, aber Angriffe von unten versetzen sie leicht in Panik. Im Himmel verschwimmt ihr Weiß. Womöglich sind sie dadurch auf See für die Fische unsichtbar, von denen sie sich nähren. Da sie sich auf ihre Tarnung verlassen, brauchen sie womöglich länger, um auf plötzliche Gefahr von unten zu reagieren. Früher glaubte man, Wanderfalken würden Möwenfleisch verschmähen. Aber im Sommer werden viele Möwen von den finnischen Wanderfalken getötet, und an der Küste Norwegens und in Schottland werden ebenfalls häufig Möwen erbeutet.

Kiebitze Wenn sie auf dem Feld nach Nahrung suchen, sind sie gut getarnt, aber sobald ein Wanderfalke über sie hinwegzieht, fliegen sie in Scharen auf. Prompt werden ihre schwarz-weißen Schwänze dem Falkenauge zum Ziel. Während ihres Balzflugs im Frühling sind sie unvorsichtig und achten weniger auf Räuber. Sie stehen im Ruf, schwer zu töten zu sein, aber die Wanderfalken, die ich gesehen habe, konnten sie ziemlich mühelos greifen.

Pfeifenten Wanderfalken ziehen Pfeifenten jeder anderen Entenart vor. Im Winter sind sie die an der Küste am häufigsten vorkommenden Enten und durch die breite, weiße Flügelzeichnung und den lauten, pfeifenden Ruf sehr auffällig. Wie alle Enten fliegen sie schnell und geradlinig, weichen dem Sturzflug jedoch nur behäbig aus. Im März reagieren die gepaarten Tiere äußerst träge auf herannahende Wanderfalken. Wenn die Jagd auf Wildgeflügel im Februar endet, tötet der Wanderfalke zunehmend Enten und ist oft bei Einbruch der Dunkelheit jagend an der Küste zu sehen.

Alles in allem lässt sich sagen, dass folgende Merkmale bei Vögeln die Gefahr des Angriffs durch einen Wanderfalken erhöhen: weißes oder helles Federkleid oder auffällige Musterung, zu großer Verlass auf kryptische Färbung, wiederholtes lautes Rufen, hörbarer Flügelschlag, gerader, unflexibler Flug, langer, hoher Singflug (z. B. bei Lerche und Rotschenkel), Balz und Kämpfe der Männchen im Frühling, Nahrungssuche weitab geeigneter Zufluchtsorte, wiederholte Nutzung ein und derselben Fress- und Badeplätze, der Flug vom und zum Schlafplatz entlang bekannter Wege, das Unvermögen, bei einem Angriff als Schar dicht zusammenzubleiben.

Die genaue Menge an Nahrung, die Wanderfalken in freier Wildbahn aufnehmen, ist schwierig einzuschätzen. In Gefangenschaft bekommen die Tiere täglich zwischen 110 und 140 Gramm Rind (oder anderes Fleisch). Wilde Jungtiere fressen wahrscheinlich mehr. Ein wilder Terzel tötet und kröpft jeden Tag zwei Kiebitze oder zwei Lachmöwen oder eine Ringeltaube. Eine Falkin kann – zumindest annähernd – zwei Ringeltauben fressen oder einen größeren Vogel wie eine Stockente oder einen Brachvogel.

Im März wird die größte Vielfalt an Tieren erbeutet, eine große Bandbreite an Vogelarten, aber auch überraschend viele Säugetiere. Die Mauser setzt ein, und die Zeit der Wanderung naht. Damit neue Federn wachsen können, braucht es eine stärkere Durchblutung. Der Wanderfalke scheint jetzt unablässig zu fressen. Zwei Vögel werden jeden Tag getötet, dazu Mäuse, Würmer und Insekten.

Die Augen wiegen bei der Wanderfalkin jeweils etwa dreißig Gramm; sie sind größer und schwerer als beim Menschen. Stünden unsere Augen im selben Verhältnis zum Körper wie beim Wanderfalken, hätte ein 75 Kilogramm schwerer Mann Augen mit einem Durchmesser von 7,5 Zentimetern und einem Gewicht von zwei Kilogramm. Die Netzhaut des Falkenauges bildet ferne Gegenstände mit doppelt so hoher Auflösung ab wie die menschliche Netzhaut. Im Fokus der lateralen und binokularen Gesichtsfelder, am Punkt des schärfsten Sehens in der tiefen Sehgrube mit ihrer hohen Sehzellendichte, verzeichnet man sogar eine Auflösung, die unsere um das Achtfache übersteigt. Das bedeutet, dass der Ausschau haltende, unentwegt mit dem Kopf ruckelnde Falke jede Bewegung in der Landschaft verzeichnet und, wenn er auf etwas fokussiert, blitzartig ein großes, klares Bild davon erhält.

Der Blick des Wanderfalken von oben auf das Land ist wie der Blick des Seemanns auf die Küste, wenn er in die lange Flussmündung einfährt. Hinter ihm rauscht das Kielwasser, und zu beiden Seiten brechen die Bugwellen des durchschnittenen Horizonts. Wie der Seefahrer lebt der Wanderfalke in einer zerfließenden Welt ohne Halt, einer Welt der Wellen und Wogen, aus versinkenden Flächen von Land und Wasser. Wir Verankerten und Geerdeten können uns diese Freiheit, die das Auge hat, nicht vorstellen. Der Wanderfalke sieht und merkt sich Muster, von denen wir nicht einmal wissen, dass es sie gibt: die geordneten Karrees der Obstgärten und Wälder, die endlos verschiedenen Vierecke der Felder. Mithilfe einer langen Reihe solcher eingeprägter Symmetrien findet er sich über dem Land zurecht. Aber was begreift er? *Weiß* er wirklich, dass ein Gegenstand, der größer wird, auf ihn zukommt? Oder glaubt er nur der Größe, die er sieht, sodass ein Mann in der Ferne zu klein ist, um ihn zu ängstigen, während ein Mann in der Nähe groß und daher furchteinflößend ist? Vielleicht lebt er in einer stetig pulsierenden Welt, in der sich alles permanent aufbläht und zusammenzieht. Wenn er einen fernen Vogel fixiert und auf die flatternden weißen Flügel Ziel nimmt, fühlt er womöglich – während dieser unter ihm als weißer Fleck vorüberzieht –, dass er ihn unweigerlich treffen wird. Alles an ihm ist angelegt auf die perfekte Verbindung von zielendem Auge und greifender Klaue.

Leben und Jagen

1. Oktober

Der Herbst steigt in den blauen Himmel. Das Korn ist gemäht. Kahl schimmern die Felder nach der Ernte.

Über den Gärten, die vor Meisen und Dompfaffen wimmeln und nach gärendem Fallobst riechen, segelt ein Wanderfalke zu seinem Aussichtsplatz in einer Erle am Flussufer. Im strömenden Wasser kräuseln sich Schatten in das gespiegelte, hagere Spukgesicht des Falken. Sie geraten auch in den kalten Blick des spähenden Reihers. Die Sonne glänzt. Mit speerschnellem Schnabel sticht der Reiher dem Wasser die helle Hornhaut aus. Der Falke fliegt rasch in die aufziehenden Wolken.

Sich drehend und wendend arbeitet er sich aus den dunstigen unteren Luftschichten in die erste Sonnenwärme hinauf, spürt im blanken Himmel behutsam nach Flügelhalt. Es ist ein Terzel, schmal und lang und mit weichen Schwingen, der erste des Jahres. Sein Gefieder ist ockergelb-sandfarben mit rotbrauner Maserung. Eingebettet ins mattere Dunkelbraun seiner Bartstreifenmaske, glänzen die großen, braunen Hundeaugen feucht im Sonnenlicht wie runde Stücke roher Leber. Er gleitet nach Westen davon und folgt dem schimmernden Wasserlauf. Mühsam folge ich ihm entlang der Spur aufsteigender Regenpfeifer, die er hinter sich lässt.

Schrill rufen die tieffliegenden Schwalben; Häher und Elstern lauern in den Hecken und zischeln; die Amseln zetern und schimpfen. Wo die Niederung sich weitet, hallen die flachen Felder vom

Brummen der Traktoren wider. Möwen und Kiebitze folgen den Pflügen. Aus einem blauen Himmel, der mit hohen Federwolken betupft ist, scheint die Sonne. Der Wind schwenkt nach Norden. Am plötzlichen Ruf der Rothühner und dem flatternden Auffliegen der Ringeltauben erkenne ich, dass der Wanderfalke in die Luft aufsteigt und entlang der bewaldeten Anhöhe südwärts segelt. Er ist zu hoch, als dass ich ihn sehen könnte. Ich bleibe in der Nähe des Flusses und hoffe, dass er zurück in den Wind kommen wird. In den Ulmen keifen Krähen und hüpfen auf und ab. Vom Hügel gackern Dohlen herab, versprengen sich, kreiseln davon, bis sie nur noch stille, ferne Pünktchen im tiefen, blauen Himmel sind. Etwa eine Meile östlich kommt der Falke zurück zum Fluss, verschwindet in den Bäumen, die er zwei Stunden zuvor verlassen hat.

Junge Wanderfalken fasziniert das unaufhörliche Auf und Ab des weißen Gefieders der Möwen im braunen Kielwasser des Pflugs. Solange das Herbstpflügen andauert, werden sie den weiß geflaggten Traktoren von Feld zu Feld durch die Niederung folgen. Sie greifen selten an. Sie wollen nur schauen.

Genau das tat der Terzel auch, als ich ihn wieder in der Erle fand. Bis ein Uhr, als der Traktorfahrer zum Mittagessen nach Hause ging und die Möwen sich zum Schlafen in die Furchen setzten, verließ er seinen Aussichtsplatz nicht. Nahe dem Fluss schrien die Häher in den Eichen. Sie suchten nach Eicheln, um sie im Wald zu vergraben. Der Wanderfalke hörte sie und beobachtete das weiße Aufblitzen der Flügel zwischen den Blättern. Er flog steil auf in den Wind und segelte. Drehend, schwebend, schaukelnd kreiste er hinauf in die flammenden Wolken und die kühlen Himmelsschichten. Ich setzte das Fernglas ab, um meinen schmerzenden Armen eine Pause zu gönnen. Da schwang sich der Falke, wie plötzlich von der Leine gelassen, in die Höhe und war verschwunden. Ich suchte in den langen weißen Zirrusfäden nach seiner dunklen, sichelförmigen Gestalt, konnte ihn aber nicht finden. Nur sein scharfer, jubelnder Schrei schallte als schwaches Flüstern zu mir herunter.

Die Häher waren verstummt. Schwerfällig flog einer von ihnen mit einer Eichel im Schnabel auf. Er verließ den Schutz der Bäume, stieg hoch über die Wiesen und flog auf den vierhundert Meter entfernten Waldhang zu. Die große Eichel in seinem sperrangelweit geöffneten Schnabel sah aus wie eine Zitrone im Maul eines gebratenen Ebers. Ich hörte ein zischendes, schnurrendes Geräusch, das wie das ferne Trommeln einer Schnepfe klang. Etwas sauste hinter dem Häher vorbei, der plötzlich in der Luft zu stolpern schien. Wie ein Korken ploppte die Eichel aus seinem Schnabel. Der Häher geriet seitlich ins Fallen und schlug nieder, als hätte er einen Anfall. Der Boden brachte ihm den Tod. Sogleich schoss auch der Falke herab und trug den toten Vogel zu einer Eiche. Dort rupfte und fraß er ihn, schlang hastig das Fleisch herunter, bis nur noch die Flügel, Brustbein und Schwanz übrig waren.

Voreiliger, raffgieriger Häher; er hätte vorsichtig von Hecke zu Hecke und von Baum zu Baum springen sollen, wie es sonst seine Art ist. Nie hätte er seine weißen Rumpf- und Flügelstreifen dem herabschauenden Himmel zeigen dürfen. Er war zu deutlich zu sehen, wie er gemächlich über die grünen Salzwiesen flatterte.

Der Falke flog auf einen toten Baum und schlief. Bei Sonnenuntergang zog er ostwärts zu seinem Schlafplatz.

Wohin er diesen Winter auch gehen mag, ich werde ihm folgen. Ich werde die Furcht und Freude seines Jagens teilen, und auch die Langeweile. Ich werde ihm folgen, bis meine bedrohliche Menschengestalt das wirbelnde Kaleidoskop, das die Sehgrube seiner glänzenden Augen füllt, nicht mehr in Angst verdunkeln lässt. Mein heidnischer Kopf soll im Winterlandboden versinken, auf dass er rein werde.

3. Oktober

Das Binnenland steckt im Nebel fest. An der Küste: sonnige Hitze und kühlende Brise, die Nordsee flach und glänzend. Felder voll singender, jagender, in der Sonne aufblitzender Lerchen. Salzwiesen, die vom Ruf der Rotschenkel widerhallen. Bei Flut Schüsse. Schimmernde Säulen von Watvögeln, die aus dem Wattenmeer aufsteigen und sich über den Salzwiesen ausschütteln. Weiße Strände unter Dunst. Watvögel, die wie Gischt aufs Meer schießen oder in die Binnenfelder feuern.

Die meisten kleinen Watvögel ließen sich auf dem Muschelstrand nieder: Kiebitzregenpfeifer, Knutt, Steinwälzer, Sandregenpfeifer, Sanderling. Alle schauten in unterschiedliche Richtungen, schliefen, schauten herum oder putzten sich und warfen scharfe Schatten auf das blendende Kieselweiß des Strandes. Alpenstrandläufer hockten auf den Spitzen der Sumpfpflanzen, knapp über dem Wasserspiegel. Das Gesicht im Wind; behäbig, beharrlich, ungelenk watschelnd. Auf dem Strand war ausreichend Platz für sie, nur flogen sie nicht hin.

Fünfhundert Austernfischer kamen von Süden herab; ein buntes Leuchten, ein Pfeifen aus rosaroten Schnäbeln, die aussahen wie Gesteinsstifte. Schwarze Sanderlingbeine rannten über den weißen Strand. Ein Sichelstrandläufer stand allein; zart wie ein Fohlen, hinter ihm die sich kräuselnde See, die sanften Augen im Rotgrau seines Gesichtes schließend. Es ebbte. Watvögel schwammen durch die Hitzeschleier wie wässrige Spiegelbilder, die an ruhigen, schwarzen Schatten vertäut sind.

Weit draußen auf See riefen Möwen. Eine nach der anderen hörten die Lerchen auf zu singen. Watvögel versanken in ihren Schatten und kauerten sich zusammen. Eine Wanderfalkin, heraldisch schwarz vor weißem Himmelsschild, kreiste vom Meer heran. Sie wurde langsamer, segelte ziellos dahin, als wäre die Luft über dem Land zäh und schwer. Sie stürzte herab. Die Strände tosten und loderten von Salven weißer Flügel. Der Himmel riss auf, barst von wirbelnden Vögeln. Die Falkin bewegte sich auf und ab wie ein schwarzes Sichelmesser in weißem, splitterndem Holz. Sie schnitt und fuhr durch die Luft, traf aber nichts. Allmählich müde, flog die Falkin landeinwärts. Watvögel glitten in Schwärmen zu Boden. Saatkrähen flogen krächzend aus, um im flachen Watt zu fressen.

5. Oktober

Am Bach, der die seichte Flussebene vom bewaldeten Hügel trennt, stand ein Turmfalke rüttelnd in der Luft. Langsam sank er in die Stoppeln nieder, seilte sich wie eine Spinne aus dem Netz ab, das seine Flügel gesponnen hatten.

Östlich des Bachs ragt ein grüner Obstgarten in den Horizont. Ein Wanderfalke kreiste hoch darüber und begann auch zu rütteln. Er trieb im Wind, rüttelte alle fünfzig Meter und blieb manchmal für eine Minute oder länger auf der Stelle stehen. Der starke Westwind wuchs sich aus zu einem Sturm aus, bog die Äste, drosch die Blätter. Die Sonne war verschwunden, die Wolken zogen tiefer. Der westliche Horizont stach schwarz und dornig hervor. Regen kam. Die Farben verebbten zu einem hinreißenden Helldunkel. Zwischen den schmalen Enden seiner langen, flachen Flügel wirkte der heruntergebeugte Falkenkopf rund und massig wie der einer Eule. Ein Sumpfhuhn rief, und die klirrenden Stieglitze versteckten sich stumm in den Disteln. Elstern hüpften mit weit ausholenden, froschähnlichen Sprüngen ins tiefe Gras. Als der Obstgarten endete, drehte der Falke nach Norden ab. Solange ich da war, überquerte er den Bach kein einziges Mal.

Er legte sich in den Wind, stieg in steilen Spiralen auf und schwebte mit lyrischer Leichtigkeit tausend Fuß höher. Mühelos fegte und trieb er dahin, klein und langsam kreiselnd wie ein geflügelter Ahornsame im Wind. Von weit oben und verdeckt von der Kirche auf dem Hügel, kam er noch einmal in den Obstgarten hinab, rüttelte und ließ sich im Wind treiben wie zuvor. Den weit gefächerten Schwanz zog er herunter, senkte den hakenförmigen Kopf und bog die Flügel nach vorn, um den Sturm zu umfassen. Tausend Fuß über den Obstbäumen duckte er sich klein zusammengekauert in die Luft. Dann streckte er sich, entfaltete langsam die Flügel und legte sich auf die Seite. Er knickte in eine steile Abwärtsspirale und fiel unvermittelt in einen senkrechten Sturz. Er bockte und ruckte in der Luft und ging zwischen den Bäumen nieder, während er die langen Beine ausfuhr, um zuzuschlagen. Als Schattenrisse standen seine Beine und Füße dick und sehnig im Himmel. Doch es war ein unbeholfener Angriff, der offenbar fehlschlug, denn der Falke stieg mit leeren Krallen wieder auf.

Zehn Minuten später kam ein großer Schwarm Rothühner aus seinem Versteck im Gras unter einer Hecke und kehrte an einen unbewachsenen Flecken Erde zurück, wo es vom Falken in seinem Staubbad unterbrochen worden war. Rothühner werden manchmal erbeutet, wenn sie so baden. Das Flattern ihrer Flügel zieht den Blick an.

Der Turmfalke rüttelte ein weiteres Mal über dem Stoppelfeld und der Wanderfalke stieß auf ihn nieder. Nur eine kleine, verächtliche Geste; doch der Turmfalke ließ sich sofort niedersinken und flog auf Schwingen, die fast die Stoppeln berührten, in die hinterste Ecke des Feldes.

Um drei Uhr setzte heftiger Regen ein. Ein Waldwasserläufer flog vom Bach auf. Sein klagender, widerhallender Ruf war noch zu hören, als er längst ins glänzende Röhricht der Regenwolke entwichen war. Im dichter werdenden Nebel riefen Goldregenpfeifer. Der Tag schien beendet. Doch als ich das regendampfende Feld verließ, erhob sich der Wanderfalke schwerfällig aus dem aufgeweichten Schlamm und Stroh nahe dem Gatter. Sechs Rebhühner taten es ihm gleich und schlüpften in die Hecke. Als der Falke kleiner wurde, schien seine Farbe vom schlammigen Graubraun eines Brachvogels zum Rotbraun und Schiefergrau eines Turmfalken zu wechseln. Er flog mit Mühe, wie wasserdurchtränkt. Ich vermute, er hatte lange in den Stoppeln gesessen und darauf gewartet, dass die Rebhühner aufflogen. Er rief und schwand über dem trüben östlichen Horizont, rief und schwand. Im grauen Dunst sah er einem weit entfernten Brachvogel so täuschend ähnlich, dass ich fast erwartete, im knatternden Stakkato des Falken auch den verhallenden Warnruf eines verzweifelten Brachvogels zu hören.

7. Oktober

Mit einem Hieb seiner wogenden Flügel befreite der Terzel sich aus den Staren und verschmolz im malvenfarbenen Dunst des nördlichen Himmels. Fünf Minuten später kehrte er zurück, in Richtung Fluss, schnell im Strom des Windes segelnd. Eine Falkin begleitete ihn. Gemeinsam kamen sie herab, erst leicht flügelschlagend, dann im Gleitflug. In zehn Sekunden waren sie von eintausend auf zweihundert Fuß gesunken und flogen nun direkt über mich hinweg. Die Umrisse des Terzels wirkten schnittiger und schlanker als die der Falkin. Von unten gesehen verbreiterten sich ihre Flügel an den Armschwingen am Übergang zum Rumpf. Die Flügelbreite der Falkin betrug mehr als die Hälfte ihrer Körperlänge. Beide hatten kurze Schwänze. Die Länge des vorgestreckten Kopfes und Halses vor den Flügeln maß kaum weniger als die Länge von Rumpf und Schwanz dahinter, wobei aber der vordere Teil des Körpers doppelt so breit war. Dadurch wirkte der Kopf schwer und wuchtig. Ich beschreibe diesen Effekt so detailliert, weil er sich nur beobachten lässt, wenn der Falke direkt über einem dahingleitet. Meist sieht man Wanderfalken aus einem flacheren Winkel oder im Profil, sodass die Proportionen ganz andere scheinen. Der Kopf sieht dann gedrungener aus, der Schwanz länger, die Flügel weniger breit.

Wie flüchtige Flammen durchsengen die Falken den kalten Himmel und verschwinden spurlos im dunstigen Blau. Doch aus den unteren Luftschichten zieht eine Welle von Vögeln nach und schraubt sich durch eine weiße Spirale von Möwen in die Höhe.

Als der Wind kühler wurde, schien die Sonne wärmer. Über die Anhöhe ergossen sich leuchtende Wälder. Die Zedern auf den Rasenflächen vor den großen Häusern begannen zu lodern und in dunkelgrünem Licht zu verglimmen.

Am Weg zur Furt sah ich einen Waldmäuserich, der auf einer Grasböschung fraß. Er hielt die Halme fest zwischen seinen zierlich weißen Pfoten, während er die Grassamen knabberte. So klein, vom Hauch vorbeifahrender Autos überweht, mit weichem, grünbraunem Fell übermoost; tatsächlich aber fühlte der Rücken sich hart und fest an. Die langen, zierlichen Ohren sahen aus wie sich öffnende Hände; die riesigen Nachtsichtaugen waren dunkel und matt. Er bemerkte meine Berührung nicht, ebenso wenig wie mein Gesicht nur zwei Handbreit über ihm, während er die Graswipfel zu seinen mümmelnden Zähnen herunterbog. Ich war für ihn wie eine Galaxie, zu groß, als dass er mich hätte sehen können. Ich hätte ihn hochnehmen können, aber es schien mir falsch, ihn jetzt von der Erdoberfläche zu trennen, die er nicht verlassen wird, bis er stirbt. Ich gab ihm eine Eichel. Er trug sie im Schnäuzchen die Böschung hinauf, blieb stehen, setzte sie gegen seine Zähne und drehte sie dann in den Pfoten wie ein Töpfer seine Scheibe. Sein Leben besteht darin, zu fressen, um zu leben, immer bemüht, immer bestrebt; ohne einen Schritt voranzukommen, immer auf dem schmalen Grat zwischen dem einen und dem nächsten Tod; bei Nacht zwischen Hermelinen und Wieseln, Füchsen und Eulen; bei Tag zwischen Autos und Turmfalken und Reihern.

Zwei Stunden stand ein Reiher am Feldrand nahe einer Hecke und schaute in die Stoppelfurchen. Gebeugt und krumm hing er schlaff auf seinen langen Stelzenbeinen. Er stellte sich tot. Sein Schnabel bewegte sich nur ein einziges Mal. Er wartete auf Mäuse, um sie zu töten. Es kamen keine.

Den Bach entlang jagte eine Seeschwalbe und suchte an den Rändern ihres dunklen Spiegelbilds nach aufblitzenden Fischen. Sie blieb in der Luft stehen, stieß dann in eine seichte Stelle; stieg mit einem Rotauge im Schnabel wieder auf. Zweimal ließ sie es fallen und schraubte sich wieder hinab, um es aufzufangen, ehe es das Wasser berührte. Dann verschlang sie den Fisch in vier großen Happen. Sie ließ sich herabgleiten, um aus dem Bach zu trinken; mit dem Unterschnabel zog sie durch die sich kräuselnde Wasseroberfläche einen langen, klaren Schnitt.

Als die Seeschwalbe aufstieg, fauchte der Wanderfalke aus dem leeren Himmel herab. Er verfehlte sein Ziel, steilte wieder auf und flog davon. In der Krone eines hohlen Baums fand ich drei seiner Beutevögel; einen Star, eine Feldlerche und eine Lachmöwe.

8. Oktober

Der Nebel hob sich. Die Konturen der Mündung schärften sich, unter peitschendem Ostwind. Die Horizonte gleißten in der Sonne. Auf dem Wasser wuchsen Inseln. Um drei Uhr lief ein Mann den Deich entlang, mit flatternden Landkarten. Fünftausend Strandläufer flogen flach landeinwärts, nur ein paar Meter über seinem Kopf. Er sah sie nicht. Sie warfen eine Schattenkaskade auf sein gleichgültiges Gesicht. Dann regneten sie davon wie eine Schar Käfer aus goldbeglimmertem Chitin.

Die Flut kam; alle Watvögel zogen landeinwärts; langsam sank das Watt ins glasige Nass. Watvögel schwenkten in Trichtern den Feldern im Binnenland zu. Durch einen trockenen Graben kroch ich in ihre Richtung, schob mich voran wie die Flut. Ich robbte über Stoppeln und trockene Furchen. Am Horizont stand ein Fries aus Brachvögeln, die ihre kleinen Köpfe mit den langen Schnäbeln drehten, um gut hören und sehen zu können. Ein Fasan stob auf. Die Brachvögel sahen mich und segelten hinter die Anhöhe, aber die kleinen Watvögel bewegten sich nicht. Sie bildeten einen langen weißen Strich auf dem braunen Feld, wie aus Schnee. Vor mir schweifte ein Schatten über den Boden. Ich blickte auf und sah eine Falkin kreisen. Sie blieb über mir, während ich auf die Watvögel zuging in der Hoffnung, sie aufzuscheuchen. Vielleicht wusste sie nicht genau, was für Vögel es waren. Ich verharrte reglos, hingeduckt wie die Watvögel, und blickte zum armbrustförmigen Schatten der Greiferin auf. Sie kam tiefer und starrte auf mich herab. Dann gab sie Laut, einmal, ein wildes, schrilles ›iiik, iiik, iiik, iiik, iiik‹. Als sich nichts regte, segelte sie landeinwärts davon.

Über den gefurchten Acker hinweg musterten mich mindestens zweitausend Watvögel wie zur Schlacht aufgestellte Spielzeugsoldaten. Das Weiß entsprang hauptsächlich den weißen Scheiteln und Wangen der Kiebitzregenpfeifer. Viele Alpenstrandläufer schliefen; die Steinwälzer und Knutts dösten; nur die Schnepfen waren ruhelos und auf der Hut. Ein Grünschenkel flog über sie hinweg und ließ lange sein eintöniges Rufen hören, was die kleinen Watvögel ganz unruhig machte. Sie reagierten auf ihn, als wäre er ein Falke. Rothühner liefen im Gemenge umher, stießen und prallten gegen Alpenstrandläufer und Steinwälzer. Sie eilten weiter oder blieben stehen und fraßen. Wenn ein Watvogel sich nicht bewegte, versuchten die anderen, über ihn hinwegzusteigen. Ein Vogel kennt nur zwei Arten von Vögeln: seinesgleichen und gefährliche. Sonst keine. Alles andere sind harmlose Gegenstände wie Steine oder Bäume oder, wenn diese tot sind, Menschen.

9. Oktober

Der Nebel verbarg den Tag in schwülem Dunst. Er roch beißend, metallisch, und fasste mir mit kalten, verwesenden Fingern ins Gesicht. Wie ein Dinosaurier im Sumpf lag er träge und stinkend am Straßenrand.

Als die Sonne höher stieg, riss der Nebel auf, verwirbelte und verging unter Büschen und Hecken. Um elf Uhr schien die Sonne mittig aus einem großen blauen Kreis heraus. An dessen Rand züngelte der Nebel wie eine verglühende weiße Korona. Vom entfachten Binnenland schlugen flammende Farben empor. Lerchen sangen. Verschiedene Schwalben flogen flussabwärts.

Nördlich des Flusses kehrten Pflüge die schwere Erde zu Staub und Flimmer. In der Ferne brach der Falke aus einer Spirale von Vögeln hervor und stieg in den morgendlichen Himmel auf. Er kam flügelschlagend Richtung Süden, segelte im ersten schwachen Auftrieb des Tages und zog abwechselnd links- und rechtsherum schweifend seine Achten. Von Staren gehasst, stieg er auf, flog über mich hinweg, sehr hoch und sehr klein, drehte den Kopf hin und her und schaute herab. Zwischen seinem dunklen Bartstreif blitzten die großen Augen weiß auf. Die Sonne schien bronzen auf das prachtvolle, stoppelfeldbraungelbe Tier und verwandelte plötzlich seine gekrümmten Fänge zu Gold. Der abgespreizte Schwanz ragte steif empor; zwölf braune Federn versetzt mit zehn Streifen blauen Himmels.

Sein Kreisen brach ab, und durch den Sonnenglanz hindurch schoss er herab. Die Stare wichen wie Dampfwolken auseinander, versprengten sich und ließen sich zu Boden fallen. Der Falke flog weiter, unverändert in Richtung der leuchtenden Nebelwolke im Süden.

Er war zu schnell, als dass ich ihm folgen konnte. Also blieb ich in der Niederung bei den Rebhühnern und Hähern und beobachtete die Lerchen und Kiebitze, die von der Küste kamen. Die Rothühner hatten eine gute Brutsaison; ihre Jungen sind größer und zahlreicher denn je. Auch Häher gibt es im Überfluss. Ich sah acht von ihnen, wie sie über den Fluss zogen, jeder mit einer Eichel im Schnabel. Aus dem Tod, dessen Zeuge sie vor einer Woche gewesen waren, haben sie nichts gelernt; doch auch der Falke hat nicht gelernt, Nutzen aus ihrer Torheit zu ziehen. Möglicherweise war ihm das Fleisch der Häher zu sehnig oder zu fad. Am späten Nachmittag kehrte er zurück, blieb aber nicht. Er segelte zwischen den Pyramidenpappeln hindurch wie ein satter Hecht durchs Schilf.

12. Oktober

Das Laub schimmert und welkt, das Eichengrün verblasst, die Ulmen sind umgeben von Gold.

Es gab etwas Nebel, aber der Südwind blies ihn fort. Der sonnenbesengte Himmel erwärmte sich. Feuchtkalte Luft zog über den staubigen Grund. Der Norden war ein blauer Schleier, der Süden gebleichtes Weiß. Die Lerchen ließen ihren Gesang in die warme Luft aufsteigen oder schossen die Ackerfurchen entlang. Möwen und Kiebitze schwebten von Furche zu Furche. Herbstfalken kommen von der Mündung landeinwärts, um an seichten, steinigen Stellen in Bach und Fluss zu baden. Zwischen elf und ein Uhr rasten sie in toten Bäumen, trocknen ihre Federn und Bürzel und schlafen. Steif und aufrecht hockend, muten sie an wie knotiges, knorriges Eichenholz. Um sie zu finden, muss man die Formen aller Bäume der Niederung auswendig kennen, sodass alles, was hinzukommt, augenblicklich zum Vogel wird. Falken verstecken sich gern in toten Bäumen. Wie Äste wachsen sie aus ihnen heraus.

Gegen Mittag verscheuchte ich einen Terzel von einer Ulme am Fluss. Vor den braunen Feldern, den braunen Blättern und dem braunen Dunst am Horizont war er kaum auszumachen gewesen. Er wirkte viel kleiner als die beiden Krähen, die ihm nun nachjagten. Sowie er vor dem weißen Himmel aufstieg, war er größer und einfacher zu sichten. Bald kreiste er höher, wich jählings von seinem Kurs ab und übertölpelte damit die schwerfälligen Krähen. Die schossen stets an ihm vorbei und mussten schwer ringen, um nicht abgehängt zu werden. Sie krächzten, rollten die ›R‹s ihres schrillen, gutturalen ›prrrk, prrrk‹, mit dem sie gegen den Falken hassten.

Wenn ein Wanderfalke gehasst wird, macht er große, gleichmäßige Flügelschläge. Geräuschlos federn seine Schwingen durch die Luft wie bei einem Kiebitz. Sein gemächlicher Rückzug sieht wunderschön aus; man atmet im Takt dazu; die Wirkung ist hypnotisierend.

Der Terzel wendete und drehte sich in der Sonne. Wie silberne Schwerter blitzten die Unterseiten seiner Flügel. Seine dunklen Augen schimmerten und die blanke Haut darum funkelte wie Salz. Bei fünfhundert Fuß gaben die Krähen auf, segelten mit ausgestreckten Flügeln zu den Bäumen zurück. Der Falke stieg weiter empor und zog nach Norden davon, glitt in weiten Kreisen geschmeidig in die Höhe, bis er im blauen Nebelschleier verschwand. Regenpfeifer stoben von den Feldern auf und ließen mit dem dumpfen Zischeln ihrer Flügel den Horizont schwirren.

Den grellen Nachmittag saß ich am südlichen Rand des großen Feldes beim Fluss. Die Sonne beschien mir warm den Rücken, und über dem trockenen, lehm- und sandfarbenen Feld schimmerten Hitzeschleier. Schwärme von Rebhühnern ragten aus der glänzenden Oberfläche unter ihren Füßen empor wie Kreise aus schwarzen Kieselsteinen. Sobald der Falke über ihnen auftauchte, zogen sich die dunklen Rebhuhnzirkel rasch zusammen. Die Kiebitze flogen auf und davon. Sie hatten sich in Ackerfurchen versteckt, während der Falke in den funkelnden Wellungen des Himmels verborgen gewesen war.

Wieder flogen zwei Krähen auf, um den Falken zu vertreiben, und die drei Vögel drifteten gen Osten. Mit getrocknetem Federkleid und beschwingter als zuvor, schlug der Terzel nicht mit den Flügeln, sondern segelte einfach im warmen Aufwind. Mit Leichtigkeit wich er den plötzlichen Attacken der Krähen aus und ging mit schnepfenhaft ruckenden Flügeln zum Gegenangriff über. Eine Krähe segelte wieder herab, die andere aber mühte sich weiter mit schweren Flügelschlägen einhundert Fuß unterhalb des Falken. Als die beiden nur noch sehr klein und sehr hoch über dem bewaldeten Hügel zu sehen waren, verlangsamte der Falke den Flug, um die Krähe aufholen zu lassen. Sie stürzten sich aufeinander, taumelten, schleuderten sich herum und steilten wieder auf, um verlorene Höhe zurückzugewinnen. Streitend schraubten sie sich immer weiter hinauf, bis sie außer Sicht waren. Es dauerte lange, bis die Krähe zurückgesegelt kam, der Falke aber blieb fort. Auf halbem Weg zur Flussmündung sah ich ihn wieder, wie er über Tausenden von Staren kreiste. Sie fluteten ihn an und ebbten wieder ab, kreiselten und kreisten durch den Himmel wie der schwarze Trichter eines Wirbelsturms. Sie geleiteten den gepeinigten Falken weiter in Richtung Küste, bis sie plötzlich allesamt im goldenen Strahlenkranz am Horizont verbrannten.

Im Mündungsgebiet stieg die Flut; auf den Salzwiesen lagerten Scharen schlafender Watvögel; die Regenpfeifer waren unruhig. Ich vermutete, der Falke käme vom Himmel gestürzt, aber er flog in niedriger Höhe vom Binnenland heran. Wie eine schwarze Sichel näherte er sich, schnitt quer durch die Salzwiesen und scheuchte eine Wolke Alpenstrandläufer auf, dicht wie ein Bienenschwarm. Aus ihrer Mitte stieg er empor gleich einem schwarzen Hai in silbrigen Fischschwärmen, drosch sich hoch und stürzte herab. Jäh brach er aus dem Gewimmel und jagte einen einzelnen Strandläufer wieder hinauf in die Höhe. Es sah aus, als fiele dieser langsam zum Falken zurück. Dann verschmolz er mit dessen dunkler Silhouette und tauchte nicht wieder auf. Das alles geschah ohne Brutalität, ohne Gewalt. Die Fänge des Falken streckten sich und griffen, drückten und zerquetschten das Herz des Alpenstrandläufers so mühelos, wie der Mensch ein Insekt mit dem Finger zerdrückt. Leicht und lässig glitt der Falke herab, um auf einer Ulme der Mündungsinsel seine Beute zu rupfen und zu fressen.

14. Oktober

Einer jener seltenen Herbsttage, die ruhig und mild unter hohen Wolken liegen, in der Ferne kreisende Sonnenflecken und Sparren blauen Himmels, die sich in Dunst auflösen. Die Ulmen und Eichen noch grün, doch einige schon goldgeflämmt. Vereinzelt fallendes Laub. Beißender Rauch von brennenden Stoppelfeldern.

Um drei Uhr erreichte die Flut ihren höchsten Punkt und überschwemmte am südlichen Mündungsufer den Strand. Von den Dämmen flatterten Schnepfen auf. Einfallende, weiß schimmernde Wogen, die die Steine des Deichs wie mit Lippen umspielten. Im Wasser nickende vertäute Boote. Dunkelroter Glasschmelz, schimmernd wie ertränktes Blut.

Von der Insel kommende Brachvögel, lange, flache Formationen, die aufbranden wie Uferwellen und als langgestrecktes ›V‹ die Arme ausbreiten und zusammenziehen. Rotschenkel, schrill und ungestüm; niemals ruhig, niemals still. Kiebitzregenpfeifer, die mit leiser, durchdringender Traurigkeit rufen. Aufsteigende Steinwälzer und Alpenstrandläufer. Die Rufe von zwanzig hoch fliegenden Grünschenkeln, grau-weiß wie Möwen, wie der Himmel. Pfuhlschnepfen im Flug neben Brachvögeln, Knutts und Regenpfeifern; selten allein, selten am Boden; näselnde Exzentriker; langnasige, laut rufende Meeresfreunde; ihr Rufen wie ein röhrendes, niesendes, kreischendes, spuckendes Bellen. Ihre dünnen, nach oben gekrümmten Schnäbel wenden sich, die Köpfe wenden sich, die Schultern und der ganze Körper wenden sich, die Flügel wedeln. Über dem brandenden Wasser bringen sie ihren Rokokoflug zur vollen Geltung.

Schreiende Möwen, die hoch unter den Wolken trudeln. Vor Vögeln lodernde Inseln. Ein auf und ab steigender Falke. Übers Wasser sprenkelnde, taumelnde, aufschießende Schnepfen. Der Falke folgt, stürzt herab, packt zu. Schnepfe und Falke zappeln und wedeln; nähen in flatterndem Auf und Ab das Land ans Wasser. Die Schnepfe steigt, schwindet, entkommt: der Falke stürzt, wirbelt, schnaubt, verliert.

Zurückweichendes Meer, Seegras fressende Pfeifenten, an seichten Stellen schlaksige Reiher. Auf dem Deich grasende Schafe. Ziehe mit den Augen die Küste entlang. Sehe das Wasser wohltuend daran entlangstreichen wie Ampfer an einem entzündeten Finger. Lasse den Himmel hinter mir, wimmelnd vor Watvögeln, sanft ruhend über dem stillen Meer, ein Lichterbogen.

15. Oktober

Nach ein Uhr lichtete der Nebel sich rasch, und die Sonne schien. Eine Stunde später kam der Wanderfalke von Osten heran. Die Spatzen, Kiebitze, Stare und Ringeltauben sahen ihn, nur ich nicht. Ich stand Ausschau haltend auf einem Feld bei der Furt und versuchte mich in stiller Geduld wie der Reiher, der zwischen den Stoppeln darauf wartete, dass vorbeihuschende Mäuse in Reichweite seines herabsausenden Schnabels kämen. Am Bach fiepten Dompfaffen; Schwalben umschwirrten meinen Kopf. Elstern rauschten im Schwarm in die Weißdornbüsche, stoben dann wieder auseinander und schleuderten sich, im Winkel einer gut geworfenen Diskusscheibe, mit schnellen Flügelschlagschüben voran, die aufgeplusterten Stufenrockschwänze im Schlepptau. Tausende Stare kamen in die Niederung, um sich noch einmal zu versammeln, bevor sie zu ihren Schlafplätzen flogen.

Um halb fünf begannen die Amseln in den Hecken zu schimpfen und die Rothühner stießen Warnrufe aus. Ich schaute zum Himmel und entdeckte zwei Wanderfalken – Terzel und Falkin –, die hoch über der Furt von Krähen gejagt wurden. Bald gaben die Krähen auf, doch die Falken kreisten noch weitere zwanzig Minuten ziellos umher. Durch die vielen abrupten Kehrtwenden, die sie machten, entfernten sie sich nie weiter als eine Viertelmeile von der Furt. Sie schlugen die Flügel in gemessenen, großen Schwüngen – der Terzel flinker als die Falkin –, flogen aber nicht schnell. Der Terzel befand sich oberhalb der Falkin und stieß immer wieder wild flatternd auf sie nieder. Sie entging den Angriffen, indem sie leicht zur Seite schwenkte. Manchmal verlangsamten beide den Flug, bis sie fast in der Luft stehen blieben; dann erhöhten sie die Geschwindigkeit wieder.

Die feine Zeichnung ihres Federkleids war kaum zu erkennen, nur die Bartstreifen waren aus der Ferne ebenso deutlich sichtbar wie aus der Nähe. Die Brust der Falkin war golden gesprenkelt und an der Seite schwarzbraun gestreift. Ihr Oberkörper war eine Mischung aus Blauschwarz und Braun; sie ging wahrscheinlich in ihren zweiten Winter und mauserte sich gerade zum Erwachsenengefieder.

Jetzt war die beste Jagdzeit für Wanderfalken; anderthalb Stunden vor Sonnenuntergang, mit dem abnehmenden Licht im Westen und der von Osten her aufsteigenden Frühdämmerung. Zunächst dachte ich, die Falken kreisten, um Höhe zu gewinnen, doch wirbelten sie so ausdauernd umeinander, dass es offensichtlich eine Balz und sexuelles Werben war. Die Vögel um mich herum wähnten sich in Gefahr. Die Amseln und Rothühner waren keine Minute still; die Ringeltauben, Kiebitze und Dohlen verstreuten sich nach und nach in alle Richtungen, bis die Felder leer waren; die Stockenten stoben vom Bach auf.

Nach zwanzig Minuten begannen die Falken schneller zu fliegen. Sie stiegen auf, und der Terzel stieß nicht mehr auf das Weibchen nieder. In hohem Tempo zogen sie einen letzten Kreis, dann flogen sie ostwärts davon, ohne sich noch einmal umzusehen. Sie flatterten in Richtung Mündung, bis sie außer Sicht gerieten und gut eintausend Fuß über dem Hügel im grauen Dunst verschwanden. Jetzt jagten sie.

16. Oktober

In der Gischt, die die Brandungswellen auf die kiesigen Anhöhen warfen, schliefen Watvögel. Einige von ihnen säumten die heißen, von Staubschwaden überwehten Ackerfurchen im Binnenland. Alpenstrandläufer, Sandregenpfeifer, Knutts und Steinwälzer hatten sich gegen Wind und Sonne zusammengeschart, eng an eng wie weiße Kiesel auf brauner Erde.

Eine brausend steife Brise peitschte von Süden die Wellen den hohen Deich hinauf und schleuderte die Gischt weit in die Luft empor. Auf der Leeseite des Deichs brannte das lange, trockene Gras. Gelbe Flammen und nordwärts ziehender Rauch verwirbelten im Wind. Die Hitze war unerbittlich, sie tobte wie ein schmerzleidendes Tier. Das kurze Gras auf der Deichkrone glühte schwarz-orange; wenn die Salzgischt aufschlug, zischte es. Unter glühendem Himmel und sengender Sonne jubilierten gleichsam Feuer und Wasser.

Als plötzlich die Watvögel aufflogen, schaute ich, was hinter ihnen war, und sah einen Falken aus dem nördlichen Himmel herabstoßen. An den hohen, hochgezogenen Schultern, am großen, geneigten Kopf und am anhaltenden Flattern und Schütteln der Schwingen erkannte ich den Terzel. Er flog direkt auf mich zu, seine Augen schienen mich anzustarren. Weit riss er sie auf, als er jäh den feindlichen Menschen erkannte. Die Flügel stauchten und spreizten sich, und er wich ungestüm zur Seite.

Im strahlend hellen Licht sah ich deutlich seine Färbung: Rücken und Armschwingen in sattem, erdigem Siena; die Handschwingen schwarz; die Unterseiten hell ockerfarben, quer gebändert mit gelbbraunen Pfeilspitzen. Unter den blanken, sonnenglänzenden Augen ziehen dunkle, keilförmige Bartstreifen lang über die blassen Wangen.

Durch Rauch und Gischt glitt er geschmeidig über den Deich, wie auf Stein wogendes Wasser. Die Watvögel flirrten zum Boden herab, wo sie schliefen. Das Federkleid des Falken fleckte durch die Rauchschatten und schimmerte wie ein Kettenpanzer in glitzernder Gischt. Von der Brise ergriffen, flog er wieder hinaus und schnellte im Tiefflug über die ansteigende Flut. Dann dolchte er auf eine schwimmende Möwe herab und hätte sie sich vom Wasser gepflückt, wenn sie nicht sogleich aufgeflogen wäre. Im Gegenlicht verschwand er flatternd als schmaldunkler Fleck entlang des großen, sonnengleißenden Schwertes, das im Süden über der Mündung lag.

Als es dämmerte, hatte der Wind nach Norden gedreht. Der Himmel war bewölkt, das Wasser flach und ruhig, die Feuer verglommen. Aus dem dunkelnden diesigen Norden stiegen hundert Stockenten in den dort helleren Himmel über der sinkenden Sonne, fern des Falken, der sie vom Ufer aus beobachtete, und der Jäger mit ihren Flinten, die tief ins Gras geduckt auf sie warteten.

18. Oktober

Die Niederung ein feuchter Nebelkokon, durch den der Regen treibt; Dohlen beim Einstudieren kurioser Gesangs- und Flugnummern, in wilden Verfolgungsjagden, auf fieberhafter, wahlloser Futtersuche; im Regen rufende Goldregenpfeifer.

Als ein prasselndes Crescendo aus Dohlen in die Ulmen fuhr und verstummte, wusste ich, dass der Falke in der Luft war. Ich folgte ihm flussabwärts. Tausende von Staren saßen auf Masten und Leitungen, die Schnäbel weit geöffnet, da jeder etwas Dringliches zu piepsen hatte. Die Krähen hielten nach dem Falken Ausschau, die Amseln schimpften. Nach fünf Minuten gesteigerter Aufmerksamkeit entspannten sich die Krähen und schossen aus Frust auf die Stare nieder. Die Amseln hörten auf zu schimpfen.

Der Nieselregen war schwer und kalt, und ich stellte mich bei einem Weißdorn unter. Um ein Uhr flogen sechs Wacholderdrosseln in den Busch, fraßen ein paar Beeren und flogen weiter. Ihre Federn glänzten dunkel vor Nässe. Am Fluss war es still. Nur in der

Ferne hörte man das Rauschen eines Wehres und den zarten Atem von Wind und Regen. Irgendwo im Westen begann ein monotones ›kekekek‹. Es dauerte lange, ehe ich es erkannte. Zunächst hielt ich es für das Quietschen und Knarzen einer alten Wasserpumpe, doch als das Geräusch näherkam, erkannte ich darin das Kreischen eines Wanderfalken. Dieser krächzende Ton, der mitunter auch an eine Säge erinnerte, währte noch zwanzig Minuten, bis er langsam schwächer und sporadischer wurde. Dann verstummte er. Der Falke jagte eine Krähe über die nebligen Felder bis ins Geäst einer toten Eiche. Als sie sich in der Krone niederlassen wollten, stoben zwanzig Ringeltauben hervor, als wäre auf sie geschossen worden. Die Krähe tänzelte auf einem Ast seitwärts bis in Hackweite des Falken, der ihr zugewandt Kopf und Flügel senkte und in Drohhaltung brachte. Die Krähe zog sich zurück, und der Falke begann wieder zu rufen. Selbst durch eine Viertelmeile satt-feuchter Nebelluft drang deutlich sein langer, rauer, näselnder Schrei zu mir. Der Ruf des Wanderfalken nimmt einen leicht herausfordernden Klang an, wenn er durch Klippen, Berge oder breite Flussniederungen etwas Hall und Timbre bekommt. Eine zweite Krähe flog auf, und der Falke verstummte. Als sich beide Krähen auf ihn stürzten, flog er unverwandt auf eine Oberleitung, auf der er in Ruhe gelassen wurde.

Von dort oben blickte er über das Stoppelfeld, schläfrig, aber aufmerksam. Allmählich wirkte er wacher und konzentrierter, verschob und verkrallte unablässig die Zehen auf dem Kabel. Seine zerzausten, regennassen Federn zogen sich die Brust hinab wie schmutzige, gelbbraun verflochtene Taue. Leicht glitt er ins Feld hinunter, kam mit einer Maus zurück und setzte sich auf einen entfernten Baum, um sie zu fressen. Nach einer Stunde setzte er sich wieder an seinen Platz, von wo aus er von Neuem über das Feld blickte; erschöpft, gekrümmt, unförmig vom Regen. Der große Kopf neigte sich vornüber und seine Augen durchforschten das verschlungene Labyrinth aus Stoppelfurchen und üppig wucherndem Unkraut. Plötzlich lehnte er sich nach vorn in das sich weitende Netz seiner Schwingen und flog rasch zu Boden. Dort rannte irgendetwas zum schutzbringenden Graben am Feldrand. Leichthin ließ sich der Falke darauf fallen. Vier Flügel flatterten, dann plötzlich standen zwei still. Schwerfällig flog der Falke in die Mitte des Feldes, ein baumelndes totes Sumpfhuhn in den Fängen. Es war zu weit aus der Deckung gegangen, was Sumpfhühner auf Nahrungssuche sehr oft tun, und hatte den reglos harrenden Feind vergessen. Ein Vogel am falschen Platz ist immer die erste Beute. Der Schrecken holt sich die Auffälligen, die Kranken, die Verirrten.

Der Falke kehrte dem Regen den Rücken, spreizte halb die Flügel und begann zu fressen. Zwei, drei Minuten blieb sein Kopf unten und ruckte leicht hin und her, um die Brust seiner Beute zu rupfen. Dann gingen Kopf und Hals in stetigen, regelmäßigen Bewegungen auf und ab, während er den krummen, spitzen Schnabel in das Tier bohrte und das Fleisch mit einem scharfen Kopfruck in Stücken vom Knochen riss. Jedes Mal, wenn sein Kopf nach oben kam, schaute er kurz nach rechts und links, bevor er sich wieder in sein Fressen versenkte. Nach zehn Minuten wurde das Auf und Ab langsamer und die Pausen zwischen den einzelnen Happen länger. Allerdings fraß er noch eine Viertelstunde halbherzig weiter.

Als der Falke sich nicht mehr bewegte und sein Hunger offensichtlich gestillt war, ging ich durchs regendurchweichte Gras vorsichtig auf ihn zu. Sofort flog er mit dem Rest des Blesshuhns davon und verschwand alsbald im alles verschleiernden Regen. Er kennt mich langsam, doch seine Beute teilen will er nicht.

20. Oktober

Groß und glänzend schwebte der Wanderfalke bei kräftigem Südwind und herbstfrischer Morgensonne zwischen dunklen Ringen aus Staren über den Flussauen. In weiten Bögen stieg er in die Höhe, stieß dann gelangweilt kreisend nieder, mit golden in der Sonne blitzenden Fängen. Kopfüber trudelnd wie ein Kiebitz, versprengte er im Fall die Stare. Fünf Minuten später erhob er sich wieder in die Lüfte, kreiste, segelte und tauchte in strahlende Höhen auf wie ein Fisch, der durch das warme blaue Wasser an die Oberfläche steigt, fern der fallenden Fangnetze der Stare.

Auf tausend Fuß schwebte und driftete er und sah herab auf die schmalen grünen Felder unter ihm. Sein Körper schimmerte goldlohfarben in der Sonne, mit braunen Sprenkeln ähnlich den Schuppen einer Forelle. Die Unterschwingen waren silbern; die Armschwingen, von schwärzlichen Streifen mit Hufeisenmuster überzogen, knickten vom Handwurzelknochen an einwärts zu den Achseln. Er schaukelte und driftete wie ein Boot, das vor Anker liegt, dann segelte er langsam hinaus in den nördlichen Himmel. In immer längeren Ellipsen fegte er kleiner und kleiner werdend in die Höhe. Eine Kiebitzschar stieg unter ihm auf, schwenkte, drehte ab, zerstreute sich. In tigerwilden Kreisen stürzte er sich zwischen sie. Golden blitzten seine umherfahrenden Krallen. Ein ebenso prachtvolles wie prahlerisches Niederstoßen, das aber, wie ich glaube, ohne Beute blieb.

Während ich dem Falken den Hügel entlang folgte, schimmerte der Fluss blau zwischen grünen und ockergelben Feldern. Um ein Uhr kam er schnell aus Norden herangeflogen, wo Möwen dem Pflug folgten. Feurig schlagend landete er auf einem Pfahl, das lange Federvlies auf seiner Brust vom Wind gekräuselt, gelb geriffelt wie erntereifer Weizen. Einen Moment lang blieb er sitzen, dann warf er sich nach vorn und fegte flach über ein Grünkohlfeld, aus dem er Ringeltauben auftrieb. Er stieg leicht auf und griff an, langte wie ein Habicht mit dem Fuß nach einer Taube. Aber es war nur eine billige Finte, ein träger Griff, der um Längen fehlging. Ohne innezuhalten zog er im Tiefflug weiter, sein Rücken im Sonnenschein wie rötlichgraues Mahagoni oder Tonerde mit dunkelbraunen Einsprengseln von rostigem Eisen.

Dann verließ er das Feld, schwang sich auf in den Wind und segelte sonnenumrissen über den Fluss. Aus abgesenkten Schultern ragten seine Flügel locker in die Segelbahn; sie schienen aus der Mitte des Körpers zu kommen, und seine Silhouette glich eher einem Goldregenpfeifer denn einem Wanderfalken. Normalerweise sind die Schultern so weit hochgezogen und zeigen so spitz nach vorn, dass man nicht sieht, wie lang Rumpf und Nacken vor den Flügeln eigentlich sind.

Hinterm Fluss flog er gen Osten, und ich sah ihn nicht mehr wieder. Auf seinem Weg zur Küste rauschten Hunderte Saatkrähen und Möwen, von ihm aufgescheucht, aus dem Horizont hervor, segelten und kreisten, lichteten sich und sanken wieder herab.

Unten am Bach sah ich die erste Schnepfe dieses Herbstes und gelangte in die Nähe eines Rebhuhns. Das kastanienbraune Hufeisen auf seiner Brust stand reliefartig hervor, von der Sonne scharf konturiert. Um halb zwei kam über den Bäumen die Wanderfalkin heran, die von einer Krähe verfolgt wurde. Die Falkin hatte in etwa die Größe der Krähe; ihre Brust war fassförmig und breiter als die des Terzels, ihre Flügel ebenfalls breiter und weniger spitz. Rasant kreisend versuchte sie die Krähe abzuhängen, dann entkam sie in die Höhe. Sie stieg sehr hoch, in Richtung Osten, den goldbraunen, laubbewölkten Himmel des Hügels hinauf, hinein in die unbewegte Wolke aus Licht, die fern über dem Wasser thronte.

23. Oktober

Seit dem Zwanzigsten sind viele Zugvögel in die Niederung gekommen. Heute saßen fünfzig Amseln in Weißdornbüschen am Fluss, wo ich zuvor nur sieben gezählt hatte.

Der Morgen war neblig und ruhig. Ein Star ahmte höchst meisterhaft den Wanderfalken nach, stieß auf den Feldern nördlich des Flusses unendlich oft seinen Ruf aus. Das verunsicherte die anderen Vögel; sie fielen genauso auf ihn herein wie zunächst auch ich. Ich konnte nicht glauben, dass es kein Falke war, bis ich den Star tatsächlich den Schnabel öffnen und rufen sah. Im Herbst kann man an den nachahmenden Rufen der Stare erkennen, wann Goldregenpfeifer, Wacholderdrossel, Turm- und Wanderfalke in der Niederung ankommen. Auch seltener anzutreffende Vögel, wie der Regenbrachvogel oder der Grünschenkel, werden wirklichkeitsgetreu erfasst.

Um zwei Uhr flogen zwölf Kiebitze in gerader Linie nach Nordwesten über mich hinweg. Hoch über ihnen flatterte ein Wanderfalke. Es war ein kleiner, heller Terzel, der vielleicht mit den Kiebitzen gezogen war.

Als die Sonne aus dem Nebel hervortrat, stieg der Terzel, den ich diesen Monat immer gesehen hatte, über der Flussaue in die Höhe, vom unvermeidlichen Schwarm Stare umgeben. Bei dreihundert Fuß entriss er sich dem Kreis, querte mit flinken Schlägen den Fluss und schoss in langem, schnellem Gleitflug kopfüber nach vorn. Hunderte Kiebitze und Möwen stoben steil vom Feld auf, sodass die Menge den Falken verschluckte. Wahrscheinlich hoffte er, sich einen auffliegenden Vogel von unten pflücken zu können, doch glaube ich nicht, dass es ihm gelang. Eine halbe Stunde später kreisten immer noch viele Lachmöwen tausend Fuß hoch über den Feldern. Auf reglosen Flügeln drifteten sie schnell und anmutig unter Rufen durch die Luft. Jede kreiste einige Meter von ihrer Nachbarin entfernt, allerdings immer in gegenläufiger Richtung.

Im hellen Licht des Spätnachmittags flogen hintereinander Ringeltauben, Möwen und Kiebitze von verschiedenen Stellen der Niederung auf, wenn der Wanderfalke über die Furt und die Wälder, über die Anhöhe und zurück zum Fluss segelte. Bis eine Stunde vor Sonnenuntergang folgte er den Möwen von Pflug zu Pflug. Dann verschwand er an der Küste.

24. Oktober

Im stillen Himmel ballten sich die Wolken, die Luft war kühl und ruhig, die laubigen Wege bröckelten spröde. Der Terzel flog über die tiefen Wälder, federleicht und bedrohlich, trieb mit kräftigen Schwingen einige Ringeltauben aus den Bäumen. Unten am Fluss fand ich seine morgendliche Beute, eine Lachmöwe, blendend weiß auf dunklem, feuchtem Acker. Sie lag auf dem Rücken, den roten Schnabel geöffnet, mit heraushängender roter Zunge. Trotz einiger ausgerupfter Federn war vom Fleisch nur wenig gefressen worden.

Ich ging zur Mündung, aber es war Ebbe. Das Wasser lag in der leergeschöpften Weite aus Schlick und Dunst verborgen, nur in der Ferne tönten die Rufe der Brachvögel und die dumpfe Klage der Kiebitzregenpfeifer. Im tristen Licht schien ein Turmfalke, der sich niedergesetzt hatte, wie ein Dreieck aus blankem Kupfer.

Recht bald ging ich wieder fort und erreichte um vier Uhr den unteren Flusslauf. Kleinere Vögel hassten lautstark in den Bäumen, in schriller Hysterie. Der Falke kam aus der Deckung geflogen und zog dicht über mir vorbei, gefolgt von Amseln und Staren. Ich sah die dunklen Bartstreifen auf seinem blassen Gesicht, den butterblumigen Glanz seines braunen Federkleids, die gebänderten, gefleckten Unterschwingen. Seine Kappe war ungewöhnlich hell und blass, goldgelb mit braunen Sprenkeln. Auf langen Schwingen, schlank und kraftvoll, setzte sich der Falke rasch von der Hassmeute ab und segelte zum Nordufer des Flusses.

Eine Stunde später kehrte er zurück und landete auf einem hohen Schornstein. Möwen flogen hoch über der Niederung zu ihren Schlafplätzen an der Mündung. Bei jedem langgezogenen ›V‹, das über ihn hinwegzog, stob der Falke auf, um von unten anzugreifen, zersprengte die dichten Formationen und messerte blindwütig um sich. Mit halb angelegten Flügeln fegte er zwischen sie, genau so, als würde er niederstoßen. Dann drehte er sich auf den Rücken, schlängelte sich über und unter den Möwen hindurch und versuchte sie im

Vorbeifliegen zu greifen. Es schien ihn zu verwirren, dass sie sich so heftig drehten und wandten, denn er fing keine, obwohl er es über eine halbe Stunde hinweg immer wieder versuchte. Ob er sich aber wirklich ernsthaft bemühte, war unmöglich zu sagen.

Als es dämmerte, ließ er sich zum Schlafen auf dem sechzig Meter hohen Schornstein nieder, von dem er bei Sonnenaufgang die Möwen auf ihrem Zug ins Binnenland erneut angreifen würde. Sein Schlafplatz war sehr günstig am Zusammenfluss zweier Flüsse gelegen, nahe einer breiten Mündung, unbehelligt von der Wildvogeljagd. Die besten Jagdorte in diesem Küstenabschnitt, zwei Flutungsbecken und zwei Flussniederungen, lagen innerhalb eines Radius von zehn Meilen; alle in weniger als zwanzig Flugminuten erreichbar. (Der Schornstein wurde mittlerweile niedergerissen.)

26. Oktober

Das Feld war erfüllt von Stille, Dunst, lauernder Bewegung. Ein kalter Wind schob Wolkenschichten in den Himmel. Spatzen prasselten in die Hecken, rauschten durch das trockene Laub wie Regen. Amseln schimpften. Von den Bäumen spähten Dohlen und Krähen. Ich wusste, dass irgendwo auf dem Feld der Falke war, fand ihn aber nicht. Obwohl ich es von einem Ende zum anderen durchquerte, scheuchte ich nur Fasane und Lerchen auf. Er hielt sich zwischen den nassen Stoppeln und der dunkelbraunen Erde versteckt, deren beider Farben er hatte.

Plötzlich war er in der Luft, von Staren umschwärmt, stieg aus dem Feld empor und überquerte den Fluss. Weit und geschmeidig hob er die Flügel zu kräftigen Schlägen, sodass sie weich wirkten, als wären sie mit vielen Gelenken versehen. Zuckend und vorschießend schüttelte er die Stare von seinen Schultern wie ein Hund, der sich das Wasser aus dem Fell schüttelt. Steil stieg er in den Ostwind, machte aber plötzlich kehrt und flog nach Süden. Nicht im Kreis, sondern in einem länglichen Sechseck drehte und schwenkte und erhob er sich über die vogelbeschallten Felder. Im dunstigen Grau hatte er die Farbe von Schlamm und Stroh; matte, harte Nuancen, die nur im Sonnenlicht zu Gold verschmolzen. Sein unsteter, meilenlanger Aufstieg vom Boden auf fünfhundert Fuß dauerte weniger als eine Minute. Er schaffte ihn ohne Anstrengung; seine Flügel wogten lediglich in stetem Takt auf und ab. Sein Flug war niemals ganz gerade; immer lehnte er sich zur einen oder anderen Seite; oder er begann für einen kurzen Moment zu schlingern und seitlich auszuweichen wie eine Schnepfe. Über Feldern, auf denen Möwen und Kiebitze fraßen, setzte er zum ersten Gleitflug an; ein langes, langsames Gleiten, das viele Vögel panisch himmelauf scheuchte. Als alle sich im Aufstieg befanden, stieß er nieder und schraubte sich furios dazwischen. Doch er traf keinen.

Als der Wanderfalke wieder verschwunden war, flogen in einiger Höhe zwei Häher kreuz und quer über die Felder. Ohne sich auf eine Richtung einigen zu können, zogen sie seltsam orientierungslos durch die Gegend, trugen in dämlicher Verrenkung ihre Eicheln. Später flogen sie zurück in den Wald. Lerche und Grauammer sangen, süß die eine, herb die andere; Rotdrosseln flüsterten verhalten durch die Hecken; Brachvögel riefen; Schwalben flogen stromabwärts. Bis zum frühen Nachmittag war alles ruhig, dann kam die Sonne hervor und hoch oben begannen die Möwen zu kreisen, ehe sie unter einem dünnen Wolkenvlies nach Westen segelten. Ihnen folgten Kiebitze und Goldregenpfeifer, darunter auch ein halber Albino mit breiten weißen Flügelstreifen und weißlichem Kopf. Überall um mich herum stiegen Vögel auf und riefen, aber den Falken, der sie schreckte, konnte ich nicht sehen.

Kurz darauf kam der Terzel ganz in meine Nähe, sodass ich ihn zwangsläufig sah. Stare umschwirrten seinen Kopf wie plagende Fliegen das Pferd. Die Sonne beschien seine Flügelunterseiten, und auf den cremefarben-braunen Flächen lag ein silberner Schimmer.

Die dunkelbraunen, ovalen Flecken auf den Achselfedern erinnerten an die schwarzen Achselflecken des Kiebitzregenpfeifers. Unter den Handwurzelgelenken beider Flügel hatten sie dunkel verschattete Wölbungen. Nur die Handschwingen bewegten sich; sie wehten in schnellen, rudernden Schlägen seidensanft von den unbewegten Schultern zurück. Zwei Krähen flogen auf, und aus ihren geschlossenen Schnäbeln und den auf und ab wippenden Hälsen ertönten kehlige Rufe. Sie verjagten den Falken nach Osten, nahmen ihn hart in die Pflicht, stießen abwechselnd von beiden Seiten auf ihn nieder. Wenn er nach einer von ihnen ausstach, griff die andere ihn aus seinem toten Winkel an. Er segelte und versuchte, sich weiter hochzuschrauben, allein ihm fehlte die Zeit. Er musste einfach weiterfliegen, bis die Möwen es müde würden, ihm noch länger nachzujagen.

Ich ging zur Mündung, und eine Stunde vor Sonnenuntergang sah ich den Falken wieder, der eine Meile vor der Küste seine Kreise zog. Als die Möwen zum Schlafen auf die offene See hinauskamen, flog er ihnen bis über den Deich und die Salzwiesen entgegen; dann griff er an. Mehrere Möwen ließen sich ins Wasser plumpsen, um der Attacke auszuweichen, nur eine flog höher. Der Wanderfalke fuhr mehrmals auf sie herab, rauschte hundert Fuß senkrecht auf sie herunter. Zunächst versuchte er, die Möwe im Vorbeifliegen mit der Hinterzehe zu treffen, doch immer wich sie im letzten Moment zur Seite. Nach fünf Versuchen änderte er sein Vorgehen, stieß hinter der Möwe herunter, zog dann aufsteilend einen schnellen Bogen und packte sie von unten. Offenbar war die Möwe auf solche Angriffe sehr viel schlechter vorbereitet. Anstatt auszuweichen, flog sie nur höher, direkt in die Bahn des Falken. Seine Fänge krallten sich in ihre Brust und trugen sie hinab zu einer Mündungsinsel, mit baumelndem, rückwärtsgewandtem Kopf.

Jenseits der letzten Gehöfte vermischt sich mit dem Duft des Laubes und der nussig anmutenden Herbsthecken der Geruch von Salz und Schlick und Tang, und plötzlich ist da kein Binnenland mehr, und auf dunstbleichem Wasser treiben die grünen Felder bis zum Horizont.

Zu Mittag sah ich einen Fuchs weit draußen in den Salzwiesen, er sprang und patschte durch die ansteigende Flut. War der Untergrund trockener, lief er; sein nasses Fell glänzte dunkel, der schlaff herabhängende Schwanz triefte. Er schüttelte sich wie ein Hund, schnüffelte mit erhobener Schnauze und trottete in Richtung Deich. Plötzlich blieb er stehen. Durch das Fernglas sah ich, wie sich die schmalen Pupillen in der weißgefleckten gelben Iris zusammenzogen und weiteten. Es waren lebhafte Augen, die immer in Bewegung waren, von innen glommen und zugleich spiegelnd strahlten wie Juwelen. Ihr stetes Glänzen blieb auf mich gerichtet, während der Fuchs langsam vorwärtsschritt. Als er wieder stehen blieb, war er nur noch zehn Meter entfernt, und ich ließ das Fernglas sinken. Über eine Minute stand er da, musterte mich aus ratlosen, wilden Augen und versuchte mit Nase und Ohren zu begreifen, was er da vor sich hatte. Dann wehte die Brise meinen abscheulichen Menschengeruch zu ihm hinüber, und der wunderschöne, rötlichgraue Wilde verwandelte sich in den gejagten Fuchs, der geduckt davonhuschte und über den Deich und die langen grünen Felder dahinter entwich.

Pfeif- und Krickenten trieben mit der Flut herein; Watvögel bevölkerten die hochstehenden Salzwiesen. Lauthals warnend flog ein Bausch Spatzen heran, gefolgt vom Falken, der langsam über tausend am Boden hockende Watvögel hinwegsegelte. Seine ellbogenartig eingeknickten Handwurzelgelenke standen seitlich ab wie der gespreizte Nackenschild einer Kobra und wirkten ebenso bedrohlich. Er flog ganz unbeschwert dahin, zog mal flügelschlagend, mal gleitend über die Bucht und ließ seinen schwarzen Schatten über die reglos stillen Vögel fahren. Dann drehte er landeinwärts und flatterte schnell und mit großen Schlägen über die Felder.

Vier Sumpfohreulen sachtelten aus dem Ginster und strichen mit ihren eleganten weichen Schwingen behutsam durch die Luft. Langsam sanken und stiegen sie im Wind, drifteten zur weißen Mündung und über das dunkelgrüne Gras. Sie wandten ihre großen Köpfe, um zu mir herüberzusehen, und ihr grimmiger Blick erglühte und erlosch und erglühte, als würde hinter ihrer Iris eine gelbe Flamme brennen und zuweilen hoch auflodern. Ein Vogel rief; ein schriller, bellender Ton, zugleich dumpf wie der Ruf eines Reihers im Schlaf.

Der Falke kreiste, dann stieß er auf die Eulen nieder, aber es war wie der Versuch, wehende Federn mit einem Pfeil zu treffen. Die Eulen schwenkten und drehten sich, schaukelten im Wirbel seines Angriffs hin und her, und stiegen höher. Als sie über dem Wasser waren, gab der Falke auf, segelte hinab und setzte sich nahe dem Deich zur Rast auf einen Pfahl. Ich gehe davon aus, dass er Beute hätte machen können, wenn er eine Eule von den anderen abgedrängt und sie dann von unten aufsteilend gerissen hätte, aber seine Stöße waren arg wahllos gewesen. Um vier Uhr flog er langsam landeinwärts, verdunkelte sich kurz am Rand der sonnenhellen Felder und verschwand dann tief im Schatten der Bäume.

Ich verließ die kalte, von Vogelstimmen durchtränkte Ruhe des Wattenmeers und ging ins hellere Halblicht des Binnenlands, wo die Luft zwischen den Hecken noch warm und schwül war. Kräftig duftete der Wald. Im bernsteinfarbenen Abendlicht flackerte das fade Grün des Sommers rotgolden auf. Der Tag neigte sich zur windstillen Ruhe des Sonnenuntergangs. Die feuchten Felder verströmten ihren unvergleichlichen Herbstgeruch, eine schwere, süß-saure Note von Käse und Bier, die sich wehmütig in die schwere Luft legte. Ich hörte, wie ein trockenes Blatt sich löste und zu Boden schaukelte, bis es mit einem leisen, harten Laut auf den glänzenden Belag des Weges schlug. Der Falke ließ sich sanft von einem toten Baum gleiten wie der mattbraune Geist einer Eule. Er harrte in der Dämmerung; nicht schlafend, sondern nach Beute Ausschau haltend. Die Rebhuhnschwärme riefen und versammelten sich in den Ackerfurchen; Stockenten rauschten hinab auf die Stoppelfelder, um zu fressen; der Falke regte sich nicht. Im Wipfel einer Ulme sah ich seine dunkle Silhouette, zusammengekauert, klar vom Abendrot umrissen. Unter ihm schillerte ein Wasserlauf. Waldschnepfen ziwitzten. Der Falke horchte auf und beugte sich vornüber. Schlingernd kam die erste Schnepfe vom Hügelwäldchen herabgeflogen. Drei weitere folgten. Als sie sich am Flussufer im Morast niederließen, schasste der Falke dazwischen. Heftig surrten ihre Flügel, als der Falke und zwei Schnepfen zusammen aufschnellten. Zischend stoben sie über die Bäume, bis eine Schnepfe an einer seichten Stelle ins Wasser platschte. Ich sah das fallende Bündel, den langen Schnabel, der sich ziellos drehte. Der Falke stand im Wasser, rupfte seine Beute, und fraß.

29. Oktober

Langsam schob der scharfe Pflug sich türmende, schwarzbraun glänzende Erdklumpen zu langen Reihen, deren glattgeschnittene Kanten in der Sonne schimmerten. Möwen und Kiebitze suchten in den dunklen Spalten der langbraunen Niederungen nach Würmern wie Adler nach Schlangen.

Der Wanderfalke saß beim Fluss auf einem Pfahl, ignorierte die Vögel um ihn herum und schaute hinab auf einen Misthaufen. Er tauchte ins stinkende Stroh, flatterte und wühlte darin herum, und flog dann schwer mit einer großen braunen Ratte beladen nach Norden davon.

Um ein Uhr verdunkelte sich der Himmel von Osten her, und Salven pfeilgemusterter Stare zischten über mich hinweg. Hinter ihnen, und etwas höher, folgte ein schweres Aufgebot an Ringeltauben und Kiebitzen. Etwa tausend Vögel schnellten gemeinsam, ohne je zurückzublicken, in eine Richtung. Im trüben Himmel bildete sich eine weiße Kuppel kreiselnder Möwen. Zehn Minuten später segelten diese zurück zu den Ackerfurchen; die Stare und Spatzen verließen wieder die Bäume. Durch den Himmel, über die Felder, entlang der Wälder, Hecken und Flüsse hatte der Wanderfalke eine unverkennbare Spur der Angst gelegt.

Im Nordosten blieben die Vögel länger in Deckung, als wären sie der Gefahr dort näher. Ich folgte ihrem Blick und entdeckte den Falken in einem Scharmützel mit zwei Krähen. Sie jagten ihm nach; er stieg steil über sie; sie glitten hinab auf einen Baum, er stürzte sich auf sie und flatterte durchs Geäst; sie stiegen auf und jagten ihn wieder. Dieses Spiel wiederholte sich ein Dutzend Mal; dann wurde der Falke dessen überdrüssig und segelte hinunter zum Fluss. Die Krähen flogen in Richtung Wald. Krähen fressen anscheinend sehr früh oder sehr spät, denn ich sehe sie selten in der Niederung nach Nahrung suchen. Die meiste Zeit verbringen sie mit Baden, Hassen oder dem Vertreiben anderer Krähen.

Gegen drei Uhr wurde der Flug des Falken flink und wendig. Sein Hunger wuchs, und mit tanzendem, springendem Flügelschlag zog er von Baum zu Baum. Wie Rauchwolken flogen Stare aus den Weiden und verdeckten ihn. Er schwang sich auf, breitete die Flügel aus und segelte. Der Wind trug ihn davon, die Niederung entlang. Gemächlich kreiste er unter tiefen grauen Wolken.

Es war schon fast dunkel, als ich die Überreste seiner Beute fand; fünf Meilen flussabwärts lagen am Ufer die Federn und Flügel eines Rebhuhns. Im Dämmerlicht war das Blut schwarz, die blanken Knochen weiß wie grinsende Zähne. Die Beutereste des Falken erinnern an die warme Glut eines verglimmenden Feuers.

Das flatternde Banner des Herbstlichts überspannte die grüne Landzunge zwischen den Mündungen. Der Ostwind wehte grausilbrige Regenschauer durch den mosttrüben Eishimmel. Als ein Merlin, klein, braun und flink, der deutlich vom Himmel abstach, über die Felder flog, abtauchte und die Furchen entlangschwenkte, stiegen die Vögel auf. Die braunen und gestoppelten Felder barsten und schimmerten vor Lerchen; die grünen Felder waren gescheckt mit Regenpfeifern. Die stillen Wege streifte wehendes Laub.

An der Küste bogen sich die Bäume und gepeitschten Äste im Sturm. Das flache Land war eine heulende, leblose Leere. Im Sonnenlicht zwischen wirbelnden Blättern wirkte der Zaunkönig, der in einem ausgetrockneten Graben saß, plötzlich göttlich, wie ein kleiner brauner Priester in einer Gemeinde aus Laub und winterdürren Hecken, die ihm treu ergeben waren bis in den Tod.

Ich lief über den Hügel zur südlichen Mündung. Wolken aus Sprühregen bliesen tosend über die Felder. Dann schien die Sonne, und eine Schwalbe huschte durchs Licht. Diese Niederung hat eine ganz eigene Art von Einsamkeit. Steil abfallende, von Ulmen gesäumte Wiesen laufen in flache Felder und Marschen aus. Die schmale, glänzende Mündung wird immer kleiner, je weiter man die Wege hinabgeht. Der Friede und die plötzliche Einsamkeit, die man unten zwischen den Ulmen spürt, verwandelt sich am Flussdeich in ein Gefühl von Troslosigkeit.

Die grünen Hänge im Norden waren von Dohlen schwarz überzogen. Pfeifentenrufe schallten durch das dumpfe Klappern der kahlen Schilfrohre in der Marsch, ein fröhliches, herausberstendes Pfeifen, das nur durch Nebel oder über weite Entfernung schwach oder traurig klingen kann. Auf dem Deich lag unberührt ein toter Brachvogel, Brust nach oben, mit gebrochenem Genick. Spitz ragten seine Knochen aus der aufgeschlitzten Haut. Als ich den weichen, klammen Körper anhob, fielen die langen Flügel wie Fächer auseinander. Die Krähen hatten sich seiner anmutig flussglänzenden Augen noch nicht angenommen. Ich legte ihn genauso hin, wie ich ihn gefunden hatte. Nach meinem Fortgehen kehrte der Falke, der ihn getötet hatte, womöglich zurück, um ihn zu fressen, sodass sein Tod nicht umsonst wäre. Auf der Marsch lag ein Schwan – mit einem Einschuss in der Brust – und verweste. Er war glitschig und schwer und stank. Dieser Umgang mit der Natur vergällte mir den prachtvollen Tag, der nach dem Abflauen des Windes und dem Untergang der Sonne in stiller, wolkentrüber Ödnis endete.

2. November

Das ganze Land schimmerte in Goldgelb, Bronze und Rostrot, erstrahlte wasserklar, in eine See aus Herbstlicht getaucht. Der Wanderfalke sank hinauf in blaue Weiten und lockte die Vogelstriche in die Höhe. Weit oben segelten Formationen von Goldregenpfeifern; darunter zogen Möwen und Kiebitze ihre Kreise; Tauben, Enten und Stare zischten knapp über den Boden.

Am nördlichen Rand der Niederung wuchs eine Regenwolke und streckte sich langsam in den Himmel aus. Darunter kreiste in dunkle Starenfäuste gekeilt der Falke. Wuchtig stob er ihnen davon, glitt majestätisch nach Süden und stieg am hellen Rand der schwarzen Wolke empor, deren Oberseite im Sonnenlicht gleißte. Er kam direkt auf mich zu, hart umrissen und vorn verkürzt, steil standen seine langen Flügel vom klobigen Kopf ab. Die Armschwingen, die im Verhältnis zum Körper um sechzig Grad aufgestellt waren, bewegten sich nicht; die schmaleren Handschwingen wellten sich höher, dippten leicht in die Luft und winkten prachtvoll wie Ruderblätter, die sich in die gleitende Haut eines Flusses legen und wieder herausdrehen. Er flog über mich hinweg und trieb quer über die offene Landschaft. Langsam fortdriftend gewann er an Höhe, während seine Federn wie rotgoldene Flusskiesel in der Sonne glänzten. Die

Falkin stieg zu ihm auf; gemeinsam kreisten sie in das gleißende Weiß des Südens davon.

Als sie fort waren, kamen Hunderte Wacholderdrosseln zurück, um in den Weißdornbüschen am Fluss zu fressen. Einige blieben in den Pyramidenpappeln, hielten in den höchsten Ästen still erhaben Ausschau, mit schmal glänzenden Augen und wilden Kriegergesichtern. Das tiefe Blau des Himmels war wolkenbefleckt. Langsam sank der weiße Glanz zur Erde hinab. Die gelben Stoppeln und der dunkle Acker strahlten mit noch stärkerem Licht nach oben.

Um halb zwei kam der Terzel zurück und sank in hohem Tempo auf mich herab, als ich gerade zwischen den Bäumen am Fluss stand. Er hält meinem Anblick jetzt schon länger stand, fliegt nicht mehr so schnell auf, wenn ich mich nähere, vermutlich verwirrt es ihn, wie beharrlich ich ihm folge. Sieben Elstern stoben aus dem Gras, quäkten Warnrufe wie Schnepfen mit tiefen Stimmen, wirbelten wie Watvögel umeinander und warfen sich in einen Baum. Der Wanderfalke rüttelte kurz über der Stelle, wo sie gesessen hatten. Kreiselnd und seitlich hin und her schwingend schlug er kraftvoll die Flügel, voll sorgloser Freiheit, und beugte sich kopfüber in einen Tunnel aus rauschender Luft. Mit Flügeln, so biegsam wie Weidenzweige, und dem Körper fest wie Eichenholz hatte er den Schwung und die Beweglichkeit einer Seeschwalbe in ihrem hüpfend schnellenden Flug. Von unten hatte er die Farbe von Flussschlamm, ocker- und lohfarben; an der Oberseite erinnerte er an Herbstlaub, an Buche, Ulme und Kastanie. Sein Federkleid war fein gepunktet und schraffiert; leuchtete wie poliertes Holz. Bäume verbargen ihn vor mir. Als ich ihn wiedersah, war er schon hundert Fuß höher und kletterte schnell zur Küste hinauf. Noch zwei Stunden bis Sonnenuntergang, bei steigender Flut: Wahrscheinlich würde er vor zur Mündung fliegen. Eine Stunde später folgte ich ihm dorthin.

Der Nordwind schwoll an, türmte sich über einen kalten Himmel, vergoss trübes Licht, das sich an den Rändern der Hügel verhärtete.

Regen trieb durch den Mündungsbereich, und schwarz lagen Inseln auf silbern gestreiftem Wasser. Im Norden gab es Feuer und Schüsse, und ein Regenbogen erstrahlte. Ein Reiter kam über die Marsch und scheuchte den Wanderfalken auf, der nordwärts über Rauch, Feuer und knallende Schüsse hinwegflog. Er trug eine tote Möwe. Noch lange, nachdem der braungelbe Falke mit dem braungelben Herbstfeld verschmolzen war, sah ich die weißen Flügel der Möwe im Wind flattern.

4. November

Der Himmel pellte sich im starken Nordwest und bot dem Auge keinerlei Zuflucht vor dem kalten grellen Licht. Alle Entfernung wurde fortgeweht, jeder Baum, jede Kirche, jedes Gehöft rückte näher, nachdem es seine Nebelhaut abgelegt hatte. Die Mündung hinab sah ich neun Meilen entfernte Bäume, die sich über die windgepeitschte See bogen. Kahl und bleich zeigten sich neue Horizonte, von den kalten Fängen des Sturmwinds glattgerupft.

Ein Schillern von Entenköpfen glomm im schäumend blauen Wasser: braun-grüne Krickenten, samtig gestreift; kupferrote Pfeifenten mit chromfarbenem Kopfschmuck; Stockenten, tiefgrün im Schatten, in der Sonne aber aufwallend leuchtend, über Türkis hin zu blassweiß sengendem Blau. Ein Dompfaff, der auf einem Pfahl im Wasser saß, schien plötzlich zu brennen wie ein geflügeltes Feuerwerk, das zu Glanz und Glorie aufsteigt.

Zwei Stunden trieb eine Wanderfalkin im Wind, legte sich mit schweren Flügelschlägen in ihn hinein und umkreiste langsam die Buchten und Salzwiesen. Sie rastete nur selten, und um höher zu steigen, war der Wind zu stark. Sie folgte dem Deich, flog um die dreißig Meter, dann stand sie rüttelnd in der Luft. Einmal rüttelte sie sehr lang und sank auf sechzig Fuß; rüttelte und sank auf dreißig Fuß; rüttelte und fiel, bis sie nur noch einen Fuß über dem hohen Gras der Deichkrone in der Luft hing. Dort blieb sie zwei Minuten auf der Stelle. Sie musste kräftig flattern, um scheinbar reglos zu verharren. Dann zitterte und wogte das Gras, da etwas hindurchlief, und die Falkin fuhr mit gespreizten Flügeln herab. Eine Balgerei, dann lief etwas den Deich entlang und brachte sich unten im Graben in Sicherheit. Die Falkin stieg in die Höhe und nahm ihr geduldiges Rütteln wieder auf. Vermutlich machte sie Jagd auf Hasen oder Kaninchen. Ich fand beider Überreste; das Fell war sorgfältig abgezogen worden und die Knochen blank geputzt. Auch einen Stockentenerpel fand ich, der im Tode trostlos und schmachvoll aussah.

Als es dämmerte, flog der Terzel über die Marsch, einem Pulk Schnepfen hinterher. Sie prasselten im Windgeheul von dannen wie Steine, die übers Eis gletschern.

6. November

Der Morgen steckte dicht verhüllt in Nebel und dunkelgrauen Wolken. Als der Regen kam, klarte der Nebel auf. Viele Vögel flohen westwärts über den Fluss, hoch oben die Goldregenpfeifer. In ihrem melancholischen Regenpfeiferruf perlte die traurige Schönheit von *Ultima Thule* mit dem Regen auf die Erde herab.

Der Wanderfalke war ruhelos und ungestüm, während ich ihm durch die aufgeweichte Ackererde folgte. Er flatterte durch den strömenden Regen vor mir her, schwang sich von Strauch zu Pfahl, von Pfahl zu Zaun, von Zaun zu Oberleitung. Ich folgte ihm mit schweren Lehmklumpen am Stiefel. Doch es lohnte die Mühe, da er auf den Feldern bleiben, aber nicht mehr fliegen wollte. Nach einer Stunde ließ er mich auf fünfzig Meter heran; anfangs waren es höchstens zweihundert gewesen. Auf einem Pfahl sitzend, schaute er über die Schulter nach hinten, und nur wenn ich mich heftig bewegte, sprang er auf und drehte sich zu mir, ohne dabei die Flügel zu bewegen. Es geschah so schnell, dass man hätte meinen können, ein anderer Falke wäre plötzlich dort aufgetaucht.

Bald wurde er wieder ruhelos. Rebhühner riefen, und er flog hinüber, um einen Blick auf sie zu werfen, wobei er die Flügel steif-ruckhaft abwärts schlug, als versuchte er, wie ein Rebhuhn zu fliegen. Auch wenn er segelte, tat er dies mit starr gebogenen, zitternden Flügeln, ganz wie ein Rebhuhn. Er griff nicht an, und ich weiß nicht, ob seine Mimikry absichtlich, unbewusst oder rein zufällig erfolgte. Als ich ihn zehn Minuten später wiedersah, flog er mit dem üblichen locker-leichten Schwung.

Der Regen verebbte, der Himmel klarte auf, und der Falke flog nun schneller. Um zwei Uhr brauste er durch Lassoschlingen aus Staren nach Osten davon. Mühelos stieg er über sie auf, schimmerndes Rot-Gold über Schwarz. In wilder Verfolgungsjagd versuchten sie ihn einzukreisen, doch er tauchte geschickt unter ihnen hinweg. Hinter dem Fluss brauste er auf Bodenhöhe herab, und steil stoben Stare in die Luft wie die Gischt einer brechenden Welle. Überholen konnten sie ihn nicht. Er hatte freie Bahn, und der Wind fuhr über seine geschwungenen Flügel wie Wasser über den Rücken eines schwimmenden Otters. Ich scheuchte sieben Stockenten vom Fluss auf. Sie flatterten über mir oder drehten nach Westen, flogen aber keinen Meter nach Osten, wohin der Falke verschwunden war. Ich folgte ihm in meinem armseligen Tempo, rannte über die Felder, kletterte über Tore und radelte einige Wege entlang. Zum Glück flog er nicht allzu weit voraus, da er bei jedem Schwarm, den er sah, anhielt und den Vögeln nachstellte. Ernsthafte Angriffe waren das allerdings nicht, und noch floss kein Blut; er benahm sich wie ein Welpe, der nach Schmetterlingen schnappt. Die Wacholderdrosseln, Kiebitze, Möwen und Goldregenpfeifer sprengte er auseinander, verfolgte und verschreckte sie. Aus den Ackerfurchen scheuchte er Saatkrähen, Dohlen und Lerchen auf, die wie Laub durch die Luft wirbelten. Zischend regneten von überall Vögel durch den Himmel. Und mit jeder Beschleunigung, jedem Niederstürzen und jedem Zickzack seines Verfolgungskurses schwand das Spielerische im Falken und wuchs sein Hunger. Er klomm hoch über die Hügel, suchte von dort in den stacheligen Obstgärten und den moosgrünen Eichenwäldern nach Zerstreuung. Stare schossen in den Himmel wie schwarze Strahlen von Suchscheinwerfern und segelten den Falken suchend ziellos umher. Aus dem Osten kehrten langsam die Ringeltauben zurück, wie Überlebende nach einer Schlacht und flogen flach über die Felder. Es waren Tausende, die sich im Wald von Bucheckern ernährten; der Falke hatte sie ausgemacht. Aus jedem Wald und jedem Dickicht brausten sie so weit ich sehen konnte Schwarm für Schwarm in den Himmel auf, wirbelten und kreisten wie Alpenstrandläufer in dichten Formationen. Sie stiegen sehr hoch, bis schließlich die letzten fünfzig Starenschwärme steil vom Hügel aufflogen und am östlichen Horizont verschwanden. Jeder Schwarm umfasste mindestens einhundert Vögel. Der Wanderfalke vertrieb sämtliche Tauben vom Hügel, schoss auf jeden einzelnen Wald nieder, sauste die Feldwege entlang, flatterte zwischen den Bäumen umher, mäanderte von Obstgarten zu Obstgarten, zog in einer fantastischen Folge von Ab und Auf, von Sturz und Aufstieg den Himmelsrand entlang. Plötzlich hielt er inne. Dann steilte er raketengleich in die Höhe, zog einen spektakulären Bogen und schoss durch Wolken von Tauben herab. Ein Tier fiel zurück, wurde aufgeschlitzt, schaute verdutzt wie ein Mann, der vom Baum fällt. Der Boden rauschte heran und zerschmetterte es.

9. November

In einer Ulme nahe dem Fluss saß eine Elster und betrachtete schnatternd den Himmel. Amseln schimpften; als der Terzel über die Elster hinwegflog, tauchte sie in ein Gebüsch ab. Plötzlich loderte der schummrige Tag. Der Falke schoss über die Wolken wie ein flüchtiger Sonnenstrahl. Hinter ihm rückte Dunkelheit nach, und schon war er fort. Den ganzen Morgen über saßen die Vögel aus Angst vor dem Terzel dicht aneinandergekauert, und dennoch sah ich ihn nicht mehr. Hätte auch ich Angst, würde ich ihn sicher häufiger sehen. Angst verleiht Fähigkeiten. Der Mensch wäre vielleicht erträglicher, weniger zänkisch und selbstgefällig, wenn er mehr zu fürchten hätte. Ich meine nicht die Furcht vor dem Unsagbaren, das stille Ersticken der Introvertierten, sondern körperliche Angst, Angstschweißangst um das nackte Leben, Angst vor dem unsichtbar dräuenden Untier, der nahenden, struppigen, stoßzähnigen, fürchterlichen Bestie, die einem nach dem warmen, salzigen Blut trachtet.

Auf halbem Weg zur Küste stiegen Kiebitze auf, weil ein Falke über sie hinwegflog. In kleinen Scharen flockten sie zusammen, und bald waren zehn Schwärme in der Luft, verstreut über einen Himmel von einer Meile. Die zuerst aufgestoben waren, flogen am höchsten und am weitesten auseinander und drifteten in gewaltigen Kreisen von einer halben Meile mit dem Wind. Die zuletzt Aufgescheuchten blieben weiter unten, kreisten schneller und in engeren Zirkeln, dicht beieinander, nur manchmal von schmalen Lichtrissen getrennt. Kurz nachdem ein Falke außer Sichtweite geflogen ist, lohnt es sich, in den Himmel zu schauen; sein Spiegelbild steigt in den Vögeln auf, die ihn fürchten. Es gibt so viel mehr Himmel als Land.

Unter schiefergrau hängenden Wolken erstreckte sich die Mündung bei Niedrigwasser bis in die Düsterkeit des Ostwinds. In ausgedehnten Schlickmooren glänzten silbrig die tief eingeschnittenen Priele. Die Marsch war tiefgrün. Das grasende Vieh stapfte und schlotzte durch Krater aus dunklem Schlick. Am Deich lagen mehrere Beutevögel der Falken. Ich fand die Überreste eines Alpenstrandläufers, der höchstens eine Stunde tot war. Das Blut im Körperinneren war noch feucht und roch sauber und frisch wie gemähtes Gras. Die Flügel und die schwarz glänzenden Beine waren unberührt. Daneben lag ein Haufen weicher Federn, braune und weiße. Der Kopf und das meiste Fleisch waren gefressen worden, aber die weiße Haut – rot gepunktet vom gründlichen Rupfen – lag vollständig da. Der Vogel trug noch sein Brutkleid, was ihn vom restlichen Schwarm unterschied und anfälliger für einen Angriff des Falken gemacht hatte.

Dann glitt der Falke im Tiefflug über die Marsch in Richtung des Alpenstrandläufers, den er kurz zuvor getötet hatte. Bestürzt stieg eine Lachmöwe auf. (Stammt der Begriff ›Bestürzung‹ vielleicht ursprünglich aus der Falkenjagd?) Tatsächlich aber hielt sich ihre Bestürztheit in Grenzen, denn die Möwe war mit wild schlagenden Flügeln senkrecht in die Höhe gesteilt, und der Falke riss ihr im Vorbeigleiten mit den Greifen nur einige Federn aus der Brust, ehe er über sie hinwegfegte und sich wieder entfernte. Nun kreiste die Möwe hoch über der Mündung, und der Falke hatte sich auf dem Deich niedergelassen. Ich ging auf ihn zu, aber er zögerte aufzufliegen. Er wartete, bis ich auf zwanzig Meter herangekommen war, hob dann ab und zog auf spektakuläre Weise, kreisend und wedelnd, mit schlingernden Ausweichmanövern wie eine Riesenschnepfe über die Flut davon. Scharf konturiert vom weiß schäumenden Wasser, segelte er mit steif nach oben gerichteten Flügeln dahin, wie ein bronzefarbener, dickbauchiger, geflügelter Helm eines Wikingerkriegers.

11. November

Fetzen von Sonnenlicht in wolkentrüber Ödnis, Möwen knochenweiß im Aschehimmel. Nahe dem Fluss zirpende Spatzen in hohen Ulmenhecken.

Behutsam schlich ich durch die huschenden Schatten im Unterholz und erblickte, als ich meine Deckung verließ, keine fünf Meter vor mir auf einem Pfahl den Terzel. Als ich stehen blieb, fuhr er herum, und wir beide erstarrten vor Überraschung. Im schwindenden Licht sah ich vor dem weißen Himmel seine schwarze Silhouette. Sein eingezogener, eulenhafter Kopf wirkte verdutzt und dümmlich, während er sich drehte und wippte und zuckte. Der Falke war völlig überrumpelt von dieser plötzlichen Begegnung mit dem Bösen. Die dunklen Bartstreifen schienen wütend zu sein und sträubten sich in dem blassen, sibirischen Gesicht, das unter dicken Pelzen hervorschaute. Der große Schnabel öffnete und schloss sich in leise zischender Unruhe und stieß Atemwolken in die kalte Luft. Zögerlich, ungläubig, aufgebracht hockte er da auf seinem Pfahl und japste. Dann schnellten die Bruchstücke seiner Gedanken wieder zusammen, und er flog rasch und leise davon, drehte und wendete sich schlingernd in steile Schräglagen, als weiche er Gewehrschüssen aus.

Ich folgte ihm über die Flussauen und über die Felder am Bach, wo ich acht seiner jüngsten Beutevögel fand: fünf Kiebitze, ein Blesshuhn, ein Rebhuhn und eine Ringeltaube. Aus dem Gras flogen viele Wacholderdrosseln auf. Die Goldregenpfeifer und Kiebitze haben an Zahl zugenommen, und es sind jetzt auch mehr Möwen und Lerchen da als noch vor einer Woche. Zwischen den Stoppeln am Bach fraßen fünfzehn Brachvögel, umgeben von großen Schwärmen aus Staren und Hausspatzen.

Um ein Uhr scheuchte ich den Falken von einem Pfahl nahe der Landstraße auf. Er flog dicht über einer tiefen Ackerfurche nach Westen, und etwa einhundert Meter vor ihm sah ich ein Rothuhn kauern. Aller Gefahr vergessen schaute es in die entgegengesetzte Richtung. Der Falke glitt vorwärts, streckte gleichgültig einen Greif aus und stupste das Huhn, während er langsam über es hinwegschwebte, von hinten in den Rücken. Es scharrte wildlings flügelschlagend durch den Staub, richtete sich wieder auf und stierte fassungslos in die Gegend. Der Falke flog weiter, ohne sich umzusehen, und viele Rothühner begannen zu rufen. Er stieß herab und trat noch eines um, das gerade zu seinem Schwarm rannte. Dann flog er in Richtung Fluss davon. Wanderfalken verharren oft rüttelnd über Rothühnern oder beobachten sie von Pfählen und Zäunen aus. Ihr fortwährendes Umhertappeln und ihre Abneigung gegen das Fliegen faszinieren den Falken. Und manchmal wird spielerisches Interesse auch zum ernsten Angriff.

12. November

Sehr still die Mündung; dunstige Horizonte, die mit der Gischt verschmelzen; alles friedlich, bis auf das Geschwätz der Enten, die von der Flut hereinschwemmt werden. Draußen auf dem tiefen Wasser tauchten Mittelsäger nach Fischen. Immer wieder ließen sie sich unvermittelt kopfüber fallen und vollführten eine adrette, schnelle Rolle vorwärts. Dann tauchten sie wieder auf, schluckten und schauten sich mit tropfenden Schnäbeln um; hellwache, fein herausgeputzte Untersee-Enten.

Ein gestrandeter Sterntaucher lag tief im Schlick versunken, überzogen von Öl. Nur der Kopf schaute heraus. Er rief ohne Unterlass, ein schmerzvolles Quieken, das sich in langgezogenes, jammerndes Pfeifen auswuchs.

Ich lief den Deich entlang, zwischen Marsch und Meer. Sumpfohreulen strömten aus dem Gras auf und fuhren mit ihren zugewachsenen, verwahrlosten Gesichtern zu mir herum, in denen koboldhaft die gelben Augen glommen. Ein Grünspecht flog in Schleifen von Pfahl zu Pfahl, schmiegte sich wie Moos ans Holz und sank dann wieder in schweren Flug. Durch die Marsch hallte das heisere Klagen der Schnepfen. Ich fand sechs Beutevögel der Falken: auf dem Deich zwei Lachmöwen, einen Rotschenkel und einen Kiebitz; auf dem Kieselstrand einen Austernfischer und einen Kiebitzregenpfeifer.

Ein Oval aus Watvögeln kam von Süden heraufgeflogen; schnell, dicht, mit weißen Flügelstreifen, die im fahlen Licht aufblitzten: zehn Uferschnepfen. Mit ihren langen Schwertfischschnäbeln durchstachen sie die Luft, die Beine stramm nach hinten gestreckt. Sie riefen im Flug – ein raues, lärmendes Schluckgeräusch und heidnisches Gelächter, wie von einer Kreuzung aus Stockente und Kiebitz. Sie waren grün-braun, im Ton von Schilfrohr oder Marsch. Zerbrechliche, knochige, dürre Vögel, bei denen alles ins Extrem gezogen war; bildschön-komisch. Sie landeten nicht. Sie kreisten umher, und flogen wieder nach Süden. Im Sommer leuchtet ihr Brutkleid feuerrot-orange. Ihre Nahrung suchen sie im tiefen Wasser, wo sie wie Vieh grasen, während ihr rotes Spiegelbild an der Wasseroberfläche zu flämmen und zu knistern scheint.

Aus dem großen Marschtümpel erscholl das Gemurmel einer Krickentenschar, es klang wie ein fernes Orchester beim Stimmen der Instrumente. Sie flitzten und zischten über das Wasser, wellten es auf und bremsten in hohen Sprühfontänen. Als ein Falke aus dem Binnenland heranflatterte, stiegen sie senkrecht in die Höhe. Bis dieser den Tümpel erreichte, hatten sie schon die halbe Mündung überquert, nur ihre samtweichen Rufe schallten noch herüber, dumpf wie fernes Jagdhundgebell. Der Falke verschwand. Alsbald kehrten die Enten zurück und schossen wirbelnd auf die Marsch herunter, hüpften auf und ab wie surrende Kiesel, die schlitternd übers Eis dotzen. Allmählich begannen sie wieder zu fressen und melodisch zu singen wie zuvor. Ich näherte mich dem Tümpel. Zwei Krickenten stiegen auf und flogen mir in ihrer tölpelhaften Art entgegen. Das Weibchen landete, der Erpel aber flatterte weiter. Als er bemerkte, dass er allein war, drehte er jäh um. Da kam der Falke aus der Marsch geprescht und packte ihn mit ausgestreckten Krallen. Der Erpel wurde herumgewirbelt, wie von Stierhörnern geworfen. Blutspritzend landete er auf dem Boden, das Herz eine klaffende Wunde. Ich ließ dem Falken seine Beute; die Ente flog zum Tümpel zurück.

13. November

In den Hainbuchenhecken scheuchte ich zwei Waldschnepfen auf. Sie hatten dort unter Brombeerbögen geschlafen. Senkrecht stiegen sie ins Licht, wobei ihr harter Flügelschlag klang, als müssten sie sich von etwas losreißen. Ich sah ihre langen, spitz zulaufenden Schnäbel rosarot und braun glänzen; Kopf und Brust waren braungelb gestreift, wie Sonne und Schatten auf einem Waldboden. Ihre Beine baumelten schlaff herunter und begannen sich erst gemächlich zu heben. Freundlich schimmerten die großen, feuchten, bräunlich dunklen Augen. Die Spitzen der Hainbuchen wackelten, Zweige sausten und schlugen zurück. Dann waren die Waldschnepfen frei, schossen empor und stoben über die Bäume davon, in der Sonne glänzend wie goldene Braten. Im schwarzen Schlamm unter dem Brombeergestrüpp, wo sie dicht an dicht gesessen hatten, waren noch die spinnenartigen Abdrücke ihrer Füße zu sehen.

Auf einem überschwemmten Feld zwischen zwei Wäldern fand ich unter Strommasten die Überreste einer Saatkrähe, die der Wanderfalke gefressen hatte. Der Kiel ihres Brustbeins war eingekerbt, der Falkenschnabel hatte einige Stücke herausgerissen. Die eigentlich schwarzen Beine waren orange. Derart angefressen, wirken Skelett und Schädel im Vergleich zum großen, schweren Schnabel jämmerlich klein.

Gegen vier Uhr hatten sich Hunderte klappernde Wacholderdrosseln in den Wäldern versammelt. Sie setzten sich höher in die Bäume und wandten sich verstummend der Sonne zu. Dann flogen sie nach Norden zu ihren Schlafplätzen, stiegen auf, riefen, schweiften in unregelmäßigen Reihen umher, während die Sonne sie von unten beschien. Weit über ihnen zog ein Wanderfalke träge durch die blaue Kuppel des sich abkühlenden Himmels, driftete zusammen mit ihnen ins tote Licht des Nordens.

Eine halbe Stunde vor Sonnenuntergang kam ich an ein Kiefernwäldchen. Unter den Bäumen war es bereits dunkel, nur auf den Weg, den ich von Westen hineinlief, fiel noch Licht. Im Freien war es kalt, aber der Wald hielt die Wärme. Die Stämme der Kiefern schimmerten rötlich unter der blau-schwarzen Düsternis ihrer Zweige. Der Wald schien das Halbdunkel, das er den ganzen Tag über gehalten hatte, jetzt wieder auszuatmen. Ich lief leise den Weg entlang und lauschte den letzten vollen Kerkerrufen einer Krähe. In der Mitte des Waldes blieb ich stehen. Ein Schauer lief mir über Gesicht und Nacken. Drei Meter vor mir saß auf einem Ast nahe am Weg ein Waldkauz. Ich hielt den Atem an. Das Tier bewegte sich nicht. Ich hörte das kleinste Geräusch im Wald so laut, als wäre auch ich ein Kauz. Er beobachtete den Schimmer des gespiegelten Lichts in meinen Augen. Er wartete. Seine Brust war weiß, mit deutlichem Pfeilmuster durchsetzt und rot-lohfarben gesprenkelt. Die Sprenkelung zog sich seitlich über das Gesicht den Kopf hinauf und bildete oben eine fuchsrote Krone. Das derart behelmte Gesicht war farblos weiß, asketisch, halb menschlich, verbittert und verschlossen. Dunkel, tief und unheilvoll war sein Blick. Der kronenartige Helm wirkte grotesk, als wäre ein vermaledeiter Ritter zur Eule geschrumpft. Ich sah in die traubenblauen, mit glühendem Gold umrandeten Augen, und das düstere Gesicht schien wieder im Halbdunkel zu verschwinden; nur der Blick blieb lebendig. An diesem Kauz ließ sich genau das langsame Erkennen des Feindes nachverfolgen, von den Augen fuhr es wie ein Schatten über das steinerne Gesicht. Aber obwohl er fürchterlich erschrocken war, flog er auch jetzt nicht sofort davon. Keiner von uns beiden konnte den Blick abwenden. Sein Gesicht war wie eine Maske; grausig, entstellt und kummervoll, wie das Gesicht eines Ertrunkenen. Ich bewegte mich. Konnte nicht anders. Da wandte der Kauz den Kopf ab, schob sich den Ast entlang, als würde er duckmäusern, und flog sachte tiefer in den Wald.

15. November

Über dem Südwald fließt ein kleiner Bach durch ein steilwandiges Tal. Am nördlichen Hang erstreckt sich ein lichter Wald, rostrot vom Winterfarn, von Birken versilbert, mit moosbegrünten Eichen. Der südliche Hang ist Weideland, seit vielen Jahren unverändert, wurmreich, von schmalen Hecken gesäumt und mit dickastigen Eichen getüpfelt. Auf meinem Weg hinunter zum Bach, der an diesem stillen Morgen sehr laut war, sah ich zweihundert Kiebitze und zahlreiche Wacholderdrosseln, Rotdrosseln und Amseln nach Würmern horchen. In der Niederung wurde nicht gepflügt, und ich erwartete, dass der Falke den Kiebitzen auf den höher gelegenen Weiden nachjagen würde.

Ein hartes Klopfen setzte ein, sehr weit entfernt. Es klang, als würde eine Singdrossel eine Schnecke auf einen Stein schlagen, immer und immer wieder, aber das Geräusch kam von oben. In einer Heckeneiche klammerte sich ein Kleinspecht am Ende eines Seitenastes an einen dünnen Zweig und hämmerte auf einen Gallapfel ein, um die darin sitzende Larve herauszupicken. Für den Specht war der Gallapfel von der Größe, was ein Medizinball für den Menschen wäre. Der Specht schwang leicht auf dem Zweig hin und her, ließ sich bisweilen kopfüber hängen und pickte aus verschiedensten Winkeln. Sein Kopf fuhr drei Fingerbreit zurück, ehe er mit spitzhackigem Grimm auf sein Ziel schnellte. Die schwarzglänzenden Augen blitzten wie Stecknadelköpfe, während er den gelben Gallapfel rundum beäugte. Es gelang ihm nicht, ihn zu durchbohren. Er flog weiter zu einer anderen Eiche und versuchte es bei einem anderen Gallapfel. Den ganzen Morgen hörte ich ihn auf diese Weise durch die Felder pochen. Ich tippte mit dem Fingernagel an einen Gallapfel, auch mit einem spitzen Stein, konnte aber das laute Klopfen des Spechtes, das noch einhundert Meter weiter zu hören war, nicht imitieren. Er war ziemlich zutraulich, nur wenn ich ihm zu nahe kam, hielt er inne, kletterte den Ast hinauf, und kam erst wieder herunter, nachdem ich fortgegangen war. Riefen im Wald Häher, hörte er auf zu hämmern und horchte. Kleinspechte nehmen sich vor Beutegreifern sehr in Acht; vor dem Kuckuck nehmen sie Reißaus, bei Hähern und Krähen gehen sie in Deckung.

Die Häher im Wald krakeelten von früh bis spät und scharrten die Eicheln aus, die sie einen Monat zuvor vergraben hatten. Wer als Erster eine fand, wurde von den anderen gejagt. Mehrere Waldschnepfen fraßen am Bachufer, wo das Wasser von heruntergefallenen Zweigen und Blättern gestaut wurde, und noch einige mehr scheuchte ich von ihren Ruheplätzen im dichten Farn auf. Tagsüber liegen sie bevorzugt auf den farnüberwucherten Hängen, die nach Süden oder Westen weisen, zumeist in der Nähe mehrerer junger Kastanien oder kleiner Birken, gelegentlich auch unter Ilexbüschen oder Kiefern. Einige Vögel suchen lieber Deckung in Brombeersträuchern als im Farngestrüpp. Waldschnepfen schnellen sehr plötzlich auf, nachdem man schon einige Zeit in ihrer Nähe gestanden hat, kaum fünf Meter entfernt. Sie warten eine Minute oder sogar länger, bis sie die Spannung nicht mehr ertragen. Bleibt man häufiger stehen, kann man also recht viele von ihnen aufschrecken. Geht man allerdings zielstrebig durch den Wald, scheucht man nur die auf, die direkt am Wegesrand sitzen. Bei ihrem steilen Aufstieg kann man für eine Sekunde ihre Farbenpracht erkennen. Im unvermittelt hellen Licht sticht die Rückenzeichnung aus Erdtönen, Beige und Kastanienbraun reliefartig hervor, wie ein Deckmantel aus Laub. In der Mitte des gemaserten und gestreiften Rückens, hinter dem Kopf, schillert ein grünlich-bronzefarbener Fleck, wie Grünspan. Waldschnepfen scheinen tief in den Wald hineinzufliegen, in Wirklichkeit aber flüchten sie steil nach unten in Deckung, sobald Bäume die Sicht verstellen. Ihr plötzliches Herabtrudeln über dem freien Feld kann täuschen. Manchmal fliegen sie noch eine Weile dicht am Boden weiter und steigen, wenn sie sich unbeobachtet wähnen, wieder auf. Oft glaubt man zu wissen, wo Waldschnepfen ruhen, doch stutzt man immer wieder, wenn sie sich tatsächlich aus einem Farn- oder Brombeergestrüpp hinauskatapultieren. Selten schaut man in die richtige Richtung.

Auf wurmreichem Schlick finden sich immer auch Watvögel. Die scheue Waldschnepfe folgt gern den engen Windungen der Bäche und Rinnen, vorbei an den verlandeten Tümpeln und den aufgeweichten Wegen bis zu ihrer Einsiedelei im Farn.

Als sich die Sonne über den Horizont neigte, wurde das ›pie-wit‹ der Regenpfeifer lauter. Unter Eichen und Birken stehend, sah ich zwischen den Bäumen die dunkle Sichel eines Wanderfalken, der geschmeidig über den grünen Hang der Niederung hinwegmähte. Wacholderdrosseln flohen zu den Bäumen. Einige stürzten sich ins Farngestrüpp wie vom Baum fallende Eicheln. Der Falke machte kehrt und folgte ihnen, stieg steil auf und griff sich eine Drossel von ihrem Ast, leichthin, so wie der Wind ein Blatt pflückt. Im Galgenfuß des Falken baumelte das tote Tier. Er nahm es mit hinunter zum Bachufer, rupfte und kröpfte es und schickte die Federn in den Wind.

16. November

Die Niederung war ruhig, vergrößert vom Nebel, überkuppelt von diamanthart kaltem Glanz. Fünfzig Silbermöwen flogen entlang eines dünnen blauen Eiszapfens, der sich zwischen die Wolken schob, nach Norden. Ehrwürdig geflügelt und tiefernst flogen sie in den schmalen Keil von Himmelsblau und verhießen einen herrlichen Tag.

Gegen zehn Uhr hatte sich der blaue Keil geweitet, und nur noch im östlichen Himmel türmten sich die schon besiegten Wolken. Kiebitze und Goldregenpfeifer kreisten herab und suchten in einem kürzlich gepflügten Feld am Fluss nach Nahrung. Die ersten Strahlen der Morgensonne erreichten die Regenpfeifer, die schummrig auf dem dunklen Acker saßen. Sie schimmerten leicht golden, als leuchteten ihre Knochen unter einem durchsichtigen Gefieder. Der Wanderfalke, der farblos und zusammengekauert in der toten Eiche gesessen hatte, erstrahlte in rotgoldener Pracht wie die aufgeplustert glänzenden Wacholderdrosseln in den Büschen am Fluss.

Als ich wegschaute, verließ der Falke seinen Sitzplatz, und Panik brach aus. Im südlichen Himmel staffelten sich wirre Schichten aufwärts kreiselnder Vögel: siebenhundert Kiebitze, eintausend Möwen, zweihundert Ringeltauben und fünftausend Stare schraubten sich in Spiralen und Trichtern in die Höhe. Hoch über allen kreisten dreihundert Goldregenpfeifer, die man nur sah, wenn sie drehten und im Sonnenlicht aufblitzten. Schließlich fand ich den Falken dort, wo ich zuallerletzt suchte – und was doch der allererste Ort sein müsste –, direkt über meinem Kopf.

Südwärts fliegend stieg er höher: vier leichte Flügelschläge, dann Segeln, ein federleichter Rhythmus. Von unten betrachtet schien es, als knickten die Flügel einfach ein und aus, ein und aus, wie ein pulsierendes Zucken. Eine Krähe folgte dem Falken, und sie flogen gemeinsam im Zickzack. Als der Falke höher stieg, beschleunigte er seinen Flug, wobei sein Flattern so leicht und flink wurde, dass es beinahe aussah, als würde er rütteln, während die Krähe umkehrte und wieder abwärts flog. Der Greif verschmolz mit dem weißen Nebel der Sonne, und eine Meute Stare stieg wie von einem Wirbelsturm hochgesogen zu ihm auf. Rasant kreiste er nun, zog enge Kurven, drehte sich abwechselnd nach links und rechts, sauste in komplizierten Achten durch die Lüfte. Die scharfen Bögen und Schleifen verwirrten die Stare. Aufgebracht rauschten sie hinter ihm her, schossen aber bei jeder engen Kurve an ihm vorbei. Der Falke schien die Stare an einem Band herumzuschleudern, zu sich hin, von sich weg, ganz nach Belieben. Dann stiegen alle hoch in den Süden und waren plötzlich fort, ausgelöscht im Nebel. Diese Verfolgung – die der Falke als ein Spiel zu genießen scheint, dem er sich jederzeit entziehen kann – ähnelt einer seiner Jagdmethoden und wird von den Vögeln unterhalb von ihm sehr gefürchtet. Wenn die Stare nicht sogleich hassen, reißen sie ungestüm himmelauf. Sie fliegen in Bäume oder wirbeln im Wind davon.

Eine Stunde später gab es im Süden und Westen erneut Panik. Regenpfeifer und Möwen zogen spiralförmig in die Höhe, Amseln schimpften, und auf den Höfen im Umkreis von einer halben Meile krähten die Hähne. Der Wanderfalke glitt zur toten Eiche hinab, um sich zu setzen, und die Vogelrufe verstummten. Er ruhte, putzte sich und schlief eine Weile, dann flog er über die offenen Felder nördlich des Flusses. Traktoren pflügten, und Hunderte Möwen waren über die schwarzbraune Erde versprengt wie weiße Kreide. Ein paar vertrocknete Stoppeln glänzten noch immer im zerklüfteten Dunkel des Ackers, aber die Ulmen waren kahl, und die Pappeln zerflatterten in Gelb. Ohne Laut zu geben schwärmten Beagle über die feuchte Oberfläche der Felder. Jäger und Gefolge waren still und warteten. Der Hase saß unerschrocken einen Morgen entfernt in einer Furche, seine großen, schrägstehenden Augen glänzten in der Sonne, die langen, heruntergeklappten Ohren lauschten dem Wind. Eine Falkin flog auf und rüttelte über dem Hasen. Ein ferner Schuss ließ sie zusammenzucken und heruntersacken, als wäre sie getroffen worden. Flach und schnell flog sie quer über die Felder. Nie habe ich einen Falken tiefer fliegen sehen. Wo das Gras der Landspitze hoch stand, streifte sie es im Flug mit den Flügeln. Von jeder noch so kleinen Senke, jeder Wellung des Bodens wurde sie verborgen. Sie verschwand entlang der Gräben, kämmte über das lange Gras in Richtung Meer, flog mit hochgebogenen Flügeln, sodass ihr Brustbeinkiel durchs Gras mähte oder gerade einen Daumen hoch über den Boden glitt. Plötzlich schien sie direkt in eine Furche zu fliegen. Dort, wo sie verschwand, gab es auf eine Viertelmeile keinen geeigneten Sitzplatz, und trotzdem fand ich sie nicht wieder, obwohl ich sorgfältig jedes Feld ablief. Feinsinnig wie ein Jagdhund, geschmeidig im Flug wie eine Eule, aber doppelt so schnell, und raffiniert wie ein Fuchs zeigte sie ihre ganze Meisterschaft im Tarnen und Verstecken. Die Falkin klammert sich ans kräuselnde Vlies der Erde wie der springende Hase an den Wind.

Die Möwen verließen die Felder und kreiselten still nach Süden davon. Zingula aus Goldregenpfeifern glitzerten um den wolkenlosen Zenit des eisblauen Himmels. Endlich war die Sonne frei vom Nebel, und eiskalter Nordwind kam auf. Die Beagle hatten den Hasen gewittert und strömten über die blättergezeichneten Furchen, das Horn blies, und die Jagdgesellschaft rannte hinterdrein. Im Norden kreiste in geringer Höhe der Terzel und wirkte, stoppelgelb und braun gestreift, wie ein lohfarbener Drachen, den man aus der Erde unter ihm herausgeschnitten hatte. Er stieg langsam höher und segelte im Wind. Die Falkin flog zu ihm auf, und sie kreisten gemeinsam, wenn auch nicht in dieselbe Richtung. Er bewegte sich im, sie gegen den Uhrzeigersinn. Ihre ziellosen Flugbahnen kreuzten und umschlangen sich, kamen aber nie zusammen. Als sie sich dem Fluss näherten, wo ich stand, flogen sie schnell höher. Das Sonnenlicht polierte beide in ein warmes Rot-Gold, nur hatte der Falke braunere Federn, sodass er weniger glänzte. Auf dreihundert Fuß segelten sie über mich hinweg, leicht schräg auf stillen, unbewegten Flügeln, der Terzel etwa dreißig Fuß über der Falkin. Sie starrten zu mir herunter, wobei sie ihre großen Köpfe so weit vorbeugten, dass diese zwischen den breiten Bögen ihrer Schwingen klein und eingesunken wirkten. Mit voll gespreizten Federn und ausgestreckt in der tragenden Luft wirkten sie breit, untersetzt und gedrungen. Das feine, verschachtelte Geflecht hellbrauner und silbergrauer Maserung, das die ockerfarbenen Flügelunterseiten überzog, kontrastierte mit den senkrechten Mahagonistreifen auf dem dunklen Bernsteingelb ihres Brustgefieders. Ihre geballten Füße schimmerten im Weiß der Unterschwanzfedern. Spitz ragten noch die Krallen aus diesen klobigen goldenen Granaten.

Die beiden Vögel zogen in den Süden des Flusses, und Rothühner begannen zu rufen. Die Falken schwangen auf in den Wind, blieben kurz in der Luft stehen und glitten dann in einem weit ausholenden Kreis hinab. Zweimal stieß der Terzel spielerisch auf die Falkin nieder und rauschte sie fast berührend vorüber. Er war vielleicht sechs oder sieben Zentimeter kürzer als sie und leichter gebaut, dafür waren Schwingen und Schwanz im Verhältnis länger. Er hatte Anmut und grazile Stärke, sie Kraft und Masse. Als sie höher und weiter nach Süden schwanden, verflachten sich ihre Kreise perspektivisch zu Ellipsen, später dann zu geraden Linien, auf denen sie hin und her durch den Himmel schnitten. Seltsamerweise schien ihr Kurs wie unausweichlich, als bewegten sie sich entlang unsichtbarer Drähte oder folgten einem vertrauten Pfad durch die Luft. In dieser wunderbaren Präzision, diesem Gefühl von vorherbestimmter Bewegung liegt der große Reiz, Wanderfalken zu beobachten.

Nun entfernte sich der Terzel langsam von der Falkin, stieg nach Osten auf, während sie nach Westen drehte und weiter unten blieb. Zwischen den einzelnen Kreisen stand sie bewegungslos im Wind. Von einem dieser Halte ging sie wie gewohnt wieder ins Kreisen über, neigte sich dann aber nach vorn. Etwas Verborgenes, Bedrohliches in ihrer Bewegung ließ mich plötzlich erkennen, dass sie niederstoßen würde. Mit halb angelegten Flügeln kreiste sie aufmerksam herabblickend, sanft und ohne Eile im 45-Grad-Winkel nach unten. In dieser ersten, langen Spirale drehte sie sich langsam um ihre eigene Achse, und als genau eine Runde vollendet war, kippte sie in einem makellosen Bogen vornüber und ergoss sich in den senkrechten Fall. Ein kurzes Zucken, als müsste sie ein letztes schwaches Hindernis ungebärdiger Luft durchbrechen, dann stieß sie gerade herunter. Ihre Flügel, die sie nach oben und hinten geworfen hatte, bog sie an den sich verjüngenden Seiten jetzt nach innen, sodass diese im vorbeirauschenden Sturm wie Flossen zitterten. Sie waren wie die Befiederung eines schnellenden Pfeils, die der Wind zieht und kräuselt. Die Falkin heulte zur Erde; schleuderte sich herab; und verschwand.

Eine Minute später stieg sie unversehrt wieder auf, allerdings ohne Beute, und flog nach Süden davon. Vor blauem Himmel, weißen Wolken, blauem Himmel, dunklen Bergen, grünen Feldern, braunen Feldern hatte sie kreiselnd und fallend kurz geleuchtet und dunkel geglänzt. Und mit einem Mal schien die kalte, atemraubende Luft ganz klar und lieblich. Das Rufen kleinerer Vögel vermischte sich mit dem Bellen der Beagle und dem dumpfen Schlagen des gejagten Hasen. Er stürmte durch eine Hecke und warf sich in den Fluss, in den er wie eine Schaufelladung brauner Erde platschte. Dann schwamm er ans andere Ufer und hinkte in Sicherheit.

Wo der Terzel weiterhin gen Osten kreiste, schwamm der Himmel in Möwen und Regenpfeifern und Brachvögeln. Der scharf schimmernde Fleck des Falken schwand allmählich über den Hügeln und fegte majestätisch hinaus auf See. Die aufgeschreckten Vögel landeten, die große Flucht war vorüber.

Ich folgte der Falkin und sah sie um halb vier am Furtweg wieder. Ausgeräuchert von dichten Wolken aus Staren, flog sie von der Esche am Teich auf und flatterte flach über die Felder, auf denen die Traktoren arbeiteten und Zuckerrüben abgeschnitten und eingefahren wurden. Auf die abgeernteten Böden kamen Hunderte Möwen und Kiebitze nieder, um zu fressen; als sie allesamt aufstiegen, verlor ich die Falkin im Gewimmel. Zehn Minuten später flog sie, schwarz vor zitronengelbem Himmel, in hohem Bogen nach Nordosten, in Richtung Fluss. Dann drehte sie nach Osten ab, stieg höher und wurde schneller, als hätte sie Beute gesichtet.

Die Beagle sind auf dem Heimweg über die kleinen Hügelpfade, die Jäger erschöpft, das Gefolge fort, der Hase sicher in seiner Sasse. Die Niederung versinkt im Nebel, und über der gleißenden Hornhaut der Sonne zieht sich der gelbe Rand des Horizonts zusammen. Purpurn erblüht die östliche Anhöhe, ehe sie in grimmiges Schwarz versinkt. Die Erde haucht ins kalte Dämmerlicht. In Senken, die das Abendrot nicht erreicht, bildet sich Raureif. Eulen erwachen und rufen. Die ersten Sterne stehen am Himmel und gleiten herab. Wie ein ruhender Falke belausche ich die Stille und starre ins Dunkel.

18. November

Am Morgen ging ich den Deich entlang nach Osten, von der Mündung in Richtung Meer. Unter den hoch ziehenden Wolken war das Wasser blassgrau und weiß. Als der Himmel aufklarte und die Sonne herauskam, zeigten sich blaue Adern und Furchen darin. Watvögel, Möwen und Saatkrähen fraßen an der Flutlinie. Nahe dem Deich standen Büsche voller Lerchen und Finken. Drei Schneeammern rannten watvogelgleich über den weißen Kies und Sand, unwillig zu fliegen, braun-weiß wie der Sand unter ihnen. Sobald der Untergrund dunkler wurde, hoben sie ab und begannen zu rufen. Ihre langen, weißgebänderten Flügel blitzten im Sonnenlicht, und schwach tönte ihr harter, klarer Ruf herab.

Den ganzen Morgen über hatte ich ein mulmiges Gefühl, ein Unbehagen, das einen überkommt, wenn ein Falke in der Nähe ist. Ich spürte, dass er nur knapp außer Sichtweite irgendwo verborgen war; dass er mir immer nur eine Nasenlänge voraus war und just, wenn ich über die flach gekrümmte Wiese gelaufen kam, hinterm Horizont verschwand. Als ich um ein Uhr meinem Weg nach Süden folgte, blendete mich die Sonne. Plötzlich glaubte ich aber nicht mehr auf den Falken zuzugehen, sondern mich von ihm zu entfernen. Ich kehrte um, zurück über die Felder und zur Mündung, ohne etwas zu denken, mich am Rande des Denkens bewegend, einfach zufrieden, diesen Tag zu erleben und in mich aufzunehmen. Als ich mich durch ein Loch in einer Hecke zwängte, überraschte ich einen Zaunkönig. Peinvoll zitternd saß er da und überlegte, ob er fliehen solle oder nicht, flatternden Sinnes, zerrissen von Furcht. Ich ging schnell weiter, und er entspannte sich, und sang.

Um halb drei erreichte ich die Mündung. Es war Hochwasser. Weiße Möwen trieben auf dem blauen, wolkenlosen Wasser, Enten schliefen, Watvögel bevölkerten die Salzwiesen. Ich schlenderte in westlicher Richtung den Deich entlang. Jetzt herrschte das verebbende Licht eines kalten Novembertags, und blasses Gold bereifte den westlichen Himmel. Dieser strahlende Lichtbogen, der sich von der dahinterliegenden Nordsee über das flache Flussland spannt, begann auf seinem Zenit zu zerfallen und wieder in Grau zu zerflocken. Das letzte gute Jagdlicht, das den hungrigen Falken ebenso deutlich zur Jagd rief wie das Anblasen des Horns die Treiber.

Ein Schwall Alpenstrandläufer verließ im Tiefflug die Salzwiesen und schwoll über dem Wasser zu einem silbern funkelnden Segel, das sich bis hinüber zur Insel bauschte. Über ihnen, jedoch in einiger Entfernung, flog ein Wanderfalke, ein kleiner, dunkler Fleck im makellosen Himmel. Er wuchs rasant zu einem Pfeil aus flackernden Flügeln. Schwarz und stechend stieg er steil in die Sonne und wirkte, nachdem er sie passiert hatte, bräunlicher und weniger bedrohlich. Er tauchte herab, dass die Inselvögel aufstoben wie Gischt. Als er über ihnen kreiste, rollten sie wellengleich zurück. In steiler Spirale schraubte sich der Falke in ein lautloses Crescendo. Möwen flogen auf. Er verharrte über ihnen, zielte, und tauchte ab, fegte herunter und unter ihnen hindurch und wieder hinauf, durchschnitt in einem großen U-förmigen Bogen die Luft wie ein Turmspringer Luft und Becken. Unter den ausgestreckten Krallen warf sich eine Möwe wenig elegant zur Seite. Der Falke stieg höher und schauderte in den grauenden östlichen Himmel hinaus.

Im hellen Westen, in weiten Strömen über der Stille der Mündung, räderten und federten eintausend Kiebitze in wechselnden Formationen, wobei ihre weichen Flügel rhythmisch auf und nieder gingen wie die Ruder eines Langschiffs.

21. November

Eine schmiedeeiserne Bastion blattloser Bäume ragt steil in die Horizontlinie der Niederung auf. Durch die kalte Nordluft wird alles wie durch eine Linse aus Eis verwandelt und klar. Die feuchten Äcker sind malzdunkel, die wasserdurchtränkten Stoppeln tragen Bärte aus Unkraut. Sturmböen haben die letzten Blätter mitgenommen. Der Herbst ist am Boden. Der Winter steht.

Um zwei Uhr fuhr knatternd eine Finsterwand aus Dohlen von den Stoppeln auf und zerstreute sich mit dem Geklapper von Dominosteinen, die man auf dem Kneipentisch zusammenschiebt, über den Himmel. Ringeltauben und Kiebitze stiegen Richtung Süden empor. Der Wanderfalke war nah, aber ich konnte ihn nicht sehen. Ich ging hinunter zum Fluss und über die Felder zwischen den beiden Wäldern. Aus den Stoppeln und Furchen scheuchte ich eine Nachlese Feldlerchen. Die Sonne schien. Bäume färbten sich wie lohfarbene Kiesel auf dem Bett eines klaren Bachs. Die Eichen der beiden Wälder trugen Mähnen aus spitz aufragendem Gold. Ein Grünspecht flog aus dem feuchten Gras auf und klatschte wie magnetisch angezogen an einen Baumstamm. Über dem Moosgrün und Senfgelb seines Rückens glomm zinnoberrot sein Kamm gleich einem scharlachfarbenen Blätterpilz im dunklen Wald. Der hohe, schrille Warnruf kam laut und unvermittelt, ein atemloses, gepresstes Gellen, das besagte: ›Falke gesichtet‹. Auf den kahlen Sparren der Linden bei der Brücke beobachteten Wacholderdrosseln geräuschlos den Himmel.

Ich schaute nach Westen und sah den Falken in einer dunklen Wolke von Krähen aufglänzen und in Strömen von Goldregenpfeifern über der fernen Zeder eines Gehöfts aufsteigen. Eine schwarze Regenwolke verdunkelte den Norden; der Wanderfalke setzte sich in einem Nimbus von schmalem Gold strahlend von ihr ab. Er glitt über die Stoppelfelder, und eine Welle Spatzen drosch in eine Hecke. Einen Augenblick lang tanzten die Falkenflügel eine Verfolgung, in einer weich und weit ausholenden Abfolge wild flatternder Schläge, die im Gedächtnis zu Geweihen gefrieren. Dann flog er ruhig weiter Richtung Fluss.

Ich folgte ihm, sah ihn aber nicht. Im Flussnebel mischten sich Dämmerung und Abendlicht. Eine Spitzmaus raschelte unter einer Hecke durchs Laub und versteckte sich darin, als eine Eule rief. Wühlmäuse, die den Ast eines über den Fluss ragenden Strauches entlangrannten, blieben ruckartig im Laut stehen. Dann, nachdem er verhallt war, sprangen sie ins Wasser und schwammen in den Schutz des Uferschilfs. Ich ging an der Hecke entlang. Zuckte zusammen, als eine Waldschnepfe plötzlich laut auffuhr. Wie sie gen Himmel flog, sah ich den langen, abwärts gebogenen Schnabel, die abgerundeten, eulenartigen Flügel und hörte das leichte Pfeifen und kehlige Krächzen ihres bohrenden Rufs; ein seltsamer Ton im kalten Novembernebel. Sie flatterte nach Westen davon, während hoch über ihr der Falke folgte, eine prägnante, dunkle Gestalt, die im blassen Safran der Abendröte herunterglitt. Gemeinsam verschwanden sie in die Dämmerung, und das war das Letzte, was ich sah.

24. November

Ein Wanderfalke segelte im morgendlichen Sonnenschein und bei warmem Südwind über die Niederung. Ich konnte ihn nicht sehen, aber sein Zug durch den Himmel spiegelte sich am Boden im ruhelosen Aufsteigen der Regenpfeifer, dem weißen Strudel der Möwen, den klackernden grauen Wolken der Ringeltauben und Hunderten glänzender Vogelaugen, die nach oben schauten.

Als alles wieder ruhig war, flogen Terzel und Falkin nebeneinander im Tiefflug über die ausgedehnten offenen Flächen. Im Aufwind gleitend, trieben sie Goldregenpfeifer von den Stoppelfeldern. Die Falken hatten dieselbe Färbung wie sie, verschwanden aber bald im gelbbraunen Gesichtskreis der Äcker.

Regenwolken schwollen an und senkten sich über das Land, Wind kam auf, die Konturen schärften sich. Am Furtweg scheuchte ich die Falkin von einer Eiche auf. Sie flog schnell nach Nordosten davon, stieg jenseits des Bachs auf und blieb dann über den Obstgärten. Zumeist rüttelte sie, zeitweilig glitt und kreiste sie auch oder versuchte höher zu steigen, was ihr aber nicht gelang. Langsam driftete sie über den Hügel gen Osten. Unter den Vögeln in den Obstgärten gab es keine Panik, aber viele Finken und Wacholderdrosseln flogen auf und zogen ziellos unter der Falkin hin und her, als könnten sie sich nicht entscheiden, ob sie gegen sie hassen sollten oder nicht. Für die meisten Vögel ist ein rüttelnder Wanderfalke schwer einzuordnen. Sehen sie ihn im schnellen Flug, wissen sie sofort, was zu tun ist, rüttelt er aber über ihnen wie ein Turmfalke, beunruhigt sie das weit weniger. Die einzigen Vögel, die die Gefahr sofort erkennen, sind Rebhühner und Fasane. Beide Arten sind von rüttelnden Wanderfalken am ärgsten bedroht und kauern sich entweder auf den Boden oder rennen in die nächstbeste Deckung. Rüttelnde Turmfalken hingegen ignorieren sie.

Ich ging über die Felder zum südlichen Teil des Weges und schreckte drei Brachvögel auf. Am Einundzwanzigsten waren es noch vier gewesen; möglicherweise hatte seitdem ein Wanderfalke einen von ihnen getötet. Als sie rufend davonflogen, erschien etwa einhundert Meter westlich der Terzel. Flink stiegen Kiebitze in seiner Flugbahn von den Stoppelfeldern auf, doch sie hatten die Stärke des Windes unterschätzt und ihre Flucht kam zu spät. Der Terzel schnellte empor, die hohlen Flügel vom Wind wie Segel aufgebläht. Für einen Moment stand er still in der Luft, dann legte er die Flügel flach an und zischte herab, stieß durch den Wind zum letzten Nachzügler der aufziehenden Gruppe. Der Streifhieb war so schnell vollführt, dass ich ihn gar nicht sah. Ich sah nur, wie der Falke mit seiner Beute im Wind davonflog.

Ein einstündiger Regenguss brachte unter sich den Tag zum Erlöschen. Die Niederung war ein triefender brauner Schwamm, falb verhangen. Sechzehn Stockenten flogen vorüber, und eine Pfeifente pfiff. Noch einmal kam heftiger Regen, und in die hohle Dämmerung ergossen sich die platschenden Rufe der Schnepfen.

26. November

Bei Tagesanbruch zogen Krähen und Möwen über die verregnete Stadt: die Krähen zur Mündung, die Möwen ins Binnenland. Unweit der rauschenden Flut sangen Grauammern in den Gärten der Landhäuser. Als es heller wurde, blies leichter Niesel. Watvögel versammelten sich auf dem schrumpfenden Uferstreifen, dunkle Köpfe vor weißer Gischt. Kiebitzregenpfeifer fraßen vornübergebeugt wie Vorstehhunde und lauschten drosselgleich am Boden. Ein vorsichtiger Schritt, ein Schub mit dem Kopf nach vorn und über das Ziel, gespannte Aufmerksamkeit; dann stößt der Schnabel in den Schlick, spießt einen Wurm heraus, schnell und federnd wie ein Fechter. Einige Knutts ruhten. Mit ihren mongolisch anmutenden Augenschlitzen glichen sie schlafenden Schlittenhunden. Fünfzig flogen hinaus über das Wasser, als ich durch klebrigen Schlamm über den Deich stolperte. Graue Vögel im Tiefflug unterm glatten, kieselweißen Horizont und dem hohen grauen Himmel, der bis zur regenbespritzten Gischt und dem gescheuerten Strand hinabreicht, dem schwarz-violetten Tang, den grasgrünen Inseln und den langen, sanft wogenden Wellen.

Sechs Kormorane kauerten auf der Flutlinie wie geschwärzte Baumstümpfe. Weiter im Osten ruhte noch einer, die Flügel ausgestreckt, wie ein Wappentier mit der ganzen Nordsee als Schild. In langen ›V‹-Formationen flogen Ringelgänse vorbei. Das kehlige Glucksen ihrer Unterhaltung war über eine Meile weit zu hören. Ihre langen, schwarzen Reihen kratzten den Himmelsboden entlang.

Auf dem groben Kies flatterten die Flügel der Falkenbeute: eine

Pfeifente und sechs Lachmöwen waren alt und verwest, ein Gänsesäger erst seit drei Tagen tot. Es ist erstaunlich, dass Wanderfalken auch Gänsesäger töten, die für den menschlichen Gaumen arg faulig und fischig schmecken. Aber es waren nur noch Flügel, Knochen und Schnabel übrig. Sogar der Schädel war blankgepickt. Dieser schmale Sägeschnabelkopf mit seinem gezackten, prähistorischen Grinsen war zu groß gewesen, um ihn zu schlucken. Eine Falkin beobachtete mich von den Pfählen weit draußen in den Salzwiesen, zusammengekauert und vergrämt saß sie im dunkelnden Regen. Sie flog selten, hatte gefressen und nichts mehr zu tun. Später zog sie landeinwärts.

In der Marsch standen Grünschenkel; alt wirkende Watvögel, graumoosig gezeichnet, neigten sich zum Fressen über ihre dünnen grauen Beine nach vorn. Wo sie nicht grau waren, waren sie weiß; düstere, bleierne Vögel, Phantombilder von Sommergrün, plötzlich hoch im Wind und herrlich anzusehen. Langsamer Regen fiel aus mittelgrauem, hellgrauem Himmel. Ein trügerisches Aufhellen und Aufklaren um elf Uhr verhieß, dass der Regen erst richtig einsetzen würde. Über eine Stunde lang, ehe das Grau alles verdeckte, glänzte das Wasser wie Milch und Perlmutt. Das Meer atmete ruhig wie ein schlafender Hund.

28. November

Kein Licht in der traktorendröhnenden Trostlosigkeit dieses Nebeltags. Dünner, flattriger, kalter Nordost.

Um elf Uhr flog ein Wanderfalke auf einen der Oberleitungsmasten, die in gerader Linie die Niederung durchziehen. Er war im Nebel nur verschwommen zu sehen, aber das wendige Biegen und Wedeln seiner Flügel war mir sofort vertraut. Zwanzig Minuten beobachtete er die Regenpfeifer, die auf den umliegenden Feldern fraßen, dann flog er nach Süden zum nächsten Mast. Vor dem weißen Himmel trat seine eulenhafte Silhouette hervor, mit dem eingesunkenen Kopf, der terrassenförmig in die hochgezogenen, runden Schultern und in den sich zum kurzen, flachen Schwanz hin verjüngenden Rumpf überging. Dann flog er wieder nach Norden, erhob sich über die glänzenden Nebelpfade des Flusses, wobei sein rotgold poliertes Federkleid durch die Trübnis des Tages glomm. Mit langen, kraftvollen Schlägen ruderten seine Flügel nach achtern und fegten ihn leicht und majestätisch voran.

Bei so dürftigem Licht konnte ich ihm unmöglich folgen, weshalb ich hinunter zum Bach ging, wohin er später womöglich zum Baden käme. In den Weißdornbüschen am Nordwald zeterten Amseln und Buchfinken, und in den Erlen hockte ein Häher und beobachtete etwas am Boden. Ich hielt mich im Schutz der Hecken und näherte mich langsam dem dichten Weißdorngestrüpp. Dann zwängte ich mich hinein, bis ich die Schnellen des Bachs sehen konnte, die der Häher beäugt hatte. Durch das dichte Geflecht der dornigen Zweige sah ich eine Wanderfalkin, die wenige Zentimeter vom Wasser entfernt auf den Steinen stand und sich weltvergessen ihr Spiegelbild besah. Sie bewegte sich langsam vorwärts, bis ihre großen, verschrumpelt gelben Füße eintauchten. Dann hielt sie inne, sah sich mit stechendem Blick um, hob steil die Flügel über den Rücken und watete vorsichtig ins Wasser, wobei sie so behutsam auf die kleinen Kiesel trat, als fürchtete sie auszurutschen. Als sie schon fast bis zu den Schultern im Wasser war, blieb sie stehen. Sie trank ein paar Schlucke, tauchte mehrmals den Kopf unter, planschte, spritzte und flappte mit den Flügeln. Die Amseln und Buchfinken hörten auf zu zetern, und der Häher flog davon.

Zehn Minuten tollte sie im Wasser, während ihre Bewegungen mit der Zeit schlaffer wurden; dann watschelte sie bleiern an Land. Durch die wasserschweren Flügel wirkte ihr merkwürdiger, papageienhafter Passgang noch ungelenker. Sie schüttelte sich ausgiebig, machte flügelschlagend kleine Hüpfer in die Luft und flog schwerfällig in eine tote Erle auf, die über den Bach ragt. Die Amseln und Buchfinken begannen wieder zu schimpfen, und der Häher kehrte zurück. Die Falkin war ganz aufgeplustert vom Wasser und sah alles andere als glücklich aus. Brust und Rücken waren breiter als beim Terzel, der Muskelhügel zwischen ihren Schultern deutlich höher. Sie hatte eine dunklere Färbung und glich eher den typischen Bildern von Jungfalken. Der Häher flatterte belästigend um sie herum. Wuchtig flog sie nach Norden davon, verfolgt vom höhnisch krächzenden Häher.

In einer toten Eiche nordöstlich der Furt sah ich sie wieder. Der Baum steht auf einer Anhöhe, und von den Wipfelzweigen kann ein Falke mehrere Meilen über die offene Flussebene nach Westen schauen. Nachdem sie einmal ringsum und hinauf in den Himmel geblickt hatte, begann sie sich zu putzen und hob nicht mehr den Kopf, ehe sie fertig war. Zuerst nahm sie sich die Brustfedern vor, dann die Unterschwingen, den Bauch und die Flanken, in dieser Reihenfolge. Als das Putzen beendet war, pickte sie energisch auf ihre Füße ein, die sie bisweilen anhob, um sie besser zu erreichen, schließlich säuberte und schliff sie ihren Schnabel an der Rinde des Baums. Dann schlief sie unruhig bis ein Uhr und flog schnell gen Osten davon.

29. November

Am Mittag kam ein Wanderfalke aus dem Binnenland herangeflogen und zog ziemlich nah an mir vorbei, als ich gerade auf dem Deich bei den Salzwiesen stand. Hinterm Deich stieg er auf, rüttelte, und fuhr in ungestümen u-förmigen Stößen auf und ab. Das wiederholte er zweimal, dann flog er den Weg zurück, den er gekommen war. Ich vermutete, dass er Beute vom Strand hatte aufscheuchen wollen, aber als ich den Ort erreichte, an den er geflogen war, fand ich nichts. Vielleicht hatte er auch an irgendeinem Pfahl oder Stein zu zielen geübt, aber ich verstehe nicht, warum er dafür so bewusst an diesen einen Ort hätte steuern und ihn ebenso zielgerichtet wieder verlassen sollen.

Ich ging weiter nach Osten. Die Sonne schien, aber der Wind war kalt; ein guter Segeltag für die Falken.

Drei Stunden später kehrte ich zu den Salzwiesen zurück und fand am Fuß des Deichs, nahe der Flutlinie, die Überreste eines Haubentauchers. Es war ein großes Exemplar gewesen, mit einem Gewicht von schätzungsweise zweieinhalb Pfund, und war gewiss durch Niederstoßen aus großer Höhe getötet worden. Nun wog er nicht einmal mehr ein Pfund. Brustbein und Rippen waren blank. Auch die Wirbel des langen Halses hatte der Falke sorgfältig abgenagt. Kopf, Flügel und Bauch waren unberührt. Die freiliegenden Organe waren noch warm und dampften leicht in der frostigen Luft. Trotz der Kälte rochen sie unangenehm ranzig. Haubentaucher sind für den menschlichen Geschmack fischig und widerlich.

Als ich bei Sonnenuntergang durch die Marsch ging, kamen zwei Wanderfalken vom Dach einer Hütte geflattert. Träge, mit vollen Kröpfen, huschten sie nur kurz auf. Sie hatten sich den Haubentaucher geteilt, und ruhten nun gemeinsam.

30. November

Am Fluss zwei Beutevögel: Eisvogel und Schnepfe. Die Schnepfe lag halb eingetaucht in einer überfluteten Wiese, rätselhaft noch im Tod. Der Eisvogel schimmerte am Flussufer im Schlick wie ein strahlendes Auge. Er war blutig gerissen, rot besudelt, in der Farbe seiner Beine, die steif und siegelwachsfarben emporragten, kalt im sich kräuselnden und sie umspülenden Wasser. Er war wie ein toter Stern, dessen türkisgrünes Licht noch über die langen Lichtjahre zur Erde herunterglomm.

Als ich am Nachmittag durch das Feld stapfte, das am Nordwald aufsteigt, sah ich einige Federn im Wind treiben. Eine tote Ringeltaube lag mit der Brust nach oben auf einem Ballen weicher, weißer Federn. Der Kopf war gefressen worden. Von Nacken, Brustbein, Rippen und Becken war das Fleisch abgezogen, selbst am Schultergürtel und den Handschwingen. Dieser Terzel hat einen guten Appetit. Und er ist ein vollendeter Fleischer. Der Kadaver wog vielleicht noch hundert Gramm, der Falke hatte also ein ganzes Pfund Fleisch gefressen. Die Knochen waren noch dunkelrot, das Blut noch feucht.

Ich kauerte mich über das Tier wie ein es ummantelnder Falke. Meine Augen kreisten flink, spähten nach den Köpfen herannahender Menschen. Unbewusst imitierte ich die Bewegungen des Falken, wie in einem archaischen Ritual; der Jäger, der sich in seine Beute verwandelt. Ich schaute in den Wald hinein. Der Falke kauerte in einem dunklen Schlupfwinkel, blickte mich an, packte einen morschen Ast beim Genick. In diesen Tagen im Freien leben wir dasselbe rauschhafte, angsterfüllte Leben. Wir meiden die Menschen. Wir hassen ihre plötzlich erhobenen Arme, ihr wirres Gefuchtel, ihren unsteten, scherenden Gang, ihre stolpernd ziellose Art, ihre grabsteinweißen Gesichter.

1. Dezember

Der Wanderfalke segelte ungesehen im blauen Zenit des trüben Himmels und kreiste über aufsteigenden Spiralen von Möwen nach Osten. Nach einer halben Stunde unbekümmerten Umherziehens durch die Morgensonne und den kalten Südostwind zischte er mit gewaltigem Schwung zum Bach hinab und ließ einen Stern aus Vogelfetzen in die Luft gehen. Eine Schnepfe pfiff im Wind davon wie eine Granate, und das erste laute Knattern der Ringeltauben verklang in einem langen Seufzer aufbrechender Flügel. Als ich die Brücke erreichte, war der Himmel leer, nur die Amseln schimpften weiter. Alle Bäume nach südwärts – markant im tiefstehenden

Glanz der Sonne – waren schwer beladen mit Tauben, die dicht beieinander saßen wie schwarze Früchte.

Nachdem die langsam abklingende Unrast und der bange Friede zwanzig Minuten gedauert hatten, kehrten die Tauben auf die Felder zurück. Möwen und Regenpfeifer folgten wieder dem Pflug. Weit oben flogen ruhig und unbeschwert Kiebitze auf ihrem Weg nach Nordwesten. Ringeltauben pendelten zwischen den beiden Wäldern und zwischen den Wäldern und den gepflügten Äckern hin und her. Sie waren niemals ruhig, und unter dem Blick des Wanderfalken blitzten ihre weißen Flügelstreifen gleichsam lockend und herausfordernd im Sonnenlicht.

Ich hielt beständig nach segelnden Falken Ausschau, nahm jeden Baum, jeden Strauch unter die Lupe und durchsuchte im augenscheinlich leeren Himmel jeden Winkel. Auf diese Weise findet auch der Falke seine Beute und entgeht seinen Feinden, sodass man ihn hoffentlich aufspüren und beim Jagen beobachten kann. Ein Fernglas und falkengleiche Wachsamkeit halfen ein wenig die Nachteile der schwachen menschlichen Sehkraft mindern.

Am Ende war einer der weit entfernten taubenähnlichen Vögel, die bislang allesamt Tauben gewesen waren, plötzlich der Wanderfalke. Er flog über den Südwald und segelte in den warmen Aufwinden über offenen Flächen, die von schützenden Bäumen umstellt waren. Hart und golden in der Sonne, schwamm er mit kräftigen Flügelwellen durch die warme Luft wie ein Fisch, der mit den Flossen schlägt. Als winzige Silberflocke im blauen Glanz driftete er über die Himmelsoberfläche. Seine Schwingen zogen sich zusammen, klappten nach hinten, und er schoss nach Osten davon, eine dunkle, langsam durch blaues Eis ziehende Klinge. Während er im Sonnenlicht abwärts sank, verfärbte er sich wie ein Herbstblatt, von glänzendem Gold zu fahlem Gelb, von lohfarben zu Braun, das in Nähe des Horizonts plötzlich in Schwarz umschlug.

Als die Sonnengrelle tiefer sank, schwelte der Süden in weißem

Feuer. Zwei Dohlen flogen hoch darüber hinweg. Eine tauchte ab, trudelte, drehte einen Looping und stürzte wie erschossen zur Erde, ein herabschleudernder Sack aus Knochen und Federn. Sie spielte toter Mann. Einen halben Meter über dem Boden breitete sie die Flügel aus und setzte sanft und mit stupender Lässigkeit auf dem Boden auf.

Ich folgte den ruhelosen Regenpfeifern, überquerte den Bach und entdeckte, als ich nach Westen schaute, in einer Hecke die Falkin. Ich pirschte mich heran, doch sie floh die Hecke entlang von Baum zu Baum, hoch im Gegenlicht, sodass ich blinzeln musste, während sie mich deutlich sah. Am Ende der Hecke angekommen, flog sie in einen Baum am Bach. Sie wirkte schläfrig und matt und bewegte kaum den Kopf. Ihre Augen glänzten wie braunes Porzellan. Sie belugten meine Augen. Ich wandte kurz den Blick ab. Sofort flog sie weg. Ich schaute schnell wieder hin, aber sie war nicht mehr da. Falken scheuen sich aufzufliegen, wenn sie beobachtet werden. Sie warten, bis die sonderbare Fessel des Blicks fällt.

Im strahlend hellen Licht flogen Möwen auf unsichtbaren Flügeln langsam nach Osten hinüber. Um drei Uhr tauchte mitten unter ihnen der Wanderfalke auf, kreiste höher und höher. In der Mündung stand das Hochwasser. Watvögel würden über den Prielen und Salzwiesen aufwirbeln und niedersinken wie pulsierendes Blut in einem eingesperrten Herzen. Ich wusste, dass die Falkin sie sehen würde, wie auch die Tausenden von Möwen, die zum schäumenden Wasser zögen, und ging davon aus, dass sie ihnen in Richtung Osten folgte. Ohne noch länger zu warten, radelte ich so schnell ich konnte sechs Meilen einen kleinen Hügel hinauf, von dem man die Mündung gut überblicken kann. Zweimal hielt ich unterwegs an, spähte nach der Falkin und sah sie wie erhofft hoch über der bewaldeten Anhöhe kreisen und gen Osten segeln. Als ich den Hügel erreichte, war sie bereits darüber hinweg und dahinter verschwunden.

In dem kleinen Lichtausschnitt, den die Vergrößerungslinse aus drei Meilen sonnenbestrahlter Luft herauszog, sah ich das glänzende Mündungswasser langsam dunkeln und von Vögeln wimmeln und sah den scharfen Schnabel der Falkin in einem langen Zinnenmuster aufsteigen und fallen. Dann erhob sich das dunkle Wasser wieder ins Licht, und alles war still.

2. Dezember

Es war Ebbe. Der Schlick schimmerte wie feuchter Sand, hell und klar leuchteten die Kiesstrände in den blauen Lagunen. Durchs Sonnenlicht schmerzten die Farben. In dunklen Feldern spiegelte ein toter Baum das Licht wie ein elfenbeinweißer Knochen. Kahle Bäume ragten aus der Erde wie die glänzenden Adern welker Blätter.

Über der Mündung schwebte ein Wanderfalke, und der Himmel füllte sich mit Watvögelschwingen. Der Falke tauchte durchs Sonnenlicht ins fallende Dunkel der Brachvögel, zischte durch sie hindurch ins Helle zurück, flog unter ihnen einen Bogen, stieg wieder mit ihnen auf und schlug schließlich einem von ihnen mit krachender Wucht vor die Brust. Das Opfer fiel neben dem Deich zu Boden, völlig entstellt, als hätte man ihm urplötzlich die Luft aus dem Körper gesogen. Der Falke segelte herab und hieb dem toten Tier seinen Krummschnabel ins Fleisch.

3. Dezember

Den ganzen Tag über lagen tiefe Wolken über den Marschen und zogen Regenfäden vom Meer herein. Satt stand der Schlamm auf den Feldwegen und entlang des Deichs; dicker, ockerfarbener Schlamm, wie eine Farbschicht; triefender, klebriger Schlamm, der wie ein Pilz aus der Marsch zu sprießen schien; Krakenschlamm, der schmatzte und zupackte, sich anklammerte und festsaugte; rutschiger Schlamm, heimtückisch ölglatt; träger Schlamm; böser Schlamm;

Schlamm an den Kleidern, in Haaren und Augen; Schlamm bis ins Mark. Im Winter läuft man an der Ostküste, ob über oder unter der Flutlinie, entweder durch Wasser oder durch Schlamm; es gibt kein trockenes Land. Schlamm ist das fünfte Element. Man gewinnt ihn lieb, fühlt sich wie ein Watvogel, der nur am Weltenrand glücklich ist, wo Land und Wasser sich treffen, wo es keine Schatten gibt und keinen Ort, an dem man seine Angst verstecken könnte.

Am Mündungsdelta verlieren sich Land und Wasser ineinander, und das Auge sieht nur noch Wasser und auf Wasser schwimmendes Land. Die grauweißen Horizonte sind auf Flößen vertäut. Sie treiben in die Dämmerung hinaus und verlassen das Wasserland nur nach Gehör, gesteuert vom Pfeifen der Pfeifenten, dem Schrei der Brachvögel und dem Krächzen der Möwen.

Im Norden war ein Falke, der über den Erhebungen kreisend zu seinem Schlafplatz flog. Doch er war zu weit entfernt, um mich vom abfallenden Meer fortzulocken. Tausende von Möwen kamen am Abend vom Land hinaus in die Klarheit und Sicherheit der See.

5. Dezember

Die Sonne feuerte kalten, unheilvollen Schimmer auf die knochenweiße Korallenfront der reifbesetzten Hecken. Nichts regte sich in der stillen Niederung, bis der Raureif in der Sonne schmolz und dampfte und die Bäume in der Nebelhöhle zu tropfen begannen, durch die Stimmen dröhnten, die von den geschäftigen Gehöften herüberschallten und ineinander verquollen. Der Wanderfalke erhob sich von seinem Platz auf einem Heuschober an der Landstraße, auf dem er sich gesonnt hatte, und zog hinab zum Fluss.

Eine halbe Stunde später sah ich ihn bei der Brücke, wo er sich auf einer Oberleitung niedergelassen hatte. Dann flog er dicht am Boden einen Graben entlang, streifte mit den Flügeln Raureif vom steifen Schilf. Er drehte sich, wendete, und rüttelte über einem

Blesshuhn. Das Huhn warf sich schlitternd auf das Eis im Schilf, wo er es nicht packen konnte. Vierzehn Krickenten und an die einhundert Möwen flogen aus einem Teil des Grabens auf, wo das Wasser noch nicht gefroren war. Auf den frostigen Feldern saßen viele Schnepfen, die nicht mehr flohen, hungrig und schwächlich, und nur leise rufend.

Um ein Uhr erhob sich der Falke auf starken, entschlossenen Schwingen über die sonnenbestrahlten Nebelklippen und flog nach Osten.

8. Dezember

Durch den Frühnebel trudelten goldene Blätter aus Sonnenlicht. Feucht glänzten die Felder unterm blauen Himmel. Von einer Ulme beim Fluss flog der Terzel in die diesige Sonne auf, ließ kantig und barbarisch sein hohes, dumpfes Krächzen hören: ›kirk, kirk, kirk, kirk, kirk‹.

Er stieg über den Stoppelfeldern nach Norden auf, immer die Sonne im Rücken, trieb sich mit beherzten Schlägen voran und in die Höhe. Seine straffen Flügel knickten leicht ein, was hieß, dass er Beute gesichtet hatte. Die Ringeltauben in den Stoppeln hörten auf zu fressen und hoben die Köpfe. Zweihundert Fuß über ihnen zog der Falke langsam seine Kreise, dann kippte er plötzlich nach vorn und herunter. Er stieß nieder und steilte wieder auf, während die Tauben panisch unter ihm hinwegflogen. Er machte kehrt, ließ sich mit geschmeidigem Schwung erneut fallen, fuhr in sie hinein und durchstieß die weiche, graue, auf ihn zurasende Menge.

Von allen umliegenden Feldern stiegen ebenfalls die Vögel auf. Ganze Äcker schienen sich in den Himmel zu erheben. Unweigerlich verlor ich den Falken irgendwo im Flügelgewirr. Als sich die Aufregung legte, war meilenweit kein Falke mehr zu sehen. So geschieht es oft: das heimliche Annähern auf leichten Schwingen, der plötzliche Angriff, dann der unsichtbare Rückzug, verborgen hinter einem Deckmantel schwirrender Vögel.

Als ich die Mündung erreichte, war Hochwasser. Tausende glitzernder Alpenstrandläufer zischten über dem blauen Wasser auf und ab. Ringelgänse und Pfeifenten trieben in schäumenden Buchten. Jäger waren unterwegs. Durch die Bronzeblitze und das Aufblühen der frühen Dämmerung pfiffen unüberhörbar die Pfeifenten, und ein einzelner Sterntaucher hob zu melancholischem Klagen an.

Der Wanderfalke blieb dem kreisenden, schallenden Getümmel in der Mündung jedoch fern. Er hatte am Morgen Beute gemacht und blieb wohlweislich im Binnenland.

10. Dezember

Trübes Licht, brutaler Wind, anschwellende Wolken, Graupelschauer. In einer überfluteten Aue nördlich des Flusses kauerten Schnepfen, die aussahen wie kleine braune Mönche beim Angeln. Gedrungen hockten sie auf ihren gebeugten grünen Beinen, sodass ich ihre kartoffelkäferfarbigen Köpfe und ihre sanftmütig braunen Augen sah. Sie fraßen nicht, sondern reckten einfach nur die langen Schnäbel übers schlammige Wasser, als probierten sie sein Bouquet. Als ich auf sie zuging, flogen fünfzig von ihnen auf. Schnepfen kennen kein Zögern, kein langsames Erwachen; mit einem Ruck springen sie aus dem Schlamm, wenn ihnen ein Schreck durch die Nerven fährt. Beim Aufstieg ließen sie durch die Nasen ihren gewaltigen Warnruf ertönen: kein sanftes Schnauben, ein regelrechtes Niesen. Die Schnepfen blieben nah beieinander, flogen ohne Ausweichmanöver hoch und schnell in einer Gruppe, wie Stare. Das hieß, dass ein Falke in der Nähe war.

Nach langer Suche fand ich den Terzel auf einem Pfahl in den Feldern. Er sah müde und träge aus. Erst am späten Nachmittag wurde er munter, als das Licht zu schwinden begann und die diesige Dämmerung sich in der Ferne pelzig über die Bäume legte. Er kreiste über der Aue, in der die Schnepfen ruhten. Keine einzige stieg auf, bis er niederstieß. Dann sprotzten und keckelten sie aus dem Schlamm wie feuchte Knallfrösche. Der letzten stellte der Falke nach. Zusammen wirbelten sie in den Himmel auf, stürzten über den Feldern in die Tiefe, brausten in die Weiden hinein und wieder hinaus. Der Falke folgte jeder Kurve und jeder Wendung, blieb dicht hinter der Schnepfe, überholte sie aber nie. Einigermaßen unvermittelt beendete er die Verfolgungsjagd und raste auf mehrere hundert Wacholderdrosseln zu, die wie aufs Geratewohl über den Fluss geflogen kamen. Er tanzte immer noch wie eine Schnepfe, schlingerte und hüpfte auf und ab gleich einer Sprungfeder, während er die Drosseln auseinandersprengte, ohne anzugreifen.

Zehn Minuten ruhte er auf einem Pfahl, dann flog er flach über dem Boden direkt gegen den Wind, sodass die dunkelnd diesigen Felder ihn halb verbargen. Kopf und Schwanz waren unsichtbar. Er glich einem Mantarochen, der über den Meeresgrund gleitet. Möwen flogen südwärts zu ihren Schlafplätzen. In Scharen von dreißig oder vierzig Vögeln bewegten sie sich rasch voran, kamen aber nie direkt über mich. Sobald sie mich sahen, spaltete sich die Gruppe und zerstreute sich nach links und rechts, wie Ringeltauben es tun. Ich hatte das noch nie zuvor bei ihnen gesehen. Die wiederholten morgendlichen und abendlichen Angriffe des Falken hatten sie unleidlich gemacht und argwöhnisch gegenüber Gefahr von unten.

Ich folgte dem Falken nach Osten. Über mir klapperten und pfiffen Wacholderdrosseln auf ihrem Weg zum Schlafplatz am Fluss. Von einem Rinnsal scheuchte ich einen Waldwasserläufer auf. Steil in die Dämmerung aufbrausend, drehte und schlenkerte er wie eine beschwipste Schnepfe. Sein Ruf war ein wildes, pfeifendes ›tu-lu-wiet‹, unbeschreiblich triumphal und verloren. Als der Wasserläufer aufstieg, schoss der Falke nieder, verpasste ihn aber um fast einen Meter. Möglicherweise war er mir gefolgt, um mich für ihn

Beute aufjagen zu lassen. Alle seine Sturzflüge waren heute langsam und ungenau. Vielleicht war er gar nicht sonderlich hungrig, sondern ihn trieb allein die Gewohnheit dazu an, das Ritual des Jagens und Tötens auszuführen.

Nachdem die Sonne untergegangen war, klarte der Himmel auf. Weit über mir ertönte ein Geräusch, als risse jemand Streichhölzer an. Viele Dohlen und Saatkrähen riefen, während sie hoch oben in der kalten blauen Dämmerung langsam und friedlich gen Westen flogen, winzig wie die ersten Sterne.

12. Dezember

Hohe Wolken füllten langsam den Himmel, der Morgen weißte aus, die Sonne blieb verborgen. Von Norden kam kalter Wind auf. Das Licht am Horizont wurde klar und lebendig.

Zwischen zwei Höfen lagen am Straßenrand die Überreste einer Silbermöwe, halb auf der Rasenkante, halb im Staub und Schotter. Der Wanderfalke hatte sie in der Nacht oder bei Tagesanbruch getötet, als die Straße noch nicht befahren war, konnte sie aber wegen ihres Gewichts an keinen sicheren Ort bringen. Unterdessen hatten die Autos sie plattgefahren. Das Blut auf dem zerfetzten Fleisch war noch feucht, und der Hals klaffte rot, wo einst der Kopf gesessen hatte. Für Falken müssen diese Schotterwege wie Kiesstrände aussehen; und asphaltierte Straßen glänzen wie Granitflöze in öder Moorlandschaft. Alle monströsen Artefakte des Menschen erscheinen ihnen natürlich und unverdorben. Alles, was sich nicht bewegt, ist tot. Was sich bewegt, stehen bleibt und dann nicht mehr bewegt, wird siechen und sterben. Für einen Falken sind Bewegungen wie Farben; purpurn flammen sie in seinem Auge auf.

Ich fand die Möwe um zehn Uhr, den Falken eine Viertelstunde später. Wie erwartet hatte er sich nach dem Verspeisen eines so großen Vogels nicht mehr weit entfernt. Mit zerzausten, dreckigen Federn hockte er zusammengesackt auf einem Baum nahe dem Teich am Furtweg und sah sehr nass und mitgenommen aus. Sein Schwanz baumelte herab wie ein durchweichter Regenschirm. Der Teich ist klein und flach und enthält den üblichen menschlichen Müll; Räder von Kinderwagen, Dreiräder, Glasscherben, gammeligen Kohl und Waschmittelbehälter, überzogen von einer dünnen Schicht Jauchesoße. Das Wasser steht und glänzt fettig, aber es kann sein, dass der Falke darin gebadet hat. Normalerweise zieht er klare, fließende Gewässer von einer gewissen Tiefe und Güte vor – und nimmt dafür weite Flugstrecken in Kauf –, manchmal aber scheint er absichtlich in Jauchegruben zu baden.

Drei Traktoren pflügten das große Feld, das sich nach Süden erstreckte. Einer fuhr nur ein paar Meter neben dem Falken auf und ab, ohne dass es diesen im Geringsten störte. Falken sitzen gern an Feldern, auf denen Traktoren arbeiten, da dort stets ein reges Treiben herrscht. Immer gibt es etwas zu sehen oder zu erbeuten, falls der Falke Hunger haben sollte.

Die Vögel haben gelernt, dass die schreckliche Menschengestalt harmlos ist, solange der Traktor fährt. Die Maschine fürchten sie nicht, da ihre Bewegungen viel vorhersehbarer sind als die des Menschen. Bleibt der Traktor stehen, nimmt sich der Falke sofort in Acht. Wenn der Fahrer sein Fahrzeug verlässt, fliegt der Falke zu einem weiter entfernten Sitzplatz. So auch auf dem Feld neben dem Teich, eine halbe Stunde nach meiner Ankunft. Der Falke flog langsam nach Südosten, hob die Flügel in schwerfälligen Schüben und driftete dann hinab auf den Wipfel einer Ulme am Straßenrand, um zu ruhen. Er sah mich nicht kommen, bis ich schon fast unter dem Baum war. Er starrte mich an, schreckte auf und flog zurück in Richtung Teich. Auch jetzt bewegte er sich nur langsam und vorsichtig, als habe er Angst, etwas zu verschütten, und hielt die Flügel im Gleitflug unelegant schlaff nach unten gekippt. Dieser wasserschwere Flug erinnerte an den Flug einer Krähe, deren Flügelspitzen nach jedem Hinunterziehen kurz durch die Luft peitschen.

Ich fand den Terzel, wie er in einer Eiche hockte, die zwischen Teich und Furt den Weg überragte. Als ich unter ihm entlangging, rührte er sich nicht. Mit geschlossenen Augen und dem trocknenden Gefieder, durch das der Wind fuhr, wirkte er sehr aufrecht, hölzern, schmutzig und komatös, wie von Motten zerfressen und schon lange tot. Als ich in die Hände klatschte, flog er auf und zog hinunter zum Wäldchen bei der Furt. Von dort vertrieben, flog er zurück zur Eiche. Drei Mal wiederholten wir dieses Manöver. Dann ließ ich ihn auf der Eiche ruhen und beobachtete ihn vom Saum des Wäldchens aus. Er schlief eine Stunde und erwachte um ein Uhr, putzte sich und schaute sich um. Während er trocknete, wurde die Farbe seines Federkleids immer heller. Der Schwanz war in engen Linien hellbraun und ockerfarben gestreift, seitlich gesprenkelt und mit glühend gebrannter Siena durchzogen. Die Streifen waren schmal und eng, und die ganze Oberfläche glänzte rotgolden. Sein Scheitel war blass goldfarben mit zarten, braunen Sprenkeln. Die Spitzen seiner angelegten Flügel reichten genau bis zum Schwanz und waren außergewöhnlich lang, selbst für ein Falkenmännchen.

Um halb zwei verließ er den Baum, wurde aber sofort wieder von einer Krähe zurückgejagt. Im Fliegen rief er laut: ein gereiztes Kreischen. Als er sich setzte, rief er noch einmal: diesmal tiefer und herausfordernder. Um zwei Uhr wurde er unruhig, nickte mit dem Kopf und rutschte mit den Füßen hin und her. Es brauchte einige Minuten, bis er abflugbereit war, doch als er schließlich abhob, flog er schnell und entschlossen davon. In einem seitlichen Bogen schoss er hervor und stieg mit wendigen Schlägen steil über den Nordwald; zuvor hatte er kaum ausgeholt. Dohlen, die den ganzen Tag unbesorgt im Weideland neben dem Bach gefressen und gespielt hatten, flogen panisch auf, schraubten sich hoch und stoben auseinander.

Es regnete eine Stunde lang, aber ich blieb wartend beim Wäldchen stehen. Um drei Uhr kehrte der Wanderfalke zurück, flog schnell und ungestüm in den kalten Nordwind, jagte Möwen und Kiebitze auf. Ein Kiebitz fiel vom Schwarm ab, und der schlanke, braune Terzel setzte ihm nahe am Boden nach wie ein rennender Hase. Die beiden Vögel schienen wie mit einem Seil verbunden, dann schienen sie auseinander zu schwenken. Der Kiebitz drehte sich um die eigene Achse, der Falke scherte aus, peitschte aber mit fauchenden Flügeln zu ihm zurück. Plötzlich war das Band zwischen ihnen gekappt. Der Falke rauschte in den Himmel auf, während der Kiebitz geradeaus taumelte. Geschickt drehte sich der Greif auf die Seite und stieß nieder, als würde er durch ein Loch in der Luft zu Boden fallen. Und das war's. Nichts weiter. Wie auch immer es geendet hatte, es war vorbei. Man hörte nur noch Stille und das Rauschen des Windes. Die Wirren und Schlenker des Jägers und seines Opfers schienen noch in der tristen Luft zu hängen.

Den Weg von der Furt hinaufgehend sah ich im grauen Kronengezweig einer Kopfesche einen flatternden Vogelflügel. Als ich bis auf zwei Meter herangekommen war, schlug der Wanderfalke in wildem Getrommel mit den Flügeln, um sich zu entwinden, und rauschte heraus. Für einen Augenblick war er sehr nah, und ich sah seine samtig weichen Unterflügel und die dicke Federdecke mit den cremebraunen Sprengseln. Er flog südwärts durch die Felder, schlingerte und schwankte unstet hin und her. Zwischen seinen herunterhängenden Beinen flatterte etwas wie Papier. Durchs Fernglas sah ich den toten Kiebitz, den er mit beiden Greiffüßen trug, sodass dieser ihm gegen den Schwanz stieß, Brust nach oben, Kopf nach vorn, und die auseinandergeklappten Flügel ihre schwarzweißen Unterseiten preisgaben. Trotz der halbpfündigen Last flog er leicht dahin, hatte allerdings mit dem starken Wind zu kämpfen. In den Böen sackte er ein wenig ab, und seine Flügel zuckten in kurzen schnellen Schlägen. Er landete auf einem Baum nahe dem Feldweg. Als ich ihn fünf Minuten später aufscheuchte, war der Kiebitz kleiner und leichter zu tragen. Der Falke flog auf eine andere Kopfesche, und ich ließ ihn sein Mahl beenden. Noch immer pflügten drei Traktoren das Feld neben ihm.

Bei Sonnenuntergang stiegen laut schreiend zehn Brachvögel auf und flogen nach Osten. Die Traktoren kehrten zum Hof zurück, die letzten Möwen zogen südwärts. Oben im Abendhimmel kreiste der Wanderfalke und flatterte ins Dunkel des Hügels hinein. Die nun falkenlose Niederung erblühte im sanften Ruf der erwachenden Eulen.

15. Dezember

Der starke, warme Westwind wallte und donnerte über die flache Flussebene, krachte und schlug seine Kämme luftiger Gischt auf die wellenbrechende, schwarz bewaldete Anhöhe. Der kahle Horizont, der die fernen Ränder des Windes umsäumte, war reglos und ruhig. Seine gleichmütige Klarheit wich vor mir zurück; eine Fata Morgana aus Ulmen, Eichen und Zedern, Gehöften und Häusern, Kirchen und silbern bespannten Masten wie Schwertern.

Um elf Uhr flog der Terzel steil über dem Fluss auf, bog seine zitternden Flügel in den wehenden Sturmwind, eine dunkle Silhouette vor dahinstiebenden grauen Wolken. Wanderfalken in freier Wildbahn lieben den Wind wie Otter das Wasser. Er ist ihr Element. Aus ihm besteht ihr Leben. Alle Wanderfalken, die ich in freier Wildbahn gesehen habe, sind im Sturm länger und höher und weiter geflogen als zu jeder anderen Zeit. Nur wenn sie baden oder schlafen, meiden sie den Wind. Der Terzel segelte in einer Höhe von zweihundert Fuß, spreizte Schwingen und Schwanz über der bauschenden Luft und drehte sich in einer langen, ausladenden Kurve vor den Wind. Rasch weiteten sich seine Kreise in Richtung Osten, von der Kraft des Windes ellipsenartig verlängert. Hunderte Vögel stiegen unter ihm auf. Das Aufregendste am Falken ist seine Fähigkeit, wie durch Zauberei Scharen von Vögeln in die Luft zu treiben und so die stille Erde zum Leben zu erwecken. Alle Möwen und Kiebitze und Ringeltauben, die auf dem großen Feld zwischen Landstraße und Bach fraßen, stiegen angesichts des über ihnen kreisenden Falken in die Luft. Plötzlich schien der Bauernhof wie durch einen Schleier von Gischt verhängt, so nah beieinander stiegen die Möwen auf. Der Falke ließ sich als spitzdunkler Fleck zwischen die weißen Möwen fallen, dass sie wie Schaumwolken auseinanderflogen. Als ich das Fernglas absetzte, sah ich, dass die Vögel um mich herum ebenfalls den Falken beobachtet hatten. In den Sträuchern und Bäumen saßen viele Spatzen, Stare, Amseln und Drosseln, die unablässig schnatternd und schimpfend nach Osten schauten. Und an allen Wegen, die ich ostwärts eilte, säumten kleine Vögel in wirren Haufen die Hecken und schrillten ihre Warnung in den leeren Himmel.

Als ich am Bauernhof vorbeikam, zischte eine Schar Goldregenpfeifer auf wie die Pulverwolke aus einem Gewehr. Die ganze Gruppe strömte dicht über dem Boden davon und stieg dann langsam gleich einem einzigen goldenen Flügel in die Höhe. Als ich den Furtweg erreichte, waren die Bäume am Tümpel voller Ringeltauben. Nicht eine von ihnen regte sich, als ich vorbeiging, doch dann erhob sich vom letzten Baum in der Reihe der Falke in den Wind und kreiste nach Osten. Sofort verließen die Tauben die Bäume, in denen sie einigermaßen sicher gewesen waren, und flogen zum Nordwald. Sie querten unter dem Falken. Wenn er gewollt hätte, hätte er auf sie niederstoßen können. Ringeltauben sind schnell und vorsichtig, aber wie Krickenten begehen sie manchmal die fatale Torheit, auf die Gefahr zuzufliegen, anstatt vor ihr zu fliehen.

In langen Bögen und Tangenten driftete der Falke langsam höher. Fünfhundert Fuß über dem Bach ließ er sich plötzlich fallen. Ohne Vorwarnung hielt er einfach im Flug inne, warf die Flügel hoch und tauchte senkrecht in die Tiefe. Es sah aus, als würde er entzwei gespalten, wie ein Pfeil schoss sein Rumpf aus dem kräftig gespannten Flügelbogen. Sein Sturz hatte eine unheilvolle Kraft, als wäre er geradewegs vom Himmel herabgeschleudert worden. Man konnte das Ganze, nachdem es geschehen war, nur schwer glauben. Die besten Stürze sehen immer unglaublich aus, verfehlen aber oft ihr Ziel. Wenige Sekunden später flog der Falke wieder vom Bach auf und schraubte sich in seinen gewohnten Kreisen nach Osten über die dunklen Wälder und Obstgärten, bis er außer Sichtweite war. Ich suchte die Felder ab, fand aber keine Beute. Die Ringeltauben im Weißdorn und die Schnepfen im Marschgrund waren gebannt von der gewachsenen Angst, die sie vor dem Falken hatten. Sie flogen nicht auf, wenn ich in ihre Nähe kam. Die Rebhühner hatten sich im höchsten Gras zusammengekauert.

Es begann zu regnen, und der Falke kehrte zum Bach zurück. In der Nähe der Brücke startete er von einer Ulme, aber im Zischen und Schillern des Regens und dem feuchten Rütteln des Windes verlor ich ihn sofort aus dem Blick. Er wirkte schlank und verwegen, und sehr wild. Als der Regen wieder aufhörte, steigerte sich der Wind in brausende Raserei. Auf offenem Feld konnte ich kaum gerade stehen, und so hielt ich mich im Windschatten der Bäume. Um halb drei schwang der Falke sich in den östlichen Himmel auf. Er ging senkrecht in die Höhe und schnellte wie ein Lachs durch die Wogen aus Luft, die an der Klippe des Südwalds zerschellten. Er tauchte in ein Wellental, stieg steil mit ihm auf und schleuderte sich hoch empor, ein weitflügeliges Jubilieren. Bei fünfhundert Fuß blieb er stehen, die Schwanzfedern zusammengeschoben, die Flügel in weiter Krümmung nach hinten gebogen, sodass ihre Spitzen fast den Schwanz berührten. Mit der Geschwindigkeit des entgegenkommenden Windes stürzte er waagerecht nach vorn. Schaukelte und schwenkte und zitterte, hart am Wind, in einem tosenden Meer aus Luft, und seine eingeklappten Flügel peitschten und schlugen wie feuchte Segel. Unvermittelt tauchte er gen Norden, bog in einen senkrechten Sturz, schwang die Flügel weit nach vorn, schrumpfte in sich ein, und fiel.

Er fiel so schnell, schoss so furios aus dem Himmel auf den dunklen Wald, dass seine schwarze Gestalt zu einem grauen Luftzug verblasste, unsichtbar in einem schimmernden Wolkenschuss. Im Fallen zog er den Himmel mit sich. Es war endgültig. Es war der Tod. Es gab nichts anderes mehr. Konnte nichts anderes mehr geben. Früh brach die Abenddämmerung ein. Die angsterfüllten Tauben flogen still über das fast dunkle Land, um sich über dem federnverklebten Blutfleck auf dem Waldweg zur Nachtruhe zu begeben.

17. Dezember

Tiefstehende, blendende Sonne, eisig strahlender Süden. Kalter Nordwind. Weiß lag der ungetaute Nachtfrost auf dem Gras, wie Salz, knirschend in der Morgensonne.

Die Falkin schwebte über den ruhigen, weißen Feldern und suchte den Aufwind. Noch eine gute Stunde würde die Luft zum Segeln nicht warm genug sein; also vertrieb sie sich die Zeit. Sie flog ohne Ziel, zog träge von Baum zu Baum. Man kann die Langeweile des Falken förmlich spüren, wenn er sich gebadet und geputzt hat und weder hungrig noch müde ist. Untätig herumlungernd, stiftet er Unruhe, nur um irgendetwas zu tun.

Der Morgen war seltsam, gespenstisch, ganz rein und neu. Auf den reifbedeckten Feldern herrschte Stille. Die Sonne brachte keine Wärme. Wo kein Reif mehr war, roch das trockene Gras nach Heu. Nah bei mir waren Goldregenpfeifer, die leise riefen. Eine Grauammer sang. Der Nordwind bebröselte weiß die gegitterten Hecken und zwängte sich durch ihre dornigen Löcher. Aus einem dunklen Graben zischte eine Waldschnepfe ins gleißende Licht. Mit starken, schnellen Schlägen, die später leichter und flacher wurden, flog sie nach Norden. Die Falkin setzte ihr nach, in geruhsamer, gleichmütiger Art. Als sie nicht mehr zurückkam, ging ich hinunter zum Fluss.

Am Mittag stieg sie aus den Weiden und trieb hinauf in den Wind, segelte kurz oder kreiste in kleinen, paddelnden Bewegungen mit den Flügelspitzen. Diese zitterten, als würden sie nur vom Wind bewegt. Die zunehmend wärmende Sonne hatte der Falkin eingegeben, sie könne nun segeln. Vorsichtig tastete sie sich bis zum ersten warmen Wind. Dann schwebte sie langsam über der toten Eiche, streckte Schwanz und Schwingen und schwenkte windwärts. In weit schweifenden Bögen driftete sie nach Süden, etwa einhundert Fuß über mir kreisend. Während sie unter sich die Felder absuchte, drehte sie langsam ihren kräftigen, langen Kopf herum wie ein Hecht, der mit Reißhaken bewehrt im Schilf lauert. Die dunkelbraunen Bartstreifen zu beiden Seiten des Schnabels glänzten in der Sonne wie poliertes Leder. Die großen, dunklen Augen und die blanken Stellen heller Haut davor schimmerten schwarzweiß wie nasser Hornstein. Im Schein der tiefen Sonne trat das leuchtende Farbrelief der Falkin hervor: kupfer- und rostrot wie herbstliche Buchen und glänzend braun wie feuchte Erde. Auf ihren unverkennbar langen und breiten Flügeln ließ die Wanderfalkin sich emportragen und streckte die Schwingen bussardgleich in die warme Luft, die vom schmelzenden Reif und den jetzt tauenden, im Sonnenlicht dampfenden Feldern aufstieg. Fast konnte ich das Brausen und Rauschen der wirbelnden Luft hören, als sie mit straff gespannten Muskeln vorüberglitt.

Sie kreiste schnell in immer engeren Bögen in Richtung Süden. Ich befürchtete, sie im Gleißen der Sonne zu verlieren, doch sie stieg darüber hinaus. Sie wurde schneller, schlug zwischen nur kurzen Segelpausen weiter mit den Flügeln und wechselte ziellos die Richtung. Manchmal kreiste sie abwechselnd rechts- und linksherum, manchmal im Uhrzeigersinn. Wenn sie beidseits kreiste, blickte sie aufmerksam nach innen oder nach unten; drehte sie sich nur in einer Richtung, ging ihr Blick nach außen oder geradeaus. Sie neigte sich in steile Kurven. Über den Dächern der Bauernhöfe stieg die warme Luft schneller auf. Mit energischen, pumpenden Flügelschlägen arbeitete sich die Falkin in steiler Aufwärtsneigung in eine Höhe von tausend Fuß und driftete nach Südosten. Dann endete ihr Kreisen. Gleitend zog sie über die weiße Himmelsfläche. Auf halbem Weg zum Wald kreiste sie noch einmal höher hinauf, gewann weitere fünfhundert Fuß, bis Dunst und Ferne sie fast ganz verschlungen hatten. Plötzlich bog sie nach Norden, beschleunigte stark, schlug mitunter hektisch die Flügel. In weit weniger als einer Minute hatte sie eine ganze Meile zurückgelegt, fegte herunter vom Südwald zum Fluss, folgte dem Verlauf des Bachs, bis sie in einem Wust weißer Möwen den Horizont durchstieß. Über die ganze Strecke hinweg, mehr als drei Meilen durch die Niederung, flog sie so schnell und so weit hinauf, dass sie sich, durchs Fernglas betrachtet, trotz der zurückgelegten Distanz nicht der Erde näherte. Ich sah sie nur im Himmel. Um ihrer Bahn zu folgen, musste ich mein Fernglas dreißig, vierzig Grad absenken, um mich an den Landmarken zu orientieren. Sie bestand ganz aus Sonne und Wind und reinstem Himmel.

Die Vögel waren immer noch unruhig, als ich den Ort erreichte, wo sie niedergestoßen war. Über dem Rand der Niederung kreisten Möwen; von Osten her zogen Kiebitze darüber hinweg. Entrückt wie ein Stern segelte die Falkin in Richtung Mündung davon, ein flackernd blauroter Fleck, der im lodernden Frost des Himmels verschwand.

18. Dezember

Der stille Ostwind hauchte weißen Frost auf Gras und Bäume und die Ränder des stehenden Wassers, ohne dass die Sonne diesen schmolz. Sie schien aus einem kobaltblauen Himmel, der sich über blasses Violett auf weißlich kalte Horizonte beugte.

Das Flutungsbecken glitzerte in der Sonne, unbewegt wie Eis, mit darauf wogenden Enten. Zehn Gänsesäger stießen aus kristallenen

Gischtbechern prachtvoll in die Höhe. Es waren allesamt Erpel. Unter ihren schwarz-weiß schwingenden Flügelspitzen schoben ihre langen roten Schnäbel, ihre glänzend grünen Köpfe und die schmalen, starren Hälse den gestreckten, schweren, bombenförmigen Körper voran. Es waren prächtige, königliche Enten, majestätisch in den Weiten des Himmels.

Unablässig schallte derweil das schroff pfeifende Flattern der Schellenten über das stille Wasser. Wenn sie nicht flogen, krächzten die Erpel ihr nasales ›ang-iek‹ – ein dünner, scheuernder Ton – und schüttelten die hängebackigen dunklen Köpfe mit ihren gelbgeranderten, irr in der Sonne blitzenden Augen. Wasserhühner drängten aneinander wie gegarte Schnecken auf dem Teller. Zwergsägermännchen, deren scheinarktisches Weiß von dünnen, schwarzen Linien durchzogen und paspeliert wurde, lagen tief im Wasser wie Treibeis oder blitzten am Himmel auf wie stiebender Schnee.

Einen Falken sah ich nicht, obwohl sich einer die ganze Zeit in der Nähe befand. Ich sah eine Lachmöwe, die am Morgen getötet worden war; noch blutbefleckt und klamm. Nur Kopf, Beine und Flügel waren unberührt. An allen anderen Knochen war sorgfältig das Fleisch abgezogen worden. Die Überreste rochen angenehm und frisch, wie ein Brei aus Rinderhack und Ananas. Ein appetitlicher Geruch, keineswegs übel oder gar abstoßend. Wäre ich hungrig gewesen, hätte ich sie selbst verspeisen können.

20. Dezember

Am Nachmittag lichtete sich der Nebel, und in immer größeren Kreisen quoll das Sonnenlicht hindurch. Ein Reiher flog auf einen Baum neben dem Bach. Aus der Luft streckte er leicht strampelnd die Beine nach unten, wie ein Mensch, der durch die Dachluke mit den Füßen nach der Leiter tastet. Er berührte den obersten Zweig, krallte unbeholfen seine spinnenartigen Zehen darum und sank allmählich über den langen Stelzenbeinen in sich zusammen, krumm und zerknautscht wie ein kaputter Sonnenschirm.

Kleine Kauze riefen, als ich am Südwald vorbeiging. Die Luft war still. Vögel fraßen auf den Äckern, wo das Eis geschmolzen war. Singdrosseln hüpften und sprangen, um die hervorkriechenden Würmer zu picken. Die Drossel hat etwas sehr Kaltes, wie sie wieder und wieder aufhorcht und starren Blicks, der nicht sieht, was er tut, den Grasteppich durchbohrt. Ein Amselmännchen, gelber Schnabel, hervorquellendes Krokusauge, starrte in die Gegend wie ein wütender kleiner Puritaner mit einer Banane im Mund. Ich ging in den Wald.

Das Laub knirscht vor Frost. Das Flüstern und Lispeln einiger Meisen, die in den Wipfeln fressen, kratzt an der Stille. Ein Wintergoldhähnchen nähert sich, ein winzig grünliches Zucken im dunklen Wald, tonsuriert mit einem Strich Blattgold. Seine Augen leuchten groß und hell, betrachten sorgfältig jeden Zweig, bevor es entscheidet, wohin es springt. Nie steht es still, während es mit großem Geschick die Insekten aufpickt. Von Nahem klingen die spitzen Eiskämme seines Rufes erstaunlich kräftig, doch sowie es sich entfernt, sind sie schon bald nicht mehr zu hören. Jäh steigt aus dem Farngestrüpp ein Fasan auf, schnellt zwischen den Baumwipfeln davon wie ein straff gewickeltes Gummiband, das plötzlich losgelassen von der Trommel wirbelt.

Das Licht steht in den Waldsenken wie Totwasser. Birkengezweig wie ein weinartiger Schleier. Ein Bergfinkmännchen ruft sein quietschend nasales ›iez-iet‹, schlägt und wippt mit dem Schwanz. Sein Unterbauch ist orange-weiß; ein strahlendes Orange wie ein Sonnenuntergang auf silbernem Birkenmuster. In dichtem Schwarm lassen Zeisige ihr scharfes, raues Trällern hören, picken kopfüber hängend an Birkenknospen, ehe sie flugs davonhüpfen. Eine Rotdrossel bricht durch die Bäume. Strohhelle Überaugenstreifen lassen die Augen schief erscheinen. Das Rot seiner Flügelunterseiten schimmert wie blutverschmiert.

Ringeltauben, gefräßige Unschuldswesen, erheben sich als grauer Atem von jeder gefrorenen Furche. Früh fliegen sie zur Nachtruhe heran, von tiefen Sonnenstrahlen in glimmendes Gold getaucht, das sich in Violett verliert, wenn sie die Wipfel erreichen. Nun ist ihre Farbe die des blassvioletten Rands eines klaren Himmels kurz nach Sonnenuntergang. Die Falken folgen Taubenschwärmen wie Rothäute einst den Büffelherden oder Löwen den Zebras. Die Ringeltauben sind der Falken Vieh.

Die Stockenten fliegen die Wälderlinie entlang hinunter zum See. Als ich durch mein Fernglas zu ihnen aufschaue, sehe ich zum ersten Mal eine sehr hoch kreisende Wanderfalkin, die im schwindenden Licht flattert und segelt. Sie stößt nieder, vergrößert sich wie eine Pupille, die aus hellem Tageslicht in die Dunkelheit kommt. Sie hat die Größe einer Lerche, dann eines Hähers, einer Krähe, einer Ente. Die Stockenten versprengen sich und steigen auf, als die Falkin zwischen sie fährt. Sie steilt wieder in den Himmel, kurvt auf und ab mit dem Schwung des Sturzflugs und rammt gegen eine der Enten, die sie in einen Federwust zersprengt. Ineinander verkeilt, gleiten sie über den Wald und sausen dann hinab auf den gefrorenen Weg. Die Stockenten fliegen die Wälderlinie entlang hinunter zum See. Nichts hat sich geändert, nur eine ist fort.

Oben am steilen Hang des Hügels fliegen die Wacholderdrosseln zu ihren Schlafplätzen. Es ist fast dunkel. Hohe, ergraute Kiefern ragen mit ihrer knöchernen Ruhe in die Hügelsilhouette. Es scheint, es müsste hinter ihnen ein Abgrund sein, und Dunst, und weiter nichts. Stille hängt an ihren Zweigen. Kalt und metallisch schmeckt die Luft. Der Terzel fliegt den Baum hinauf wie ein Schatten. Er ruft einmal: ein Geräusch, so endgültig wie das Rasseln eines Fallgitters. Die leuchtenden Augen schielen aufwärts, sind plötzlich schlafummantelt. Dann plustert der Falke die Federn, harmlos und kuschelig sieht er jetzt aus. Nur die gepanzerten Beine und sicheligen Zehen können sich nicht entspannen, tun es ein Leben lang nicht.

21. Dezember

Wolkenartig überflogen Ringeltauben die großen Felder zwischen Fluss und Bach, und unter kreisenden Kiebitzen und Möwen flogen an die einhundert Stockenten auf. Irgendwo im rauschenden Getümmel aus Flügeln und Staub erschollen die an- und abschwellenden Rufe der Brachvögel. Der Terzel stieg ostwärts in ruhige, klare Höhen auf. Von der Sonne sank langsam etwas Nebel.

Auf den Bäumen bei der Furt lagen graue Geflechte von Ringeltauben. Über eine Stunde lang flog keine von ihnen auf; einige verharrten sogar noch länger. Im Norden wie Süden waren alle Bäume von ihnen belagert, sie säumten die Hecken, saßen dicht gedrängt in den Obstgärten am Hang, und selbst in den dahinterliegenden Wäldern – die sich bis zur Anhöhe am Horizont erstreckten – waren die Bäume grau und schwer behangen. Nur die tödliche Bedrohung eines kreisenden Falken konnte dreitausend Ringeltauben von den Feldern holen und über eine Stunde lang in eine solche Starre versetzen, dass es keine mehr wagte aufzufliegen.

Ich wartete an der Brücke. Die Vögel gaben keinen Laut, kein Wind wehte. Wie ein brennender Mond flackerte die Sonne im Dunst. Ich verharrte stockstarr. Nach ein Uhr wurde der Himmel klarer, von Norden her kam Wind auf. Kiebitze flogen über den Südwald und segelten flach über die Felder. Es war an der Zeit weiterzuziehen. Ich stieg den Hügel hinauf und ließ den Blick auf der Suche nach einem Falken über die Bäume streifen. Am oberen Teil des Südwalds fallen weite Wiesen ab, und am äußersten Waldrand steht eine einzelne kleine Eiche. Ein Zweig nahe dem Wipfel hatte eine leichte, unnatürliche Krümmung. Im Fernglas wuchs sie sich zu einem Falken aus, der dort eulengleich ruhte, kugelrund, scheinbar harmlos zusammengekauert. Der Nebel hatte sich verzogen. Erste kleine Flauschwolken wurden vom Wind herangetrieben. Der Falke schaute hinauf in den Himmel und das kalte, klare Nachmittagslicht. Zu dieser Zeit kann man an Wintertagen beobachten, wie das

Licht irgendwann kippt, langsam ausflockt und quecksilbern kalt im Westen vergeht. Plötzlich hat man das Gefühl, etwas sei zu spät, und ganz sicher spürt der Falke es auch. Nachdem er lange die Flügel gedehnt und die Beine gestreckt hatte, flog er um Viertel nach zwei vom Baum auf, mit weit ausholenden Flügeln und begierig nach vorn strebendem Kopf.

Über einem Gehöft fand er wärmere Luft und stieg in die Höhe. Zwanzig Minuten sah ich ihm zu, wie er über den engen, bewaldeten Niederungen und dem dahinterliegenden Hügel jagte. Er bewegte sich in einer komplizierten Abfolge kleiner, verschränkter Kreise, wie beim Weben eines Maschenzauns, wobei er abwechselnd nach links und rechts fädelte. Im ersten Drittel jedes Kreises schlug er heftig und ausladend mit den Flügeln, in beschwingtem, gleichmäßigem Takt. Dann senkte er sie elegant auf eine gerade Linie, ehe er sie segelnd langsam wieder anhob. Wenn er eine Runde vollendet hatte, standen seine Flügel hoch aufragend über dem Rücken, zu erneutem Schlagen bereit. Im Gleiten war er schneller als beim Schlagen. Die gesamte Runde flog er wunderbar geschmeidig.

Bei achthundert Fuß endete sein Anstieg. Mit denselben gleichmäßigen Bewegungen überflog er gemächlich die Niederung, einmal längs, einmal quer. Dohlen und Tauben flogen auf, aber es gab keine wirkliche Panik. Noch eine halbe Stunde später schimpften die Amseln im Obstgarten hinter mir. Südlich des Waldes, über dem leeseitigen, parallel zu den Strahlen der niedrigen Sonne abfallenden Gelände, stieg der Falke plötzlich höher und strich ausgedehnt segelnd in größeren Kreisen dahin. In tausend Fuß Höhe zog er südwärts, glitt langsam im Wind. Über der offenen Landschaft fand er erneut Auftrieb und schraubte sich hinauf, bis er sehr hoch und sehr klein war. Aus dieser Höhe ging er über der Allmende in leichten Sinkflug gen Horizont. Doch bald stieg er in steiler, hypnotisch flackernder Spirale wieder auf, die langen Flügel unermüdlich, unersättlich schlagend. Er flirrte und wand sich und wurde immer kleiner über dem spitzen Hügel, hinter dem er, von der Entfernung plötzlich beschwichtigt, schließlich herabsank. In klar geschnittenen, kraftvollen Bögen stahl er sich mit geschmeidig muskulösem Schwung aus einem grotesk blauen Himmel davon.

22. Dezember

Der kürzeste Tag: trübe und kalt, mit einem plötzlichen Auflodern der Sonne vor der endgültigen Dämmerung. Am Bach lag einige Beute: Kiebitz, Dohle, Brachvogel, Ringeltaube und zwei Lachmöwen. Um ein Uhr stellte der Terzel wieder und wieder einer flink ausweichenden Möwe nach. Mehrmals kam er am Nordhang des Hügels in einem ›J‹ heruntergesaust, jedoch ohne Erfolg; dann sah ich ihn nicht mehr.

Noch lange nach Sonnenuntergang wartete ich am Hang des Hügels und dachte an die Wanderfalken. Nur wenige überwintern noch in England, und noch weniger nisten hier. Vor zehn, selbst vor fünf Jahren war das anders. In fast jedem Winter sah man Wanderfalken: in den North Kent Marshes von Cliffe bis zur Isle of Sheppey; im Medway Valley; über den künstlichen Seen des Colne Valley und auf der blank geputzten Ebene von Middlesex; entlang der Themse von London bis Oxford und darüber hinaus; über den Berkshire und Wiltshire Downs; an den Steilhängen der Chiltern Hills; oben auf den Cotswold Hills und in den tiefen, schmalen Tälern der Cotswold-Flüsse; in den weiten Flussebenen der Trent, der Nene und der Ouse; über den Marschen von Fenland, dem trockenen Breckland und bei den Ufern der Wash; entlang des östlichen Themseufers bis hinauf zum Humber. Das waren die üblichen Winterquartiere, die ganze Dynastien von Wanderfalken gekannt und aufgesucht hatten und die nun verlassen sind, weil die Nachkommen fehlen, die alten Brutstätten verwaisen, die Erblinie abgerissen ist.

Genau westlich von hier, achtzig Meilen entfernt, beginnt die

Landschaft im Norden von Oxford anzusteigen. Langsam entfalten die Hügel ihre weiten Horizonte, und das Land hängt, in Kalkstein aufbrandend, wie eingefrorene grüne Wellen über der Severn-Ebene. Das Besondere an Cotswold liegt in der Luft und im Gestein; es hat etwas sehr Pures und Kaltes. Ich erinnere mich an die Wanderfalken auf diesen winterlichen Hügeln. Sie hockten auf den wellenförmig gebuchteten Kalksteinwänden, die in der einbrechenden Dämmerung, selbst wenn alle Felder schon dunkel waren, noch lange leuchteten und glühten, als schiene tief im honigfarbenen Stein ein langsam erlöschendes Licht. Hoch und heraldisch schauten die Wanderfalken vom Grat der Buchen herab und sahen die laublodernden Horizonte den Winterhimmel umschließen, diesen riesigen Cotswold-Himmel, durch den Schwärme von Regenpfeifern drifteten wie Weltraumgeröll durch die Erdumlaufbahn. Cotswold ist ein ganz eigener Ort, entlegen, abgeschieden. Licht, Kälte, Himmel und Wolkenreich sind dort einmalig. Mit Worten lassen sie sich nicht einfangen. Ich erinnere mich, wie ich einmal an einem ähnlich frostigen Tag einem Wanderfalken in eine Flussniederung folgte. Auf den Hügeln war es kalt; der böenlose Wind blies mir unablässig einen leichten Eishauch ins Gesicht. Doch als ich in die steilwandige Niederung hinunterradelte, erwartete mich dort eine Kälte, wie ich sie nicht für möglich gehalten hätte. Ganze Eisplatten schienen an meinem Gesicht zu zerschellen. Die Luft roch nach Eisen, hart und unerbittlich. Mir war, als tauchte ich in grünliche Schichten eines eisigen Meeres. Aber ich erinnere mich mit Zärtlichkeit und Sehnsucht an diese Wintertage, an denen die gefrorenen Felder vor sich bekriegenden Falken erstrahlten. Es ist traurig, dass es nie wieder so sein wird.

Die Kreidefelsen des Südens; der Himmel wie blauer Rauch, der von der Sonne aufsteigt; dazu ein starker, kalter Nordost. Doch die Luft im Lee der Felsen warm und stickig wie in einem Zelt. Der Wind pfiff vom Land auf die brausende See hinaus, zerstob die

Wellen in Gischt. Das Meer war eine kalte Wand aus grünem Nass, durchzogen von Smaragd und Türkis, mit dicken, kobaltglasierten Äderungen, die in der Ferne zu Amethyst und purpurnem Dunst verschwammen. Ein Gemenge aus grüner Gischt, majestätischen Farben und weißen Wellen, die zischend auf den Kieselstrand stürzten.

Ich kletterte über Kalkblöcke und veralgte Felsen, stolperte über harte Streifen von Sand, kühl, unberührt, nur von den Wellen geformt. Auf den Klippen lärmten Dohlen und Silbermöwen. Der helle, metallische Gesang eines Felsenpiepers trieb langsam den steilen Hang hinunter. Das Meer zog sich zurück. Der Tag wurde noch heißer und stickiger; zweihundert Fuß über mir fauchte der flatternde Sturm hinaus auf die See. Die sengenden weißen Felsen spiegelten schimmernd Hitze und Licht. So oft war mein Blick an das blendende Weiß der Felsen gestoßen, dass mir die Augen schmerzten. Gegen drei Uhr hatte ich alle Hoffnung auf Falken aufgegeben. Dann, von der letzten hohen Bastion vor dem Horst glitt ein Terzel geruhsam hinaus auf See, segelte im Wind, bis Gischtschleier ihn verbargen. Ich ging näher an die Klippen. Von einem Felsvorsprung nahe der obersten Kante startete nun auch die Falkin und flog dem Terzel hinterher. Zusammen stiegen sie auf und verschwanden in den fernen Himmel.

In den nächsten Tagen sah ich die beiden viele Male. Sie hatten eine Nestmulde, aber keine Eier oder Junge. Sie verbrachten ihren Tag damit, auf den Klippen zu sitzen oder auf See hinauszufliegen. Ihre Beute erjagten sie ganz früh am Tag und spät am Tag im Binnenland, was nie lang dauerte. Sie wirkten steril und gelangweilt; sie bargen keinerlei Sinn.

Ihre Oberseite war tiefblau wie das Meer, die Unterseite weiß wie überschatteter Kalkstein. Stundenlang segelten sie in der stürmischen Luft über Felsen und flachen Wassern, vielleicht in der Absicht, Eindringlinge vom Nistplatz abzulenken. Träge über dem glitzernden Ärmelkanal segelnd, waren sie selbst bei klarstem Sommerhimmel auch mit sechzigfacher Vergrößerung nicht im Fernrohr zu sehen. Sie pflegten keinen Gesang. Ihre Rufe klangen schroff und hässlich. Doch ihr Segeln war wie ein stummes, fortwährendes Singen. Was hatten sie sonst zu tun? Sie waren jetzt Seefalken; nichts hielt sie auf dem Land. Ein böses Gift brannte in ihnen wie eine sprühende Lunte. Ihr Leben war ein einsamer Tod und würde kein neues mehr hervorbringen. Ihnen blieb nur, ihren Ruhm zum Himmel zu tragen. Sie waren die Letzten ihrer Art.

23. Dezember

Ein strahlender, frostiger Tag, dessen Strahlen langsam, Stunde um Stunde, verglühen. An den stillen Rändern eines hochbeschilften Tümpels, gesäumt von dunklem Eis, flattern Zwergschnepfen auf. Sie zirpen zaghaft, huschen davon, erheben sich mit zögerlich stotternden Flügelschlägen und lassen sich einfach in Deckung fallen, als wären sie zu schwach zum Weiterfliegen. Es gelingt mir nicht, sie noch einmal aufzuscheuchen. Schnepfen lodern auf und sind verpufft. Zwergschnepfen verbrennen langsam, flackern erst noch, ehe sie langsam verglühen.

Ein Waldwasserläufer taucht aus der Furt auf und wedelt matt mit steifen Flügeln, ruckhaft ungleichmäßig wie eine Libelle; weiß scheint die Brust zwischen den schwarzen Flügeln. Drosselgroß, gedrungen, scheinbar schwächlich, springt er von dannen wie ein Knallfrosch. Sein Flug hat etwas sprunghaft Zuckendes. Das Wackeln und Wedeln rührt nicht von Angst; es ist sein natürlicher Flug.

Der Nordwald ist still. Ich beobachte einen Waldbaumläufer bei der Nahrungssuche. Sein gebogener Schnabel sieht genauso grausam aus wie der eines Falken, schmale Kralle, gefährlicher Dorn. Er klettert einen Baum hinauf, den nächsten hinab und durchkämmt so den gesamten Wald von Osten nach Westen, keinen Baum lässt er aus, keinen prüft er doppelt. Wie systematisch er vorgeht, erkennt man erst, wenn man ihm sehr lange folgt. Lässt er einmal einige Bäume aus, kehrt er unweigerlich später zu ihnen zurück. Er spreizt die Beine über die Rinde, die großen, spinnenhaften Füße weit auseinander, bewegt sich froschhaft hüpfend in die Höhe, höhlt und pickt aus den Rissen die Insekten, von seiner eierschalweiß glänzenden Brust bestrahlt. Mit seinem Schnabel kann er komplizierte Bohrungen vollführen, aber auch stoßen und hämmern oder im Flug Insekten fangen. Er jagt mit Augen und Ohren, späht von nah in die Rinde oder lauscht mit geneigtem Kopf. Beim Hinaufklettern drückt er seinen Schwanz als Stütze gegen den Baum, tut dies aber nicht immer; oft sind einige Zentimeter Luft zwischen Schwanz und Rinde. Er kann seitwärts laufen oder auch kopfüber wie ein Kleiber. An Verästelungen zögert er und späht alle Äste entlang, ehe er sich für einen Weg entscheidet. Durchdringend schallt sein hoher, dünner Ruf aus dem weit geöffneten Schnabel. Seine Unterseite ist weiß, hier und da mit einem leichten Grünstich, ähnlich einer frisch gehäuteten Zwiebel. Die Kennzeichnungen auf den eingeklappten Flügeln erinnern an ausgebleichte Motten. Wie auf Baumrinden mischen sich sein Grau und Beige und Braun, die dem Licht und Schatten der Grate und Kerben im Wald entsprenkelt scheinen. Der Waldbaumläufer versilbert in der Sonne gleich einer glänzenden Wasserspitzmaus. Wie die Maus verharrt er stockstarr, wenn ein Falke vorüberfliegt.

Das Licht schwirrt aus zu den Waldrändern und hinaus auf die abendlichen Felder. Ein Waldkauz ruft aus dem dunklen hainbuchenen Herz des Waldes. Ein kraftvoller, ächzender Ton; gefolgt von langer, horchender Stille, die beinahe unerträglich wird; dann schießt er tremoloartig die fein aufgereihten Bläschen seines hohlen Gesanges hinaus. Das Echo hallt hinunter bis zum Bach und durchbricht die eisesstarre Luft. Ich schaue nach Westen in das vielschichtige Licht. Schwarz hebt sich ein Reiher vom gelben Himmel ab, den Hals heruntergebeugt, mit geöffnetem Schnabeldolch, und gleitet lautlos hinab ins dunkle Bachtal. Der Himmel ist in roten Abendschein getränkt.

Sanft segelt der Falke durch das Abendlicht und wischt lautlos flügelschlagend darüber. Er sucht nach Sternbildern aus schmalen Augen, sieht aus den Sümpfen die planetenrunden Pupillen einer männlichen Waldschnepfe aufschauen, zieht die Flügel zurück und schießt nieder zum Licht. Das Schnepfenmännchen steigt auf, taucht unter dem Fallbeil des Falken davon und flattert fort. Es wird eingeholt und getroffen. Mit dumpfem Prall zerschmettert es am Boden. Der Falke landet auf dem verendenden Tier, packt es mit dem Schnabel am Nacken. Die Knochen brechen wie Stacheldraht, den eine Zange durchknackt. Der Falke stupst das tote Tier, um es zu drehen. Noch flattern die Flügel, dann liegt es auf dem Rücken. Ich höre das Rupfen der Federn, das Reißen am Fleisch, das Knacken und Bersten des Knorpels. Ich sehe das schwarz perlende Blut am schimmernden Schnabel des Falken. Aus der Tiefe des Waldes krieche ich unter die helleren Schatten einzelner Bäume. Der Falke hört es, schaut auf. Seine weißumrandeten Augen sind voller Dämmerglanz. Ich robbe näher heran, die Knie durchweicht vom morastigen Grund. Dünnes Eis bricht. Wo die Sonne zuletzt noch schien, gefriert es jetzt. Der Falke reißt an seiner Beute, schaut auf. Vier Meter trennen uns, und doch ist die Entfernung unüberbrückbar wie eine tausend Fuß weite Gletscherspalte. Ich schleppe mich qualvoll vorwärts, dicht am Boden gleich einem verwundeten Vogel. Er beobachtet mich, bewegt den Kopf, sieht mich abwechselnd mit dem rechten und linken Auge an. Ein Otter pfeift. Irgendetwas platscht in die stechend kalte Tiefe des Bachs. Der Falke schwankt jetzt auf dem schmalen Grat zwischen Neugierde und Angst. Was denkt er? Denkt er überhaupt etwas? Das hier ist neu für ihn. Er weiß nicht, wie ich hierhergekommen bin. Langsam verstecke ich mein blasses Gesicht. Er hat keine Angst. Er beobachtet den weißen Glanz meiner Augen. Unbegreiflich ist ihm das Staccato meines Blicks. Könnte ich das Blinzeln lassen, bliebe er sitzen. Aber das kann ich nicht. Ein Flügelhauch bläst mir ins Gesicht. Der Greif ist in die Bäume aufgeflogen. Eine Eule ruft. Ich stehe über seiner Beute. Die Sterne spiegeln sich im roten Eis.

24. Dezember

Heftiger Ostwind härtete den Tag zu lupenreinem Kristall. In Säulen trieb Sonnenlicht über das Land. Das unerbittliche Leuchten der Luft war hart, gellend, kalt und rein, unnahbar wie das Gesicht eines Toten.

Unweit des Bachs lag ein Reiher zwischen gefrorenen Stoppeln. Seine Flügel hafteten vom Frost am Boden, und auch sein Schnabel war zusammengefroren. Die offenen Augen waren noch lebendig, der Rest tot. Alles war tot bis auf die Furcht vor dem Menschen. Als ich näherkam, sah ich, wie sein ganzer Körper sich zur Flucht aufbäumte. Aber er konnte nicht mehr fliegen. Ich gab ihm Frieden, und sah die verbleichende Sonne seiner Augen langsam in Wolken genesen.

Kein Schmerz, kein Tod ist für ein wildes Tier so schlimm wie die Furcht vor dem Menschen. Ein gänzlich verölter Sterntaucher, der nur noch seinen Kopf bewegen kann, wird sich, sobald man ihm zu nahe kommt, mit dem bloßen Schnabel vom Festland wegschieben, vor dem er hilflos im Meer liegt wie Treibholz. Eine vergiftete Krähe, die mit aufgerissenem gelbem Schnabel im Gras liegt und hellgelben Schaum spuckt, wird bei dem Versuch, sie zu fangen, sich wieder und wieder in die haltlose Luft raffen wollen. Ein Kaninchen, das von der Seuche schon aufgedunsen und angefault ist, nur noch ein zuckendes Herz in einer Hülle aus Fell und Knochen, wird die Erschütterung Ihrer Schritte hören und Sie mit vortretenden, blinden Augen anstarren. Dann wird es sich zitternd vor Angst in einen Busch schleppen.

Wir sind die Mörder. Wir stinken nach Tod. Wir tragen ihn in uns. Er haftet an uns wie Reif. Wir kriegen ihn nicht vom Leibe.

Am Mittag kreiste der Falke über dem Hügel, und Kiebitze strömten und segelten durch den Himmel. Sie waren auf ihrem morgendlichen Streifzug von Südosten hereingekommen, und der Falke hatte sich zu ihnen gesellt. Er stürzte nieder. Eine Ringeltaube fiel wie tot herunter, spreizte die Flügel und landete mit dumpfem Prall in auffliegende bereifte Erde. Dort verharrte sie zehn Minuten und schaute mit geöffnetem Schnabel nach oben. Auf dem weißen Feld schimmerte sie grau-violett wie Spargelkohl.

Ich stieg tief in die Schlucht des engen Waldes. Weißbuchen und Eschen dämpften den Sonnenschein. Viele Vögel fraßen an steilen Hängen, wo der Reif geschmolzen war. Nahe am Wasser zupften Waldschnepfen an Brombeersträuchern. Sie flatterten leicht mit den Flügeln. Ein kleiner dunkler Fleck zog durch die zugerankte Sonne, wie der Schatten von etwas weiter oben. Dreißig Meter vor mir schwang er sich durch das dichte Holz auf einen Eichenast, um zu rasten. Es war ein Sperber. Von der Freude eines solchen Augenblicks kann man ein Leben lang zehren, mag auch die Erinnerung in ihrer Farbigkeit langsam verblassen wie das Gefieder eines ausgestopften Vogels in der Vitrine. Beim Blick durchs Fernrohr schienen meine Augen dem kleinen Sperberkopf erstaunlich nah. In seinen Proportionen gleicht er eher dem Kopf eines Rebhuhns oder einer Henne; rundlich am Scheitel, auf dem die Federn nach hinten zu einem leichten Kamm ansteigen. Der gewölbte, stark nach unten abfallende Schnabel sah aus wie tief ins Gesicht eingedrückt. Das graubraune Federkleid war von gelben Streifen und Flecken gezeichnet, die zwischen den Baumrinden und gesprenkelten Kronen aus sonnenbeschienenem Laub eine gute Tarnung boten. Nach seiner Landung beugte er sich leicht nach vorn, reckte den Hals und schaute sich um. Lautlos und elastisch zuckend fuhr sein Kopf zu allen Seiten. Im Verhältnis zum schmalen, abgeflachten Kopf waren die Augen riesig. Sie hatten kleine, dunkle Pupillen, die eine breite gelbe Iris umgab. Aus ihnen sprach blendende Leere, ein erschreckender Wahn aus sengendem Gelb, tobend und brodelnd wie Schwefelkrater. Sie schienen in der Trübnis zu glänzen wie ein Gelee aus gelbem Blut.

Der leuchtende Wahn erlosch. Der Sperber entspannte sich und begann sich zu putzen. Dann flackerte sein Blick wieder auf. Behutsam schwang sich das Tier von seinem Ast und huschte nach Osten davon. Es stieg auf und ab, folgte den Konturen der Landschaft, deckelte knapp über dem Hainbuchenwald und schlängelte sich durch die hochstämmigen Eichen. Es segelte nicht. Seine Flügel schlugen schnell, ausladend und sehr leise, eulengleich, wedelten mit den gespreizten Spitzen ihrer Handschwingen leicht durch die Luft. Eicheln- oder haselnussfressende Ringeltauben sehen den Sperber nicht, bis er sich von einem Baum auf sie stürzt. Sie kämpfen zwar, doch sind sie unbewaffnete matronenhafte Geschöpfe, die es mit den gefährlichen Greifen des Sperbers nicht aufnehmen können. Erst einmal zu Boden gerungen, werden sie dort vom niederfahrenden Schnabel gerichtet.

Der Sperber lauert in der Dämmerung; in der echten Dämmerung vor Tagesanbruch, aber auch in der staub- und spinnennetzbedeckten Dämmerung von Hainbuche und Hasel oder der gewichtig-düsteren Dämmerung von Fichte und Lärche. Er passt sich in die Bäume ein, als hätte man ihn dort hineingeworfen, was mich an die Stöcke erinnert, die ich früher in die Esskastanien warf, um die Maronen herunterzuholen. Mit einem Mal blieb solch ein Stock in einem Ast hängen und war verloren, ohne dass man etwas tun konnte. So ist es manchmal mit dem Sperber: Man sieht ihn hineinfliegen, aber nicht mehr herauskommen. Dann ist er verloren.

Um drei Uhr kam ich aus dem Wald und sah den Wanderfalken westlich über dem Bach seine Kreise ziehen. Rücken und Armdecken glänzten in der Sonne, als wären sie mit harten, überlappenden Chitinschuppen bedeckt. Zwischen den schwarzbraun dunklen Handschwingen schimmerten sie wie rot-goldene Kettenhemden.

Als die Sonne untergeht, steigt kalte Luft vom Boden auf. Die augenbrennende Helligkeit des Lichtes nimmt noch zu. Der südliche Rand des Himmels verglüht zu einem tiefen Blau, zu Blassviolett, zu Purpur, schließlich zu Grau. Der Wind flaut langsam ab, die unbewegte Luft gefriert. Die feste Anhöhe im Osten ist schwarz, von einem Flor bedeckt wie die belegte Haut einer Traube. Der Westen lodert kurz auf. Der lange, kalte Bernstein des Abendrots wirft klare, schwarze Mondschatten. In dem Licht, das sich wie ein jetzt gefrorener, doch bei Sonnenaufgang erwachender und sich straffender Muskel über die Felder legt, steckt ein animalischer Zauber. Ich fühle mich angehalten, mich in diese betäubend dichte Stille hineinzulegen und tröstend die Sterbenden in diese kalten Tiefen der umgekehrten Sonnenwende zu begleiten: all jene, die vor dem kreisenden Falken geflohen waren, vor dem Sperber im Dunkel des Waldes, vor dem Fuchs, dem Hermelin, dem Wiesel, die nun über die gefrorenen Felder rannten, vor den schwimmenden Ottern im eisigen Bach Reißaus nahmen; deren Blut jetzt im jagenden Frost fließt, deren zartes Herz gerade die Klaue des harschen Winters zerdrückt.

27. Dezember

Im Südwald lag dichter Schnee, der den Bäumen schwarze, harte Konturen gab und die dünnen Töne der Vögel dämpfte. Zweige klapperten im Wind und wischten durch geheimnisvollen Schimmer. Ein Sperber schrillte Alarm. Sein hohes, näselndes Geschnatter, ein kurzer, kreischender Pfiff, klang wie eine zu schnell abgespielte Aufnahme vom Gesang der Nachtschwalbe, es ging auf und ab, verschliff sich langsam, ebbte ab, bis es wimmernd in Stille verging.

Der Sperber glitt sanft von den Bäumen, fahlen Schneestaub aufstiebend. Er zog in die offene Landschaft hinaus. Wo sie sich zum

Fluss hin absenkte, gab es eine geschützte Böschung. Dort hatte die Sonne den Schnee geschmolzen, und viele Vögel suchten im Laub nach Nahrung. Als alle Vögel aufstiegen, stieß der Terzel aus einem hohen Baum herab. Er traf keinen. Der Sperber flog weiter, verkannte offenbar die Gefahr. Der Falke drehte und stürzte auf ihn zu. Der Sperber riss die Flügel durch die Luft, flüchtete in den Schutz der Bäume. Der Falke folgte. Urplötzlich war die Stille der Hainbuchen von heftigem Flügelschlagen durchrauscht. Der Falke wartete an breiteren Stellen zwischen den Baumwipfeln, der Sperber webte sich durchs Unterholz. Der Falke war schneller, der Sperber wendiger. Wenn sich der Sperber setzte, tat der Falke es ihm nach. Sie musterten einander in der schneeerhellten Düsternis, die orangegesäumten Augen des Sperbers zum weißgerandeten Braun des Falken aufschauend. Die Augen des Sperbers glühten wie kleine ferne Feuer. Ganz in ihren wunderlichen Kampf versunken, schenkten die beiden mir keinerlei Beachtung.

Noch zehn Minuten ging die ausgewogene Verfolgungsjagd in sausend endlosen Kreisen durch Dornen und Eschen und Buchen. Auf so beengtem Raum würde es der Falke nicht riskieren niederzustoßen, der Sperber war in Sicherheit, solange er in Deckung blieb. Doch wusste er nicht, dass er in Sicherheit war. Er konnte sich nicht sicher fühlen, solange es den Falken über ihm gab. Plötzlich schoss er aus dem Wald hinaus aufs offene Feld. Von einem Baumwipfel ging der Falke nieder, griff den Sperber, noch ehe dieser hundert Meter weit gekommen war, und trug ihn hinunter auf den schneebedeckten Boden.

Später sah ich ihn. Es war ein ausgewachsenes Männchen gewesen. Seine grauen Flügel lagen wie Buchenrinde neben der geschälten Weide seiner glänzend gelben Knochen und den glutroten Federn seiner getigerten Brust.

Auf den Feldern lag knöcheltief der Schnee und glitzerte in der machtlosen Morgensonne. Viele Vögel sind fortgezogen, oder die Kälte hat sie zum Schweigen gebracht. In der kalten, angespannten Luft war keine Leichtigkeit, kein Wohlbehagen.

An der Landstraße, die durch die Niederung führt, hüpfte eine Dohle von Ast zu Ast und rief unablässig ihr hartes, schrilles ›tschak-tschak‹, ein Geräusch, als schlüge Holz auf Holz: Sie hatte einen Falken gesichtet. Als ich den schneeverwehten Pfad zum Bach hinunterging, flog mir der Terzel von einem Baum nahe der Brücke entgegen. Er glitt über mich hinweg, blickte zur Seite und nach unten. Zum ersten Mal kam mir der Gedanke, er könnte Ausschau gehalten haben, wann ich in der Niederung eintraf. Die Vorhersehbarkeit meiner Bewegungen könnte ihn ein wenig neugierig und zutraulich gemacht haben. Vielleicht sah er in mir einen permanenten Störer beim Erjagen seiner Beute, als wäre auch ich einer seiner Art. Der Schnee wird es mir erschweren, so dicht an ihn heranzukommen wie bisher.

Weißes Licht, das vom Schnee aufstrahlte, spiegelte sich unter der Brust des Falken als blassgoldenes Leuchten, das sich mit dem Beige und Dunkelbraun seiner Federn verwob. Der Scheitel seines Kopfes glänzte wie eine blassgelbe Mondsichel mit Elfenbein- und Goldintarsien. Zweihundert kauernde Stockenten bildeten schwarze Flecken im Weiß des Schnees; Ringeltauben und Lerchen tupften Kleckse und Spritzer darauf. Der Falke schaute herunter, sah sie alle, griff aber nicht an. Nahe der Straße setzte er sich auf einen Baum, den Rücken mir zugewandt, und kauerte sich auf die Größe einer Steckrübe oder eines kupferfarbenen Tropenkäfers zusammen. Herankommen sah er mich nicht, doch wandte er den Kopf, als er das Knirschen meiner Stiefel hörte. Er flog weiter, immer Richtung Osten, deutlich umrissen vor dem Weiß des Schnees und dem leuchtend eierschalweißen Himmel, aber jählings verborgen vom schwarzen Spalier der Wälder.

Und so flog er: Die Armschwingen spreizten sich um 45 Grad vom Körper ab. Weiter bewegten sie sich nicht. Sie schnellten ein wenig nach vorn, wenn die Handschwingen zurückgingen, und leicht zurück, wenn diese sich streckten. Die Handschwingen fuhren in einer schnellen, elastisch rudernden Drehung herum. Keine zwei Flügelschläge waren gleich. Es gab immerwährend Abweichungen bei Hub, Geschwindigkeit und Radius der Schläge. Ein Flügel schien bisweilen tiefer zu gehen als der andere, wodurch sich der Falke drehen und neigen konnte. Die Flughöhe blieb niemals gleich, immer stieg oder fiel sie leicht. Dieser Vogel besitzt eine außergewöhnliche Kraft und erstaunlich individuelle Züge; mit jedem beherzten Schlag, jedem zarten Zurückziehen seiner langen, sich zuspitzenden Luftruder schwingt und gleitet er weiter von dannen.

Ich folgte ihm nach Osten, fand ihn aber nicht wieder. Im Norden schwebten blassweiße Schneewolken vor dunkel blaugrauer Konterschattierung. Sie wirkten sehr hell und weich, kamen aber keinen Deut näher. In den Wäldern wurde den ganzen Tag über geschossen, und zur Dämmerstunde reihten sich Flinten vor jeder Hecke. Die Ringeltauben finden keine Nahrung, keine Ruhe. Tausende fliegen nach Norden, Tausende bleiben. Ein paar dünnhalsige Drosseln mit ausgemergelten Flanken pickten kraftlos in den Gräben. Zwei hagere Reiher staksten durch seichte Stellen im Bach, wo das Wasser noch frei floss. Eine türkisfarbene Welle gefror auf einem Stein zu einem Eisvogel, zerbrach wieder und floss um die nächste Bachbiege.

Ich meide Menschen, doch seitdem Schnee liegt, fällt es mir schwer, mich zu verbergen. Ein Hase stob mit angelegten Ohren davon, mitleiderregend groß und auffällig. Ich nutze jede mögliche Deckung. Fühle mich wie in einer fremden Stadt während eines Aufstands. Unaufhörlich knallen Gewehre und trampeln Stiefel durch den Schnee. Ich bekomme das unangenehme Gefühl, gejagt zu werden. Aber ist das so unangenehm? Ich bin jetzt Einzelgänger wie der Falke, dem ich folge.

Abgebrochene Schneesäulen ragten über Wege, die aus drei Meter hohen Verwehungen herausgegraben worden waren. Die Landstraßen hatten Kanten und Zähne aus Eis und glänzten matt wie gefrorene Flüsse. Stieglitze funkelten in schneeerhellten Hecken. Möwen und Krähen streiften über die weißen Strände der Felder auf der Suche nach gestrandeten Kadavern. Hunderte von Ringeltauben flogen unter tiefen Wolken durch leichten Nebel nach Nordosten.

Das erste Vogelgeräusch, das ich hörte, kam von einer Amsel bei der Furt, die am Mittag zu schimpfen begann. Sie hielt inne, als der Wanderfalke langsam nach Norden in den Nebel flog. Beim Bauernhof fraßen tausend Ringeltauben Rosenkohl. An jedem Stängel hingen drei bis vier Vögel, während andere um sie herumflatterten oder abwartend im Schnee saßen. Die umliegenden Felder waren schwarz von ruhenden Tauben. Der Schnee blieb unter ihnen verborgen. Schüsse fielen, und viele Vögel sanken tot um. Die anderen brausten in den Himmel auf. Der weiße Himmel wurde schwarz, der schwarze Boden wieder weiß. Das Schlagen der Flügel klang aus einer Meile Entfernung wie ein Flugzeug, das in die Luft steigt. Unfassbar laut und tosend wie ein Erdrutsch hallte das Geräusch einhundert Meter vor mir wider und hüllte das Gewehrkrachen und die Rufe der Männer in sich ein. In den Wäldern und Obstgärten waren noch Tausende verzweifelter Vögel, die in riesigen Scharen nach Norden oder Nordosten flogen, um dem Weiß unter sich zu entfliehen. Vor den Gewehren sinken sie nieder wie die Kavallerie bei Balaklawa. Im Bann des Hungers fehlt ihnen jede Listigkeit. Vor den Gehöften stapeln sich ihre Leichen. Die grauen Gesichter ermattet, der Augenglanz zunichte.

Über dem Bach rüttelte ein Eisvogel. Sein Rumpf schien zwischen zwei silberglänzenden Sphären aus Wasser zu schweben, so schnell schlugen seine Flügel. Halb tauchte, halb fiel er, und krachend schlug sein Schnabel aufs Eis; es klang, als würde ein Knochen brechen. Der Eisvogel konnte zwar den Fisch unter dem Eis sehen, wusste aber nicht, was Eis war. Benommen oder tot lag er auf dem Bauch, ausgestreckt wie eine Kröte mit prachtvoller Färbung. Eine Minute später taumelte er wieder hinauf in die Luft und flog kraftlos bachabwärts.

Noch gibt es ein paar kleine offene Bereiche, aber auch sie werden bald zugefroren sein. Letzten Sommer nisteten Eisvögel am Ufer des Wasserlaufs, der durch den Südwald zum Bach hinabfließt. Der morastige Boden unter den hohen, dünnen Bäumen schimmerte vor Dotterblumen. Auf den höheren Hangwiesen lagen Glockenblumen als blauer Nebel über dem Gelb. Das zitternde, schrille Lied eines Eisvogels – das klingt, als würde er beim Rufen tief ein- und ausatmen – tönte durch den Wald und die Windungen des Wasserlaufs entlang bis zu mir. Plötzlich tauchte der Eisvogel vor mir auf, rüttelte, und flog lautlos wieder fort. Umrahmt von grün schimmernden Sonnensprenkeln, die aufs Wasser fielen, sah er aus wie ein Mistkäfer mit leuchtenden Flügeldecken. Ein Glanz wie von einem Glühwürmchen ging von ihm aus, als wäre er unter Wasser in eine Blase aus silberner Luft getaucht. Mit smaragdblau wehendem Schleier verdeckt er den Widerschein der Sonne. Jetzt stirbt er im blendenden Licht des Schnees langsam dahin. Bald wird ihn Eis begraben, das er nicht mehr aufbrechen kann, in dunklem Kokon zu Frostlicht zerquetscht.

Ein weißer Pilz wuchert über seinem Auge und zieht wie ein Schmerz die Nervenbahnen entlang.

9. Januar

Heute schien zum ersten Mal in diesem Jahr die Sonne. Es war der klarste, kälteste Tag, den ich jemals erlebt habe. Nördlich des Furtwegs stand ein Reiher knietief im Schnee. Trotz des rauen Windes wankte er nicht; seine langen grauen Federn lagen glatt an. Majestätisch, gefroren, tot trotzte er dem Wind in seinem dünnen Sarkophag aus Eis. Schon schien er Dynastien von mir entfernt. Ich habe ihn überlebt wie der brabbelnde Affe die Dinosaurier.

Ein geschwächtes Blesshuhn lief verstohlen über den zugefrorenen Bach, mit gedämpftem, arthritischem Schritt; dem Gang eines Sterbenden, und dennoch herzzerreißend komisch anzusehen. Knospenfressende Dompfaffen verliehen den weißen Obstgärten Farbe. Waldschnepfen stoben in wildem Schneegestöber aus den Gräben.

Um ein Uhr flatterte eine Zwergfledermaus über den Weg, wedelte und schnellte umher, als würde sie Insekten fangen. An einem derart kalten Tag konnten aber keine in der Luft sein. Vielleicht hatte das Sonnenlicht sie betört, und sie tanzte einen sommerlichen Traum. Die weißen Felder waren übersät von schwarzen Felsen aus Vögeln; mit den massigen Gestalten von Stockente, Sumpfhuhn und Rebhuhn; den schmaleren Silhouetten von Waldschnepfe und Taube; oder auch mit den kleinen Punkten und Streifen von Amsel, Drossel, Fink und Lerche. Es gibt keine Tarnung. Der Falke hat jetzt leichtes Spiel. Seine Augen sehen Landkarten in Schwarz-Weiß, wie einen rauschenden Stummfilm. Alles Schwarze, was sich bewegt, ist Beute.

Der Terzel stürzte sich in den Wind und glitt über eine wallende Woge aus Vögeln. Als die Welle nach oben brach, stieß er quer durch ihr Herz, dass der Puls stockte und die Vögel sich zurück in den Schnee warfen. Eine Ringeltaube flog mit dem Falken weiter; schlaff in der Schlingfalle seiner Klaue flatternd, verstreute sie rote Federn und stockendes Blut.

18. Januar

Diesige, wolkenlose Stille; die kleine Sonne blass im weißen Himmel versunken. Der gefrorene Fluss krachte und barst zu Diamanten aus Eis. Bei Dämmerung lag er wieder in kalte Starre versiegelt. Einige Tümpel waren massives Eis. Man hätte sie hochheben können, ohne dass Wasser zurückbliebe.

Um drei Uhr sah ich den Terzel auf der anderen Seite des Flusses. Er rüttelte, stieß nieder und schnellte in untypischer Weise über den Schnee, tanzte mit einer wunderbar sanften Leichtigkeit wie eine große Schwalbe auf und ab. Als dunkler Fleck hüpfte er vor der tiefen Sonne durch sein eigenes Zwielicht und schnellte herum wie der Waldwasserläufer, den ich am Morgen am Fluss gesehen hatte.

Als ich näherkam, sah ich den Grund für seine Mätzchen. Er jagte dem bereits geschwächten Wasserläufer nach, bis dieser zu schwach zum Weiterfliegen wäre. Das Tier huschte unter dem Falken hin und her, reckte die steifen Flügel nach hinten wie ein Wasserkäfer, der vergeblich mit den Beinen nach Beute ausgreift.

Nach und nach wurden seine Bewegungen schwächer, dann taumelte er erschöpft in den Schnee herab. Der Falke fiel über ihn her, rupfte und fraß ihn in kaum fünf Minuten, und flog davon. Rot flammte der Schnee im letzten Sonnenlicht, glühte orangefarben und verblasste schließlich wieder in sein gewohntes Weiß. Die blutrote Glut des Kadavers glomm in die Dämmerung und fraß sich hellorange in den Schnee.

25. Januar

Heute bin ich zehn Meilen den Fluss entlanggelaufen. Die Horizonte waren neblig, die Sonne kalt unter blauem Himmel, der Nordwind schwach. Ich stapfte durch blendend weißen, wadentiefen Schnee. Die Silbermöwen saßen darin so unbekümmert wie Kamele im Wüstensand. Sie flogen seelenruhig auf, bewegten sich nur ungern und langsam, wie Rinder beim Eintreiben. Ihr Weiß wurde durch das weiße Glänzen des Schnees schemenhaft und wesenlos. Alle Möwen suchten die Nähe der Städte; keine einzige war im offenen Land. Fünfzehn Sumpfhühner drängten sich in einen Graben. Wacholderdrosseln flogen in eine Weide, schüttelten Schnee von den Zweigen. Sie waren dünn und ausgezehrt, ihr lautes Rufen schien zu mächtig für ihre eingesunkenen Körper. Eine Trauerbachstelze tanzte trippelnd und schlitternd auf Eis. Dohlen und Saatkrähen fraßen nahe der Höfe, kaum noch scheu. Zwergtaucher schwammen an eisfreien Stellen im Wasser und tauchten ab, als sie mich kommen sahen. Sie waren wie kleine braune Coracle-Boote, mit breitem Boden, und kesselförmig.

Sechs Hasen kauerten aneinandergedrängt unter Weißdornbüschen inmitten eines Feldes. Drei rannten nach links, drei nach rechts. Gewehrfeuer brach los wie knackende Eiszapfen. Ein Wanderfalke zog brausend darüber hinweg, mit dem flachen Flirren seiner Flügel ähnelte er einer aufsteilenden Krickente. Die Weiden hingen voll mit Ringeltauben, grau-violett gefrorene Rauchwolken. Sechs Fasane schüttelten sich von einer buschbedeckten Insel auf. Zwei Männer schnitten und verbrannten Brombeerranken, hackten mit ihren Sichelmessern wild drauf los, während sich Rauch und Atem durch die klirrende blaue Luft davonwanden. Eine große Schnepfe flog langsam über den Fluss und warf sich in eine Hecke. Ihre weißen äußeren Schwanzdeckfedern spreizten sich schillernd zur Landung. Es war offenbar eine Doppelschnepfe.

Lerchen, Wiesenpieper, Rohrammern und Buchfinken saßen kraftlos und sterbend in den Bäumen beim Fluss. Ein Zaunkönig kletterte über das schräge Dach eines hölzernen Kirchturms, schlich sich hinauf wie ein Waldbaumläufer und schlüpfte am Glockenturm durch ein Schallfenster ins Innere. Ein Blesshuhn sprang mit den Füßen voran durch den Weißdorn, dass der Pulverschnee gischtend aufstob. Disteln bohrten sich gestrüppartig durch die glatte Schneedecke. Drei Stieglitze, die Distelsamen fraßen, verrenkten sich die Hälse, um mit dem Schnabel jeden einzelnen Samen herauspulen zu können. Sie flatterten und schwirrten über den Distelköpfen wie Fliegenschnäpper. Ihre Rufe hackten in die eisige Luft.

Die tiefe Nachmittagssonne schien hinauf zu den südwärts fliegenden Möwen. Mit ihrem Glanz und dem heiligen Leuchten, welches ihre dünnen Knochen höhlte und das luftige Mark aus ihnen sog, wirkten sie wie durchsichtig, wie ätherisch.

Zwei tote Reiher lagen gemeinsam im Schnee wie ein Paar grauhagerer Krücken; augenlos zerfledderte Leichen, zerfetzt und zerrissen von vielerlei Zähnen, Schnäbeln und Krallen. Otterspuren führten zu Fischblut und den Gräten eines Hechts. Durch ein Loch im Eis wurde ein Sumpfhuhn von einem herausschnellenden Hecht von hinten gepackt und unter Wasser gezogen; es kippte hintüber, fiel und sank wie ein torpediertes Schiff.

Ich stand neben einer Holzscheune und wog eine erfrorene, eingeschrumpelte weiße Eule in der Hand. Wie einen Blumentopf hatte ich sie von einem Dachsparren heruntergehoben. Sie war kalt und trocken und spröde, muffig und schon lange tot. Etwas schlug auf das Scheunendach, schlitterte herunter und fiel mir vor die Füße. Es war eine Ringeltaube. Blut troff ihr wie eine rote Träne aus dem Auge und zog in einem gräulichen, schiefen Kreis über ihr Gesicht. Das andere Auge, das fast aus dem Kopf fiel, hetzte die Taube kreiselnd durch den Schnee. Während ihr Gehirn schon halb tot war, klammerte sie noch mit den Flügeln. Als ich sie aufnahm, drehte sie sich immer weiter und weiter und weiter wie eine Spielzeugeisenbahn, der mit den Schienen auch der Sinn abhanden gekommen ist. Ich tötete sie, warf sie zurück in den Schnee und ging. Keckernd stürzte der kreisende Falke auf seine Beute herab.

Das lange, schwindende Weiß des Nachmittags verfärbte sich zum Abendrot. Die Sonne war wie ein krumpeliger Apfel, schrumpfend, sterbend. Die Dämmerung kroch über die dahingleitenden

Hügelpfade unter den schneebedeckten Gebirgsfichten. Wacholderdrosseln und Rotdrosseln, einige wenige matte Vögel, flogen in die dunkle Niederung hinab, vielleicht zum letzten Mal. Der Gesang eines Waldkauzes drang als zitterndes Bellen aus Ilex und Kiefern hervor. Nacht. Ein Fuchs rief, loderte vor mir im Schnee meiner Taschenlampe auf, glänzte durch ein Gitter aus Blut und Fasanenfedern, roten und kupfergelben Spänen.

Ein Tag voller Blut; voll von Sonne, Schnee und Blut. Blut-rot! Wie fehl doch dieses Wort geht. Nichts ist schöner und prachtvoller als das Rot frischen Blutes im Schnee. Seltsam, dass das Auge lieben kann, was Geist und Körper hassen.

30. Januar

Bei Sonnenaufgang sah ich durchs bereifte Fenster Dompfaffen in den Apfelbäumen picken, sah das aufglühende Feuer ihrer hellen Brust und dann den düster-roten Sonnenschleier, der vom östlichen Küstenstrich heraufdampfte.

Als es zu schneien begann, sangen Rotkehlchen; sonst herrschte Stille wie unter einem stählernen Kopfring. Eine kleine Eule tippelte aus einer Hecke mitten auf die Straße, blieb stehen und schaute zu mir auf, ein mürrisches Federgesicht unter grimmigen Brauen. Es leuchtete wie ein abgetrennter Kopf, der in der schneebetupften Straße steckt. Als ihr plötzlich klar wurde, was sie da tat, flatterte sie aufgeregt in ihre Hecke zurück. Es war ein betäubender Tag, bleiern und kalt.

Ich ging den Hügel hinab und zuckelte an einer Scheune vorbei. Haufen von losem Stroh wackelten vor meinen Augen und türmten sich zu einer jähgelben Masse, gleich einer Wolke aus strahlendem Haar. Spatzen schrillten und lösten sich in Luft auf. Der feste graue Strich eines Sperbers sauste durchs Blickfeld wie ein zurückschnellender Zweig. Ich war auf der Landstraße in die Kurve gegangen wie ein Falke im Flug und hatte damit Beute und Jäger verschreckt.

Auf dem gesamten Weg zur Küste saßen bei den Bauernhöfen Scharen von Spatzen und Finken, jedoch nur wenige auf freiem Feld. Ein Stieglitzstrudel schleuderte aus dem Schnee auf eine warm duftende Scheune, tanzte flockenleicht und tippelte darüber wie aufs Blechdach prasselnde Regentropfen.

Auf der grauen See schimmerten Eisschollen und Brandenten, gleichsam weiß und grell. Die schwächlichen, hungrigen Lerchen zeigten fast keine Scheu. Kleine Vögel fraßen in Gräben oder auf den Salzwiesen, wo noch Büschel von Vegetation aus dem Schnee ragten. Eine verbitterte Stille, ein langsames Sterben. Alles sank nach unten an den eisigen Rand der grauen, mondhaften See.

10. Februar

Ein Tag wie gemalt, die Sonne makellos, der blaue Himmel pur und rein. Schieferdächer und Krähenflügel glühten magnesiumweiß. Die silber-purpurn strahlenden Wälder bissen auf weißen Schneewurzeln scharf und schwarz ins feste Blau des Himmels. Die Luft war kalt. Von Norden frischte der Wind auf wie kaltes Feuer. Alles war wie offenbart, im Schöpfungsmoment, ein Regenbogen ergoss sich über die Felsen und formte Wälder und Flüsse.

Der Wanderfalke durchflog die Niederung in nördlicher Richtung. Er war eine halbe Meile entfernt, doch ich erkannte das Braun und Schwarz seiner Flügel, das glänzende Gold seines Rückens. Seine cremefarben hellen Schwanzdeckfedern sahen aus wie ein Bündel Stroh, das um den Schwanzansatz gewickelt worden war. Da ich annahm, er würde wieder der Windrichtung folgen, ging ich hinunter zu den Feldern am Fluss und hielt nach ihm Ausschau. Ich stand leeseitig einer Weißdornhecke, die mich vor dem bitteren Wind schützte, und spähte durch sie hindurch in Richtung Norden. Am

Mittag rauchten am Horizont kleine Haufenwolken auf. Sie waren sehr weiß, wurden aber immer grauer und größer. Wo der Schnee getaut war, stieg warme Luft auf.

Der Falke musste hoch oben verborgen gekreist haben, denn um ein Uhr flog er wieder gegen den Wind über die offenen Felder. Schon hatte er eine Höhe von zweihundert Fuß erreicht und stieg schnell weiter empor. Erst war er im leichten Ruderflug, dann segelte er. Mit jedem Gleiten hob er sich fünfzig Fuß in den Wind hinauf. Bei fünfhundert Fuß breitete er Schwingen und Schwanz aus und zog in langsamen, majestätischen Bögen davon. Mit jeder großen, ausladenden Runde stieg er nochmals um einhundert Fuß, während der Wind ihn nach Süden trieb. In einer halben Minute hatte er seine Flughöhe verdoppelt und war sehr klein und schon weit hinterm Fluss; noch eine halbe Minute später war er kaum mehr zu sehen, zweitausend Fuß hoch über den Feldern. Der thermische Luftturm, der ihn so weit hinaufgeweht hatte, kühlte im Wind schnell fort. Zwischen den Gleitphasen schlug der Falke jetzt schnell mit den Flügeln und flog in engeren Kreisen. Aus Spaß wurde Jagd. Flink und gewandt spann und webte er seine komplizierten Achten in den Himmel. Seine Flügel prallten auf die federnde Luft. Er durchkreuzte die Sonne und verschwand, doch auf der anderen Seite sah ich ihn wieder, höher steigend und kleiner. Eine Amsel in der Hecke hinter mir muss ihn plötzlich zum ersten Mal gesehen haben. Trotz der großen Entfernung, die zwischen ihnen lag, begann sie frenetisch zu schimpfen und sprang in qualvoller Angst von Ast zu Ast. Der Falke wurde sehr klein. Ich nahm an, er würde zur Küste fliegen, aber als er fast außer Sichtweite war, drehte er im Gleitflug um und ließ sich zurück in den Wind fallen, bis ich gerade wieder die Form seiner Flügel erkennen konnte. Wäre das Licht nicht so perfekt gewesen, hätte ich ihn überhaupt nicht gesehen, denn ich schaute in einem 60-Grad-Winkel zu einem Vogel auf, der eine halbe Meile entfernt war.

Er rüttelte und stand still, thronte über den einstürzenden Säulen der Luft, zuckte und wedelte mit gekrümmten Schwingen. Fünf Minuten blieb er so, fest wie ein Stachel im blauen Fleisch des Himmels. Den Körper hielt er ruhig und starr, der Kopf schwang nach links und rechts, der Schwanz fächerte sich auf und zu, die Flügel peitschten und zitterten wie Segel im Sturm. Er ließ sich nach links treiben, hielt inne, und glitt in einem Bogen abwärts, der nur der Auftakt zu einem gewaltigen Sturzflug sein konnte. Schon in diesem ersten leichten Herunterdriften lag unmissverständlich drohende Gefahr. In einem Winkel von fünfzig Grad glitt er geschmeidig herab; nicht langsam, aber mit kontrollierter Geschwindigkeit; in einer anmutigen, wunderschön anzuschauenden Balance. Es gab keinen abrupten Kurswechsel. Sein Fallwinkel wurde zunehmend steiler, bis es keinen Winkel mehr gab, sondern nur noch einen perfekten Bogen. Er beugte sich vor und rotierte langsam, wie zum Ergötzen, in schwelgerischer Vorfreude auf den anstehenden Sturz. Seine Krallen öffneten sich und griffen golden schimmernd in die Sonne. Dann warf er sich herum, sodass sie eintrübten, wandte sich zum Boden und schloss sie wieder. Über tausend Fuß ließ er sich fallen, drehte in einer Kurve und steilte nochmals himmelauf. Jetzt stieß er mit noch höherer Geschwindigkeit steil herab. Wieder hatte er tausend Fuß unter sich und fiel jetzt senkrecht, schimmerte keilförmig durchs blendende Licht wie ein flammendes Herz. So glitt er, immer kleiner und dunkler, langsam aus der Sonne. Das Rebhuhn unten im Schnee schaute zu dem schwarzen Herz auf, das sich weit über ihm ausbreitete, und hörte das Zischen der Flügel, das zu einem Fauchen anschwoll. In zehn Sekunden war der Falke am Boden, und das ganze glänzende Gefüge, die geschwungenen Retabeln und riesigen Fächergewölbe seines Fluges waren im feurigen Sog des Himmels verzehrt und vergangen.

Für das Rebhuhn erlosch plötzlich die Sonne, und ruchlos niederfahrende Schwärze breitete die Flügel über ihm aus, das Fauchen erstarb, die blitzenden Messer stachen zu, das schreckliche weiße Gesicht kam heran – der Schnabelhaken, die Maske, die Hörner, die Blickesstarre. Und dann das qualvolle Wirbelbrechen, scharrende Füße, die Schnee hochwarfen, der den stummen Schrei des aufgerissenen Schnabels stopfte, bis die gnädige Nadel des Falkenzahns ins Genick niederfuhr und das zuckende Leben erstach.

Für den Falken, der nun auf dem weichen, schlaffen Haufen seiner Beute saß, begann das Ausreißen der atemraubenden Federn, während das warme Blut vom Schnabelhaken tropfte und die Raserei langsam zu einem kleinen Kern im Leibesinneren zusammenschmolz.

Für den Beobachter, der seit Jahrhunderten vor solchem Hunger, solcher Raserei und Qual und Angst bewahrt ist, bleibt die Erinnerung an diesen herabsäbelnden Himmelssturz und die mitempfundene Freude des schuldlosen Jägers, der stellvertretend töten lässt und dem Gefährten seine Speise herzlich gönnt.

17. Februar

Die Rücken der höher gelegenen Felder sind braun-weiß gesprenkelt, aber in den tieferen Lagen steht der Schnee noch immer wadentief. Wasser fließt in schmalen Rinnen durch zwei Handbreit dickes Eis.

Amseln und Drosseln sieht man in der Niederung jetzt nicht mehr; ebenso wenig wie Rotkehlchen, Heckenbraunellen oder Zaunkönige. Nur zwei schwächliche Lerchen sind von den einhundert übrig, die im Herbst da waren. Von drei Hundertschaften Buchfinken gibt es noch drei einzelne Tiere. Die Zahl der Dohlen hat sich halbiert. Fünfzig Ringeltauben haben das Schießen und den Schnee überlebt, aber sie sind sehr dünn und schwach. Die Krähen verfolgen sie auf Schritt und Tritt und warten nur darauf, dass sie sterben. Zwei Paar Dompfaffen haben es durch den Winter geschafft. In den Wäldern finde ich Blaumeisen und Sumpfmeisen und eine Schar Schwanzmeisen. Die Felder am Bach bevölkern noch achtzig Stockenten und vierzig Rothühner.

Ich fand die Überreste von dreizehn Ringeltauben und einer Stockente; alle waren erst kürzlich vom Falken getötet und dann im Schnee gerupft und gekröpft worden. Die Ente lag einhundert Meter vor dem Südwald auf offenem Feld. Nachdem er seine Beute tödlich getroffen hatte, war der Falke vier Meter neben ihr gelandet. Am Ende der langen, gepunkteten Furchen sah ich im Schnee zwei tiefe Fußabdrücke. Ringsum hatten die Flügelspitzen des Falken die Oberfläche verwischt. Flachere Fußabdrücke gingen zur Beute und scharten sich um sie. Feine, parallel verlaufende Linien zeigten an, wo der Falke mit dem Schwanzende über den Schnee geschleift war. Die Abdrücke seiner drei Vorderzehen waren kurz und verrundet; der des Hinterzehs eine Spanne lang und tiefer eingegraben. Die Spuren eines Fuchses kamen auf die Beute zu und liefen dann wieder zurück in den Wald. Er hatte das frische Blut der Ente gerochen und, nachdem der Falke satt war, die Knochen abgenagt.

22. Februar

Langsam taut es weiter, und die Vögel kehren in die Niederung zurück. Heute saßen dreihundert Wacholderdrosseln in den Bäumen beim Bach. In den Wäldern waren Amseln und Buchfinken, und es sang eine Lerche. Einhundert Stockenten, zwanzig Ringeltauben und ein Höckerschwan fraßen von einem Haufen Kartoffeln. Als ich mich näherte, flogen sie allesamt davon und bildeten einen gemeinsamen Schwarm, ehe sie wieder zu ihrem Futter zurückkehrten. Im Schnee gab es viele Spuren von Füchsen und Hasen, unterbrochen von Mulden, in denen sich die Tiere gewälzt hatten, wahrscheinlich aus Vergnügen, so wie man es von Hunden kennt.

Ich fand einige weitere Beutetiere der Wanderfalken: sechs Ringeltauben und eine Saatkrähe. Eine Ringeltaube war erst vor ein oder zwei Stunden getötet worden; ihr Blut sickerte immer noch in den Schnee. Flügel, Brustbein, Beine und Becken bildeten den Mittelpunkt eines weiten Kreises aus verwehten Federn. Die tief eingedrückten Krallen des Wanderfalken mischten sich mit den spinnenartigen Fußabdrücken einer Krähe und den Pfotenspuren eines Fuchses. Der Fuchs wie auch die Krähe hatten offenbar versucht, den Falken von seiner Beute zu vertreiben. Ihre Füße hatten eine weite Fläche zertrampelt. Die schuppigen Ringe und rauen Ballen an den Zehen des Falken, mit denen er seine Beute festhält, hatten tiefe Kerben in den Schnee gedrückt. Diese wunderlichen, dickzehigen, knolligen Fußspuren sind sehr verschieden von denen anderer Vögel. Als ich meine Hand dorthin legte, wo der Wanderfalke erst kurz zuvor gestanden hatte, verspürte ich ein starkes Gefühl von Nähe, von Verbundenheit. Fußspuren im Schnee sind seltsam anrührend. Sie erscheinen als fast schändlicher Verrat an den Wesen, von denen sie stammen, als wäre etwas von ihnen schutzlos darin zurückgelassen. Die Niederung ist übersät mit Fußabdrücken von Vögeln, die vom kalten Wetter getötet worden sind, herzbewegende Denkmäler, die die Sonne langsam zerfrisst.

Am Mittag kreiste der Terzel in diesigem Licht und glitt im Südostwind davon. Ich wollte ihm folgen, aber der Schnee war zu tief für mich. Alle Gräben und Löcher waren zugeschneit und gut getarnt. Man konnte ohne Vorwarnung bis zu zwei Meter tief einsinken.

Den ganzen hellen Nachmittag über riefen Steinkäuze, blitzten Elstern in der Sonne und kreisten Zugmöwen nach Nordosten. Sie flogen hoch und waren ohne Fernglas nicht zu sehen. Ich hörte nur ihr lautes Gelächter, das aus dem leeren Himmel herunterbrandete.

27. Februar

Die Tage sind jetzt wolkenlos. Der kalte Ostwind eine lanzenwerfende Feuersbrunst, die warme Sonne glanzvoll unter weiten Himmeln. Der Schnee zieht sich stetig zurück, das ausgedörrte Auge weidet sich wieder an Grün. Ein seltsames, ungewohntes Grün, wie grüner Schnee auf weißen Feldern.

Zweihundert Ringeltauben sind zurückgekehrt, die Häher stechen wieder hervor, Wacholderdrosseln blühen auf. Heckenbraunellen fressen von den Wegen, und überall sind Amseln. Eine Singdrossel und vier Lerchen haben den ganzen Tag gesungen. Ich scheuchte sieben Paar Rothühner und zahlreiche Schwärme in die Luft.

Auf den Feldern am Bach und zwischen den beiden Wäldern lagen dreißig getötete Vögel: sechsundzwanzig Ringeltauben, ein Sumpfhuhn und drei Wacholderdrosseln. Fast alle waren schon alt und bis jetzt vom Schnee verdeckt gewesen. Am Bach war auf der letzten verbliebenen Eiskante erst kürzlich eine Ringeltaube gerupft und gefressen worden. In den letzten beiden Monaten sind die Ringeltauben arg dünn und untergewichtig gewesen, und die Falken mussten mehr von ihnen töten, um ausreichend Nahrung zu bekommen.

Um drei Uhr kreiste der Terzel von Saatkrähen umringt auf die östliche Seite der Furt. Später sah ich zwischen den Zweigen einer Eiche, auf der er hockte, seinen bronze-braunen Rücken im gelben Sonnenlicht glimmen. Er schimmerte wie eine riesige, kopfstehende, goldene Birne.

2. März

Heute war der achte wolkenlose Tag in Folge, und das polierte Himmelsblau strahlte, als könnte es sich nie wieder bewölken. Es wehte ein starker, kalter Südostwind, aber die Sonnenwärme ließ den Schnee gänzlich wehrlos und altersmüde erscheinen, indes sie ihn triefend und schlitternd hinab ins aufsteigende Land schickte.

Ringeltauben und Dohlen flogen am Mittag vom Nordwald auf, und krächzend flogen Krähen zu ihren Wipfelplätzen. Bei der Brücke schimpften Buchfinken unablässig zehn Minuten lang, wonach sich ihr monotones ›pink, pink‹ langsam in der sonnenhellen Stille verlor. Ich sah nichts. Da ich annahm, dass der Falke in Windrichtung gesegelt war, suchte ich nördlich der Furt und entdeckte ihn eine halbe Stunde später in der toten Eiche. Er flog in den Wind auf und kreiste. Seine Flügelschläge wurden immer flacher, bis nur noch die Spitzen kaum merklich flatterten. Ich glaubte, er würde aufsteigen wollen, doch stattdessen flog er schnell nach Südosten. Der Weg, der den Nordwald durchschneidet, fällt und steigt durch eine windgeschützte steilwandige Schlucht. Der Falke hat gelernt, dass von den sonnigen, windstillen Böschungen des Weges warme Luft aufsteigt, und fliegt oft hierher, wenn er in die Höhe möchte.

Langsam strich er über die Silhouette des Obstgartens hinweg, kreiste im Wind und schob sich in langen, steilen Gleitschüben immer weiter hinauf. Er bewegte sich vom kalten weißen Südhimmel zum blauwarmen Zenit, immer wunderbar leicht und geschickt auf der windschiefen Thermik. Als er in großer Höhe weiter hinaus segelte, zog sich seine langflügelige, rundköpfige Gestalt zusammen, schrumpfte und dunkelte zu einem kieselharten Diamantpunkt; hing und driftete über allem dahin; besonnen, wachsam, gebieterisch. Von oben sah der Falke den großen Obstgarten zu dunkel dürren Linien und grünen Streifen zusammensinken; sah die dunklen Wälder sich verdichten und über die Hügel strecken; sah die grünweißen Felder braun werden; sah die ganze Niederung sich verflachen und öffnen; sah den Horizont sich mit fernen Städten beflecken; sah die Mündung ihren silberblauen Trichtermund mit den grünen Inselzungen öffnen. Und weiter entfernt, hinter alledem, sah er das linierte Schimmern des Meeres, das wie ein Quecksilberklecks auf der braunweißen Erdoberfläche trieb. Die See, die mit ihm anstieg, entfachte ihren Lichtersturm und donnerte mit dem landgefesselten Falken in die Freiheit.

Gleichgültig betrachtete er das alles, während er die strahlenden Bilderschüsse seiner tiefen Sehgrube umschweifte und umkreiste und nach blitzenden, spritzenden Flügeln Ausschau hielt, um kopfüber Ziel auf sie zu nehmen. Ich beobachtete ihn sehnsuchtsvoll, so als schickte er seine großartige, unbeobachtete Sicht auf das Land hinter dem Hügel zu mir herab.

Er querte die Sonne, und ich wandte mich ab, um mir den heißen Purpur aus den Augen zu streichen. Als ich ihn wiederentdeckte, war er hoch oben westlich der Sonne, versteckt im wundschürfenden Himmelsblau, bis das Fernglas ihn herabzog. Den Kopf zum Flügel gebeugt, klebte er wie eine Kompassnadel am Norden, driftete, festigte seine Flugbahn und hing nun still in der Luft. Seine Flügel schlossen sich, fuhren zurück und streckten sich aufgespreizt nach vorn, wie bei einer Eule. Sein Schwanz spitzte sich zu einem Pfeil und zog sich dann zu einem weiten Fächer auseinander. Ich sah an einigen Stellen Lücken im Flügel, wo die im Dezember gelassenen Federn noch nicht nachgewachsen waren. Beim Eindrehen in die Sonne grellte er feurig aus der Schwärze auf und glänzte wie weißer Stahl. Von seiner Warte aus zweitausend Fuß sonnenheller Luft herrschte er über die Vögel der Niederung, und kein einziger zeigte sich unter ihm. Er kippte vorwärts in den Wind und sank langsam durch die Sonne herab. Ich musste den Blick lösen. Als ich ihn wiederfand, hinter grünblauen Nebeln wirbelnden Lichts, sah ich gerade noch einen kleinen dämmernden Flecken durch eine riesige Stille fallen, die in schrilles Flattergetümmel aufriss.

Ich wurde mir plötzlich meines eigenen Gewichtes bewusst, so als wäre ich bislang auf dem Wasser getrieben und nun angelandet, trocken und bekleidet, und wieder glanzlos. Der Falke war über zwanzig Minuten in die Höhe gestiegen; während der ganzen Zeit hatten in der Hecke hinter mir die Amseln geschimpft und Rebhühner auf den Feldern gerufen. Das Niederstoßen ließ sie verstummen wie der Tod. Danach hörte man nur noch das Flüstern und Knistern des schmelzenden Schnees – ein zartes Zittern wie von einer Maus in trockenem Gras – und das Plitschen und Plätschern eines steinigen Rinnsals, das den Schnee herunter zum Bach führte.

Der Falke war fort, und ich ging in einem Schleier des Behagens über die Felder und wartete auf seine Rückkehr. Üblicherweise kommt er mehrmals am Tag zu seinen bevorzugten Sitzplätzen. Obwohl ich seit Ende Dezember nicht mehr mit ihm in Beziehung stand, war offensichtlich, dass er sich an mich erinnerte und immer noch verhältnismäßig nahbar und nicht sehr scheu war. Singdrosseln, Blaumeisen und Kohlmeisen sangen; ein Buntspecht trommelte. Den ganzen Nachmittag kreisten hoch oben Hunderte von Zugmöwen nach Nordosten, drifteten und kreischten.

Um drei Uhr spürte ich ein leichtes Stechen im Nacken, was bedeutete, dass mich jemand in meinem Rücken beobachtete. Dieses Gefühl muss beim Urmenschen sehr stark ausgeprägt gewesen sein. Ohne den Oberkörper zu wenden, schaute ich über meine linke Schulter. Zweihundert Meter hinter mir saß der Falke auf dem tiefen, waagerechten Ast einer Eiche. Nach Norden ausgerichtet, schaute er über seine linke Schulter zu mir herüber. Über eine Minute verharrten wir beide reglos, ein jeder vom anderen verblüfft und fasziniert, in sonderbar identischer Körperhaltung miteinander verbunden. Als ich mich näherte, flog er sofort auf und glitt schnell durch den nördlichen Obstgarten davon. Er war auf der Jagd, und ein Jäger traut niemandem.

Eine halbe Stunde später kam er flach über den Obstgarten geflogen und landete jählings in einem Apfelbaum. Nie wird er vor dem Landen langsamer; einen halben Meter, bevor er den beabsichtigten Sitzplatz erreicht, bremst er abrupt, indem er die Flügel ausbreitet, steht still und lässt sich sacht auf den Ast fallen. Ich stand an der südwestlichen Ecke des Obstgartens, den Rücken der Sonne zugewandt, ohne dass mich der Falke beachtete. Seine langen gelben Zehen drehten und öffneten und streckten sich, bevor er den freistehenden Baumstumpf ergriff, sein Kopf zuckte und fuhr herum und die Federn seiner Krone sträubten sich zu einem Kamm. Die dunklen Federn seiner Bartstreifen wölbten sich neben den weißen Wangenflecken. Er war auf der Jagd. Aus seinen glänzenden Augen sprach Raserei. Ich wusste es, alle Vögel im Obstgarten sprachen davon. Rebhühner riefen, Amseln schimpften; ferne Elstern, Häher und Krähen fluchten, murmelten und hielten sich geduckt.

Der Falke flog hinunter zum Bach und stieg hinter ihm wieder empor, drehte und stellte sich schräg in den Wind, neigte sich und schaukelte in steilen Spiralen in die Höhe. Seine lockeren Flügel schlugen schnell, als würde er sie auf links ausschütteln. Die Sonne stand tief, und die Luft war sehr kalt. Ich hielt die Luft nicht für warm genug, als dass ein Falke darin aufsteigen konnte, aber bei dreihundert Fuß flog er flacher und segelte in langen leichten Kreisen im Wind davon. Als ich ihn kaum noch sehen konnte, hoch und weit über dem Fluss – weiter als eine Meile vom Obstgarten entfernt –, gerieten alle Vögel in meiner Umgebung in weitaus größere Panik als zuvor, duckten sich, riefen unablässig und schrillten in wildem Alarm. Solange ein Falke am Himmel ist, ganz gleich in welcher Entfernung, kann sich kein Vogel sicher fühlen; doch ein verborgener Falke ist aus den Augen und aus dem Sinn.

Nach langem Kreisen und Rütteln sah er im Südosten Beute und glitt langsam in einem langen Sinkflug zu ihr hinunter. Zwei Stunden bis Sonnenuntergang; der westliche Himmel ein goldener Lichtnebel, die weiten Äcker in grauem Dunst. Der Falke schnitt durch den starken Wind in die Tiefe, schlug die Flügel und segelte, sodass er stetig beschleunigte. Schließlich preschte er im Segelflug leicht nach unten, stellte die Flügel nach hinten und bog sie nach innen, bis er als starre Speerspitze die richtige Form zum Niederstoßen hatte. Ein Schwarm Stare stieg vor ihm auf und flog so schnell er konnte nach Süden. Der Falke rauschte in einer Sekunde über ihn hinweg und an ihm vorbei. Die Stare schienen unter ihm hinwegzuschnellen, als hätten sie sich nie bewegt. In einem einzigen großen Lichtstreif schoss er quer durch den blendenden Himmel und verlosch im Dunkel der Bäume. Ich sah ihn nicht wieder, aber noch lange, nachdem er fort war, stiegen und fielen die Vogelwolken über dem südlichen Horizont, wie stiller Rauch über der rasenden, sengenden Schlacht.

5. März

Neolithischer Schnee, vom warmen Südwind angefressen. Wo sich die großen Verwehungen himmelwärts getürmt hatten, fallen nun die Schneehügel ein. Die ganze Niederung plätschert vor fließenden Wassern. Gerinnsel sind zu Rinnsalen geworden, Rinnsale zu Bächen, der Bach ein Fluss, der Fluss eine Kette strömender Seen. Die Kiebitze und Goldregenpfeifer sind zurückgekehrt. In der Höhe flogen den ganzen Tag Scharen von Kiebitzen nach Nordwesten. Ich schaute sie mir im Fernglas an und sah über ihnen noch größere Scharen, die für das bloße Auge unsichtbar waren.

Um halb vier hatte ich die Suche nach dem Falken aufgegeben und saß verdrossen auf einem Gatter nahe der toten Eiche. Als er plötzlich an mir vorbeiflog, schwang mit einem Schlag seiner Flügel Freude in mir empor. Eine mitreißende Beschwingtheit und vergnügter Eifer lag in seinem vorbeirauschenden, gleichmäßig wogenden, ab- und aufkurvenden Flug. Er setzte sich im Osten in einen Baum und schaute mich an. Ich spürte, dass er nach mir gesucht hatte. Er hockte auf einem tiefen Ast in der mürrischen, unbehaglichen, verstohlenen Kauerhaltung, an der man erkennt, dass er auf der Jagd ist. Unter den vielen knorrigen Ästen war er in der Eiche kaum auszumachen. Nachdem er fünf Minuten wie zu allem fähig dagesessen hatte, flog er hinüber zum östlichen Obstgarten. Schlangenartig im Wind auf und ab gleitend, schmetterte er auf Wacholderdrosseln nieder, die aus den Bäumen stiegen. Ich folgte ihm durch die langen Korridore des Obstgartens. Noch immer zeterten Amseln, und Hunderte von Wacholderdrosseln waren auf den Barrikaden, aber der Falke war fort. Ich ging zurück zum Gatter.

Um halb fünf hob sich eine Dohlenwolke über den Bach und sprengte auseinander, als der Falke durch sie hindurchfuhr. Von Süden kam er prachtvoll vor dem Wind herangesegelt, die Flügel zum ›V‹ gespreizt, und rauschte rasant dahin. Er war ein wallendes Kind des Windes. Er fegte weiter zum nördlichen Obstgarten, segelte knapp über die Grenzpappeln hinweg und zog in einer kolossalen, flügelerhellten Parabel nach unten. Ich sah ihn nicht mehr wieder.

Während meiner tageslangen Wanderung fand ich neunundvierzig Beutevögel: fünfundvierzig Ringeltauben, zwei Fasane, ein Rothuhn und eine Amsel. Nur die letzten beiden waren frisch; die anderen hatten lange unterm Schnee verborgen gelegen.

6. März

Noch immer warmer Wind von Süden, die Sonne warm, die Luft leicht und klar. Goldammern sangen auf den Wegen, und in den Obstgärten waren Schwärme von Buchfinken. Lachmöwen kamen von Süden in die Niederung und segelten über dem Fluss. Sie folgten seinen Windungen und Bögen, schraubten sich über die Anhöhe und flossen nach Nordosten davon. Sie kreisten höher als der Kiebitzschwarm, der jetzt von der Küste ins Binnenland zurückkehrte. Einige Kiebitze flogen herab und gesellten sich zu den vielen anderen, die sich gerade auf den Feldern der Niederung versammelten, die meisten aber flogen geradeaus weiter in Richtung Nordwesten.

Gegen zwei Uhr hatte ich alle für den Wanderfalken üblichen Sitzplätze abgesucht, ohne ihn zu finden. So stellte ich mich nahe dem nördlichen Obstgarten aufs Feld, schloss die Augen und versuchte, meinen Willen in das lichtdurchstrahlte Prisma des Falkengeistes zu kristallisieren. Warm beschienen und fest geerdet im langen sonnenduftigen Gras, versank ich in des Falken Haut und Blut und Knochen. Meine Füße zweigten in den Boden aus, auf meinen Lidern lag die Sonne schwer und warm. Genau wie der Falke hörte und hasste ich die Geräusche des Menschen, das gesichtslose Grauen der steinernen Orte. Ich erstickte panisch im selben dreckigen Sack. Ich teilte mit ihm die Sehnsucht des Jägers nach Heimat in der Wildnis, die sonst niemand kennt, unter einem gleichgültigen Himmel allein mit dem Anblick und Geruch der Beute. Ich spürte die Anziehung des Nordens, das Geheimnis und Faszinosum der Zugmöwen. Ich teilte das sonderbare Verlangen des Falken, zu verschwinden. Ich sank nieder und fiel in seinen federleichten Schlaf. Dann weckte ich ihn mit meinem Erwachen.

Munter flog er aus dem Obstgarten auf und segelte kreisend über mir, glänzte mit angstfreien, sanften Augen auf mich herab. Er kam tiefer und drehte neugierig-verwirrt den Kopf hin und her. Er glich einem wilden Falken, der traurig über dem Käfig eines gezähmten Falken flattert. Plötzlich sprang er wie angeschossen in die Luft, zauderte, wrang sich gewaltsam von mir fort. Er kotete in gepeinigter Angst und war verschwunden, noch ehe das weiße Geschmeide funkelnder Fäkalien den Boden erreichte.

7. März

Diesen Tag mit seinem nicht enden wollenden Wind und Regen vergeudete ich im Windschatten hohler Bäume, in Ställen und Schuppen und unter kaputten Pferdekarren. Einmal sah ich den Falken, oder glaubte ihn zu sehen, als fernen Pfeil, der in einen Baum schnellte, verzerrt und verschwommen durch Millionen glänzender Regenprismen.

Den ganzen Tag sangen die unersättlichen Lerchen. Dompfaffen lispelten und piepten in den Obstgärten. Von Zeit zu Zeit rief eine kleine Eule wehmütig aus ihrem hohlen Baum. Und das war alles.

8. März

Um vier Uhr in der Früh ging ich hinaus. Der Abend dieser Nacht war düster, und feucht blies warmer Westwind. Eulen riefen durch das lange, trübe Zwielicht vor Sonnenaufgang. Um sechs Uhr sang die erste Lerche, und bald erhoben Hunderte von Lerchen ihre Stimmen in die aufhellende Luft. Sie stiegen aus ihren Nestern gerade in die Höhe wie die letzten Sterne in den verblassenden Himmel. Als es heller wurde, krächzten Saatkrähen, und Möwen flogen ins Binnenland. Rotkehlchen, Zaunkönige und Drosseln sangen.

Ich verlief mich in den flachen Sümpfen nahe dem Meeresufer. Regen trieb sanft durch den wässrig grünen Nebel der Felder. Überall hörte und roch man Wasser, ein Gefühl von zurückweichendem Land, weit entfernt, tief in Stille versunken. Verloren zu sein an einem solchen Ort, und sei es nur für kurze Zeit, war eine angenehme Erholung von den Fußfesseln der bekannten Straßen und den sichtraubenden Mauern der Städte.

Um sieben Uhr war der Himmel wieder klar. Ich stieg den Uferdeich hinauf, als gerade die Sonne herauskam. Schnell durchbrach sie den Rand der See; eine riesige, rote, feindliche, schwimmende Sonne. Wie sie sich schwerfällig in den Himmel hob, sprang und blitzte Licht von ihr herab, und sie war keine Kugel mehr.

Eine Kornweihe flog von ihrem Schlafplatz in den Salzwiesen auf und hinüber zum Deich. Sie rüttelte leicht über dem dürren Gras, das sich im Wind ihrer Flügel wie Stroh bewegte. Sie hatte die Farbe des wallenden Grases: graubraun und beige und rotbraun. Die Enden ihrer Flügel waren schwarz, ihr langer, braun gestreifter Schwanz hell und dunkel gesprenkelt. Hinter dem Schwanzansatz glänzte der große weiße Fleck ihrer oberen Schwanzdeckfedern im Sonnenlicht. Sie flog langsam in den Wind, in niedriger Höhe, schlug die Flügel immer zweimal und hob sie dann zu einem ›V‹ über den Rücken, wobei sich ihre dunklen Handschwingen aufspreizten und nach oben kringelten. Sie rüttelte erneut und segelte über die steile Seite des Deichs hinunter über die noch immer regennass glitzernde Weide, ritt leicht und sacht über das sich biegende Gras und spähte zwischen den weichenden Halmen nach Beute. Unmerklich driftete sie davon und war so plötzlich verschwunden wie ein Schatten, wenn die Sonne sich verdunkelt.

Langsam flaute der Wind ab, und die Luft wurde wärmer. Die Sonne schien durch ein dünnes Pergament aus hohen Wolken. Die Entfernungen wuchsen. Die Horizonte schärften sich im aufgehenden Morgen. Die graue See ebbte aus und überzog die fernen Ränder des glänzenden Schlicks hinter dem weiten Moor der Salzwiesen mit einer Linie aus Schaum. Landeinwärts ballten sich in einiger Entfernung auf den leeren Feldern Gehöfte und Dörfer. Rotschenkel jagten und wischten über den breiten Damm, der hinter dem Deich verläuft. Noch mehr Regen zog auf, aber im Augenblick war alles ruhig.

Um halb elf stoben Wolken kleiner Vögel von den Feldern auf, und wie ein Pfeil schoss ein Merlin stechend und stippend zwischen ihnen hindurch. Der dünne, kleine Falke kam im Tiefflug heran. Er fegte über den Deich, schweifte über die Salzwiesen und stieg in steilen Spiralen in die Höhe, dass sein langer, stachelartiger Körper im Schleier der forsch flatternden Flügel schwang. Obwohl er schnell flog, wirkte sein weites Kreisen mühsam und der Aufstieg behäbig. Bei dreihundert Fuß kam er in einem langen Bogen zurückgeflogen und verharrte leicht rüttelnd in der Luft. Dann flog er vor in den Wind und auf eine Lerche zu, die hoch über den Feldern sang. Er hatte die Lerche auffliegen sehen und war gekreist, um vor seinem Angriff an Höhe zu gewinnen. Von hinten sahen die Flügel des Merlins schnurgerade aus. Sie bewegten sich auf und ab, als würden sie nur flach flattern, ein fiebriges Pulsieren, viel schneller als bei allen anderen Falken. In wenigen Sekunden war er bei der Lerche und fiel mit ihr nach Westen ab, sie zuckten und wanden sich umeinander, wobei die Lerche immer noch sang. Er wirkte wie eine Schwalbe auf der Jagd nach einer Biene. Im Zickzack rauschten sie den Himmel hinab, und ich verlor sie im Grün der fernen Felder.

Das schnelle, tänzelnde Kreisen war so behände und anmutig gewesen, dass nur schwerlich der Hunger als sein Beweggrund und der Tod als sein Ende anzunehmen waren. Das dem Jagdflug folgende Erlegen der Beute kommt mit erschreckender Heftigkeit, als wäre der Falke plötzlich verrückt geworden und hätte getötet, was er liebte. Das Streben der Vögel, zu töten oder sich vor dem Tod zu retten, ist schön anzusehen. Je größer die Schönheit, umso schrecklicher der Tod.

9. März

Die tiefe Morgensonne blendete und ein kalter Wind wehte, während ich am Nordufer der Mündung über den Deich lief. Eine Wanderfalkin erschreckte mich, wie sie plötzlich aus der Lee des Deichs hochfuhr, in der sie verborgen gewesen war. Ich stand direkt über ihr und schaute auf ihre langen, spitz zulaufenden Schwingen und ihren breit gekrümmten Rücken. Fast lautlos stieg sie auf, wie eine Sumpfohreule, und huschte über die Marsch davon. Sie schaukelte heftig von einer Seite zur anderen und stand, zwischen zwei Senkrechten hin- und herschwankend, bald auf der einen, bald auf der anderen Flügelspitze in der Luft. Als sie schon weit entfernt war, schwebte sie langsam hinab ins Gras. Ich fand sie nicht mehr wieder. Sie hatte – vielleicht nach dem Baden – in der Sonne geschlafen und mich nicht kommen hören.

Am Nachmittag fiel starker Regen. Die Falkin flog nahe dem Deich in eine tote Eiche auf und beobachtete die Watvögel, die sich bei Hochwasser auf den Salzwiesen versammelten. Als ich ging, war sie immer noch da, finster zusammengekauert im strömenden Regen, während pfeifende Pfeifenten mit der Flut hereingespült kamen und das Schwatzen der Watvögel lauter und lauter wurde.

10. März

Im Marmorlicht der Morgensonne türmten sich wachsende weiße Wolken. Der Wind zerfraß sie zu fallenden Regenwehren. Bei Hochwasser war die Mündung randvoll mit blau-silbernem Licht, trübte dann ein und wurde lichtes Grau.

Eine Wanderfalkin kam tief über die Marsch geflogen, wogte mit jähem Abfallen und Schlingern durch den Wind, als wiche sie unsichtbaren Zweigen aus und mäanderte um unsichtbare Bäume. Sie flog wie ein großer, schläfriger Merlin. Die Sonne beschien die herrliche Zeichnung ihres Rückens und ihrer Schwingen. Sie waren von dunkler, rötlich grauer Farbe, wie die Vorderscheitel eines Birkenzeisigmännchens, im Ton der roten Erdflecken auf den Äckern im Norden. Die Handschwingen waren schwarz mit einem Stich ins Blaue. Wie ein Nasenloch schimmerte die kommaförmige Wellung des dunkelbraunen Bartstreifs in dem weißen Gesicht. Zwischen ihren Flügeln hob und senkte sich der Muskelberg unter den Federn, während die Flügel sich vor und zurück bewegten. Sie wirkte sanftmütig und zugleich gefährlich, wie ein Bison. Rotschenkel standen adrett im Gras und beobachteten, wie sie vorbeizog. Sie verhielten sich recht still, abgesehen vom nervösen Zucken und Wackeln ihrer hellorangenen Beine.

Eine Stunde später erhob sich die Falkin aus einem Getümmel und Gekreisch von Brachvögeln und stieg langsam kreisend über die Marschen. Sie segelte in einer Thermik aus warmer Luft, die ihre weiße Wolkenblüte vor dem starken Nordwind beugte. Mit steif vorgestreckten Flügeln glitt sie in einer Flugtrance dahin und schwebte in der Luft wie ein auffahrender Gott. Während ich beobachtete, wie die Falkin in die Stille des Himmels zurückwich, überkam auch mich das Hochgefühl und die heitere Gelassenheit ihrer langsamen Himmelfahrt. Je höher sie schrumpfte, umso weiter zog und streckte der Wind ihre Kreise, bis sie nur noch als scharfes Pünktchen quer durch die weißen Wolken schnitt, ein zarter Klecks im Himmelblau.

Sie segelte müßig dahin; ein ferner Feind. Auf zweitausend Fuß balancierte sie im Wind, während die weiße Wolke hinter ihr vorbeizog, und flog herüber nach Süden zur Mündung. Langsam streckte sie die Flügel nach hinten. Sie glitt geschmeidig durch den Wind, als bewegte sie sich entlang eines Drahtes. Angesichts dieser Herrschaft über den brausenden Wind, dieser Erhabenheit und edlen Kraft im Flug begann ich vor Erregung zu schreien und zu tanzen. Jetzt, so dachte ich, hatte ich das Beste der Wanderfalkin gesehen; es bestand keine Notwendigkeit, sie noch länger zu verfolgen; ich würde nie wieder nach ihr Ausschau halten. Natürlich lag ich damit falsch. Man bekommt niemals genug.

Weit im Norden neigte sich die Falkin nach unten und glitt langsam durch Sonne und Schatten in Richtung Erde. Durch das Aufstellen und Zurückklappen der Flügel wurde sie schneller. Dann noch schneller, indem sie den ganzen Körper flach zusammenpresste. Sich in einem herrlichen Bogen vornüberbeugend, stürzte sie gen Boden. Mein Kopf schnellte vor und meine Augen verfolgten das abschließende senkrechte Herabschmettern. Ich sah, wie die Felder hinter ihr himmelauf blitzten; dann war sie hinter Ulmen und Hecken und Gehöften verschwunden. Und mir blieb nichts als der Wind, eine verhangene Sonne, kalte Hände und ein steifer Nacken, die Augen wund, der Glanz vergangen.

11. März

Ich verbrachte den Tag am südlichen Mündungsufer, wanderte durch die feuchten Felder und suchte in den langen Baumhecken und dem warmen, lerchenverhangenen Himmel nach Falken.

Westlich der flachen Mündung erheben sich kuppelförmig schmale Hügel, die von tiefen Tälern durchschnitten sind. Um sechs Uhr schwoll das Licht über den Hügeln zum Sonnenuntergang. Die Felder, die im Tal lagen, wurden schattig und düster. Unterhalb des Weges, über den ich lief, flackerte durch das Dunkel der Bäume der Terzel und kreiste hinauf ins Licht. Er flog schnell, vollführte enge Wendungen, stieg mit fieberhaft peitschenden Flügeln in steilen Spiralen empor. Bald war er hoch über mir. Er konnte die Hügel sehen, die in die überschatteten Täler hinabsanken, und die ringsum in der Ferne aufsteigenden Wälder, die Ortschaften und Dörfer, die noch im Sonnenlicht standen, die breite Mündung, die sich ins Blau ergoss, die graue Trübnis der See. Klar schien ihm, was mir verborgen war, ins allumfassende Auge.

Aus der Spiralfeder seines Wendelaufstiegs schoss er jäh nach vorn, messerte mit gewaltiger Kraft nach Norden, neigte, drehte, wandte sich mit hüpfenden, federnden Flügeln. In diesem Flug lag die verzweifelte Raserei eines hungrigen Falken.

Das Licht vergeht, die Beute kriecht tiefer in die lauernde Dämmerung, und die letzte Lerche steigt auf, bis plötzlich die Nacht – so lang vergessen – schwarze Schatten über die schimmernden Augen wirft.

Der gepeinigte Falke sengte durch den Himmel und sah das Wirken des Landes unter ihm, wie es dicht von Vögeln bevölkert auflebte. Goldregenpfeifer brachen ihre wilden Rufe über den grünenden Flächen der tieferen Sphären. Der Falke raste in sie hinein wie eine brennende Fackel.

12. März

Die Niederung ist überschwemmt, weshalb der Terzel weiter südlich und östlich jagt und badet, wo das Land höher und grüner ist. Zwischen der Niederung und der langen, schmalen Mündung sah ich ihn im starken Nordwind driften. Er segelte und rüttelte und flog nach Süden. Angetrieben vom Wind in meinem Rücken, raste ich mit dem Fahrrad wie ein Berserker über die kurvigen Wege, verfolgte den hohen gegabelten Fleck mit den Augen, verlor ihn, und fand ihn wieder, als er segelnd über Schwärmen fressender Möwen und Regenpfeifer innehielt. Saatkrähen saßen in hohen, hügelklimmenden Ulmen neben ihren sperrigen Nestern und krächzten kehlig warm in die starke Märzsonne. Im klargrünen Licht verkohlten die Bäume in schmutziges Schwarz.

Ich schwang über die Hügel und hinab in die steile Niederung, wo ich den Terzel entlang gefächerter Sonnenstrahlen in entfernte Marschen abtauchen sah. Ich glitt durch Leicesterschein aus geschwinde grünem Licht. Die glänzende Feuchte der grünen Felder reizte das windgepeitschte Auge. Die summenden Räder tauchten unter mir davon; brausender Wind drückte mich nieder. Im Jagdtempo eilte ich dem geflügelten Falken zur Beute hinterdrein. Ich sehe mich noch, wie ich als Kind über frühlingsgrünen Rasen galoppierte; über die brachen, einstigen Äcker der Vorkriegsjahre; durch die wilden Hecken und die großartigen blühenden Gräser mit den darin flackernden Falken und Finken.

Die fernen Hügel kreisten, drehten und teilten sich; der lange, magere Mündungsstrich glomm plötzlich silbern am Horizont wie eine Lichtsparre, und alle Marschen in der Ferne trieben zum dünnen blauen Meeresspiegel auf. Ich blieb stehen und überblickte die grün glänzenden Wiesen. Der Wanderfalke stürzte zur schimmernden Meeresscharte herab und wallte über das grüne Land wie eine lebhafte auf- und abzüngelnde Flamme.

13. März

An der Furt sang eine Misteldrossel, die erste des Jahres, ein Männchen, das seine melodiösen, samtweichen Arien ertönen ließ. Es hörte auf zu singen, und sengte in den Niederwald. Ich hörte das trockene Geratter seines Schimpfens; dann jagte es einem Wanderfalken bis hinüber zur toten Eiche nach.

Diesen Terzel hatte ich noch nie zuvor gesehen, er besaß kürzere Flügel und war gedrungener als der Vogel, der in der Niederung überwintert hat, mit dunklerem, braunerem Gefieder ganz ohne Rot oder Gold. In Flügeln und Schwanz taten sich mehrere Lücken auf, wo die gemauserten Federn noch nicht ersetzt waren. Lange Zeit saß er tatenlos da, obwohl er oft in den Himmel schaute, den Kopf weit in den Nacken gelegt, um die hoch driftenden Flecken der Zugmöwen zu beobachten.

Nach einer Stunde Müßiggangs glitt er geschmeidig vom Baum ins grünende Getreide des Feldes vor ihm. Fast ohne innezuhalten hob er wieder ab, und von seinen Krallen baumelte ein dicker roter Regenwurm. Den Angriffen einer kreischenden Möwe ausweichend, streckte er den Kopf nach vorn zum erhobenen Fuß und verschlang den Wurm in drei schnellen Happen. Dann kehrte er zur Eiche zurück, und die Möwe flog davon. Seit über einer Woche streifen Möwen über die Felder und stoßen in regelmäßigen Abständen auf die Würmer herab. Vermutlich hat den Falken, der sie oft beobachtet hatte, die Neugierde dazu getrieben, es ihnen gleichzutun. Dreimal hobelte der Falke am späten Nachmittag übers Feld, um einen Wurm zu fangen und zu fressen. Es hatte zu regnen begonnen, und viele Würmer krochen an die Erdoberfläche.

Zwischen den Flügen schlief der Falke, den Kopf tief in die Brustfedern versenkt, gesichtslos wie eine Eule. Der starke Regen störte ihn nicht, und bald war er ganz durchnässt und durchweicht. In der frühen Abenddämmerung flog er auf einen höheren Sitz, in einer Ulme am Rand des nördlichen Obstgartens. Ich konnte mich unter den Baum stellen und durch das triste, verregnete Licht zu ihm aufschauen. Obwohl er sehr schläfrig war, erwachte er beim geringsten Geräusch, bei der kleinsten Regung und spähte hinab auf die sich einfindenden Rebhuhnschwärme. Seine Federn hingen schwer an ihm herab wie ein feuchter Pelz. Er sah aus wie ein Indianer auf der Pirsch, der sich bis zum Hals in Büffelfell vermummt hat.

14. März

Entlang des südlichen Ufers der Mündung verflachte das Wasser zu silberblau glänzenden seichten Stellen. Wachsende Schlickufer schimmerten gelb in der Sonne. Drei Brachvögel landeten im Schlick und schritten behutsam zur Wasserlinie. Sie waren verunsichert, drehten die Köpfe nach links und rechts wie Hochwild, das dem Wind misstraut. Sie waren gefärbt wie der Sand, der Schlamm, die Kiesel und das verdorrte Gras der Marschen. Ihre Beine hatten die Farbe des Meeres.

Der Wanderfalke flog vorbei und rüttelte über dem Deich, wo die Rebhühner im Gras kauerten. Ein löwenfarbiger Terzel, wild und stolz, der mit leuchtendem, schwarz schmelzendem Blick herabschaute. Unterhalb der Stellen, an denen die breiten Flügel in der Brust steckten, lagen Federn, die reich mit diamantförmigen Flecken übersät waren, wie das Fell eines Schneeleoparden. Kurz glühte der bernsteinfarbene Falke in der Sonne, dann flog er landeinwärts.

Ich ging den lang gestreckten Feldhang östlich der kleinen Bucht hinauf und entdeckte oben eine Falkin, die in einer Eiche saß. Ihr Federkleid war nass. Sie trocknete es, nachdem sie auf einem überschwemmten Feld gebadet hatte. Auf ihrer breiten Brust verschmolzen braune in lohfarbene Pfeilspitzen, während die unteren Federn dunkler waren, weniger gelblich, und dick und schwammig über den Ast des Baums hingen. Ihre knorrigen Füße glänzten wie poliertes Messing. Ihr Kopf hielt niemals still. Von ihrem hohen Sitzplatz konnte sie alle Bewegungen auf den Feldern und in den Buchten entlang des über Meilen ockergelben Ufers sehen.

Ich war schon sehr nah, als sie geruhte, mich mit beiden Augen anzublicken. Ich ging noch näher heran. Ohne zu zögern oder zu mucken breitete sie die Flügel aus und ließ sich von der leichten Brise vom Baum heben. Die langen, konischen Handschwingen waren vorgestreckt, und die breiten, fächergleichen Armschwingen zogen auseinander, wobei ihre blass gestreiften Oberflächen in der Luft flirrten. Mit einer leichten Drehung glitt die riesige Falkin vom Baum, ruderte hinaus zur blauen Wasserluft über der Bucht. Vom Wind geleitet und getragen driftete sie durch die zarten Schwaden des Mündungshimmels in den dahinter liegenden strahlenden Seehimmel.

Schwere Wolken senkten sich, und der Nachmittag war trüb. Als ein Senfgelb im düsteren Licht stieg eine Sumpfohreule leise aus einem Graben auf wie ein beschwingter Mond, nur am leisen Rascheln des sich teilenden Grases zu hören. Sie wandte mir ihr katzenhaftes Gesicht zu und wedelte mit ihren gesprenkelten Schneckenhautflügeln über die Marsch.

Grau und schimmernd füllte das Hochwasser die Bucht. Die Sumpfohreule flatterte langsam über ihr eigenes Spiegelbild, was aussah, als wollten sich zwei Eulen durch die schillernde Haut des Wassers treffen. Wie die eine über dem Deich aufstieg, tauchte die andere nach unten ab.

15. März

Ein starker, herrlicher Südwest, gebrochenes Sonnenlicht, warme, weiße Wolken. Regenpfeifer kreisten in der stürmischen Luft, goldene Nebelflecken, die in die blauen Weiten des nördlichen Himmels sanken. Der Horizont des Himmels liegt weit hinter dem der Erde. Hohe Vögel leuchten in diesem hellen Strahlenkranz noch lange, nachdem die tiefer fliegenden Tiere an dessen eiserner Unterkante längst verschattet sind. Kiebitze stiegen zum segelnden Falken auf – gekrümmter Schnabel, versteckte Greifhaken – wie Fische zur farbenfroh tanzenden Fliege. Sie lassen sich in den Himmel locken und werden im Aufstieg erlegt. Wenn sie erst einmal weit genug oben sind, besteht keine Gefahr mehr, ihr Aufstieg aber ist tödlich.

Um halb eins kauerte der dunkelbraune Terzel auf der wuchernden Haselnusshecke, die den nördlichen Obstgarten von Ost nach West durchteilt. Er sonnte sich nach dem Baden, während der goldene Terzel die Niederung bejagte. Gelegentlich flog er in den Wind auf, rüttelte, und glitt dann wieder zur Hecke herab. Um zwei Uhr waren seine Flügelschläge bestimmter, und er schnellte mit raschen, kurzen Hieben voran. Einen Moment lang rüttelte er wieder, dann schoss er mit halbgeschlossenen Flügeln herab, tauchte in das welke Gras zwischen den Apfelbäumen und streckte mit weit gespreizten Flügeln die Greife aus. In sich eingesunken fuhr er wieder auf und flog wild flatternd hinunter zum Bach, in den Krallen ein Rothuhn und eine lange rote Ampferrispe. Das Rothuhn hatte sich gereckt, um an die Samen der Rispe zu kommen. Der Falke hatte es fressen sehen und sich auf das Tier gestürzt, noch ehe sein Mahl beendet war, und die Rispe mitsamt Huhn vom Boden gerissen.

Eine Stunde später kehrte er zurück und kauerte sich in einen Apfelbaum am Rande des offenen Ackerlands. Ich saß dreißig Meter von ihm entfernt, ohne jede Deckung, und beobachtete ihn. Nach zwei Minuten unbehaglichen Starrens flog er direkt auf mich zu, als wollte er mich angreifen. Doch noch bevor er mich erreichte, steilte er in den Wind, stand rüttelnd fünf Meter über meinem Kopf in der Luft und schaute herab. Eine Maus musste sich genauso fühlen wie ich jetzt, wenn sie ungeschützt im kurzen Gras kauerte, zitternd und bangend. Das scharfklingige Gesicht des Falken schien furchterregend nah. Die glasigen, unmenschlichen Augen – so fremd, so fern – drehten sich wie braune Kugeln in der langen Bettung der Bartstreifen. Das dachsfarbene Gesicht stach lebhaft scharf in den Himmel. Ich konnte meinen Blick nicht vom vernichtenden Licht dieser Augen, vom hornigen Spieß dieses Krummschnabels abwenden. Viele Vögel lassen sich von der Schlingfalle seines starren Blicks gefangen nehmen. Noch im Sterben wenden sie ihm den Kopf zu. Dann kehrte der Falke unzufrieden zu seinem Baum zurück, und ich ließ ihn eine Weile in Ruhe.

Zwischen zwei und fünf Uhr saß er auf der Haselnusshecke oder rüttelte über dem Obstgarten. Nie flog er außer Sichtweite. Er kauerte sich stets auf die höchsten Zweige, so schmal und biegsam sie auch sein mochten. Auf und ab, hin und her schwenkten und schaukelten Falke und Ast gemeinsam im Wind. Durch groteske Tauch- und Drehbewegungen von Kopf und Nacken hielt er immer dieselbe Augenhöhe, als würde er fortwährend über ein lästiges Hindernis lugen oder seitlich vorbeiäugen. Seine großen, zitronengelben Füße hielten sich klobig am Ast, einer über den anderen gelegt, während ihre gewachsten, schuppigen Ringe im Sonnenlicht glänzten. Wenn er mir zugewandt dasaß, vollgefressen und schläfrig, verschwanden seine Flügel gänzlich hinter der breiten, fassförmigen Brust. Unter dem leicht bräunlich gesprenkelten, cremefarbenen Hals saßen ocker- und lohfarbene Brustfedern, mit senkrechten, schokoladenbraunen Furchen, die im Licht wie angelaufene Bronze schimmerten. Die dunkelbraunen Bartstreifen hingen von den helleren Querstreifen über den Augen. Die Kappe zog sich in senkrechten, rötlich-braunen und gelb-braunen Holzmaserstreifen nach unten, mit einem Stich ins Graue, im Nacken blässlicher. Die zwiebelartig geformten Augen waren malzbraun wie schlammiger Waldboden und tief in Höhlen aus blasstürkiser Haut eingesunken. Die Wachshaut war gelb; die Schnabelwurzel grau, die hakenförmige Spitze blau.

Er sah mich nur selten an und folgte den Bewegungen meiner Hände nicht. Er beobachtete das hohe Gras und lauschte. Lauschte wie eine Eule, mit gesträubten Gesichtsfedern, und hob und senkte dabei die Ohrendeckel. Hätte er mehr von dem Rothuhn gefressen, wäre er sicher nicht mehr hungrig, doch war er augenscheinlich wach und aufmerksam und konnte das Jagen nicht lassen. Manchmal schaute er nach den segelnden Möwen auf ihrem Weg nach Nordosten. Sie erkannten ihn und gaben im Abdriften harsch Laut. Gelegentlich drehte er den Kopf nach rechts, um die nördliche Hälfte des Obstgartens zu überblicken. Wieder flog er plötzlich auf mich zu und rüttelte über mir, sah neugierig-gleichgültig herab, wie wir Menschen auf Fische schauen, die unter spiegelnden Wasserbögen so weit von uns entrückt sind, dass wir sie nicht einmal fürchten können, solange wir nicht hineinfallen. Seine Unterschwingen waren cremiggelb, überzogen von einem engen Netz dünner brauner Linien und einem schwachsilbernen Schein. Die Achseln und die inneren Armdecken waren mit einem tiefdunklen Braun wie auch mit größeren, diamantförmigen Malen besprenkelt.

Da er im Sturm nicht segeln konnte, rüttelte er beharrlich, wunderbar kraftvoll und beherrscht. Er erschöpfte seinen Jagddrang, indem er über jedem Abschnitt des Obstgartens stehen blieb, ohne aber über dessen Grenzen hinauszugehen. Um halb vier, er hockte gerade in einem Baum, kreisten Hunderte von Regenpfeifern hoch über der Niederung. Der andere Terzel war wieder auf der Jagd. Um vier Uhr wurde der Obstgartenterzel ruhiger. Er hörte auf zu rütteln und flog in eine Ulme. Nachdem er sich geputzt hatte, öffnete er weit den Schnabel und blähte den Hals wie eine gurrende Taube. Das Aufklaffen und froschähnliche Wölben des Halses ging über zehn Minuten, während derer er sich mit einem Fuß energisch am Halsgefieder kratzte und den Nacken hin und her wand. Dann warf er sein Gewölle aus unverdauten Knochen und Federn aus und fiel sofort in Schlaf. Eine halbe Stunde später querte er das Feld und flog zur toten Eiche hinüber, wo er in aller Gemütsruhe schlafen konnte.

Der Wind war abgeflaut, die Wolken jetzt größer und dunkler. Der goldene Terzel fegte wie ein Lichtstrahl flach über die Felder und erklomm mit einem Schwall von Flügelschlägen den höchsten Ast einer Ulme. Die langen, rudernden Hiebe seiner Schwingen waren ganz anders als die kürzeren, stockenden Schläge des braunen Terzels. Die beiden unterschieden sich wie ein Barsoi von einem Collie. Einen Moment lang kauerte er da, gleich einem rotgoldenen Pfeil, der sich jäh im Baum verfangen hat, dann zog er auf- und abtauchend weiter nach Norden. In der Eiche schlief der braune Terzel; er hatte den anderen Falken weder kommen noch gehen sehen.

Nach fünf Uhr flaute der Wind vollständig ab. Der Abend war sehr still. Aus den Fesseln des Sturms befreit, schien die gesamte Niederung langsam gen Süden zu driften.

16. März

Es war sechs Uhr, eine Stunde vor Sonnenaufgang, als ich stehen blieb, um eine Schleiereule zu beobachten. Sie flatterte hinauf zur Landstraße, schälte sich langsam aus dem grauen Halblicht in ein verhärtendes Weiß, wehte auf die andere Seite und flog sacht hinab in Richtung Fluss. Schwerer Atem von Stille durchzog die taufeuchten Felder. Eine zweite Eule stieg aus dem Wiesenstreifen, flog dicht an mir vorbei. Ihr rundes, weißes Gesicht blickte langsam nach hinten, der große hängende Kopf wandte sich in Staunen. Die dunklen Pflaumenaugen schimmerten hinter einer traurigen Clownsmaske aus Federn. Dann reckten sich die langen weißen Flügel und trugen den Vogel in den Nadelwald davon, wo noch Nacht war.

An der Mündung war der Tag kühler und heller. Ich sah die Flut kommen und wieder gehen und schaute den Watvögeln zu, die fraßen und ruhten, während die Enten schliefen und die Sonne nach Westen über die ulmenbekrönten Inseln zog.

Eine Stunde vor Sonnenuntergang legte ich mich auf die Steinböschung des Deichs, ausgerichtet zum rotgoldenen Feuer der sich weitenden Sonne. Die heranplätschernden Wellen versanken im Schlick. Die kalte Luft wurde schärfer und roch schon nach der aufziehenden Nacht. Tosend, als stürzte eine Klippe ins Meer, brausten alle Vögel vom plötzlich blanken Strand in den flügelverhangenen Himmel. Pfeifenten stoben aus den Marschen hinter dem Deich und flogen über mir davon. Ich hörte ihr lautes Klatschen, als wäre eine Planke ins Watt gefallen, das Aufplatschen herabstürzender Exkremente und das harsche Heulen der Flügel. Steil auffliegend wedelten die Pfeifenten auseinander. Eine fiel zurück in die Marsch, schlaff und weich, ihr schmaler Kopf als goldene Haube über dem baumelnden Hals. Sie schien ganz und gar unwirklich, so als müsste sie Sägemehl verlieren, kein Blut. Da lag sie nun, platt und ungestalt.

Solange ich da war, kam die Falkin nicht zu ihrer Beute. Ich hatte sie nicht einmal gesehen. Sie tötete in der Luft über mir, und ich konnte sie trotzdem nicht sehen, so schnell und plötzlich war sie niedergestoßen. (Als ich am nächsten Morgen zurückkehrte, hatte sie bereits gefressen und war verschwunden. Die Pfeifente lag ohne Kopf auf dem Rücken wie eine Opfergabe da, und das Cremeweiß ihrer Knochen glänzte in der Sonne über den dunklen Blutflecken und den weichen, trudelnden Federn im Wind.)

In der Abenddämmerung sah ich die Schleiereule wieder, die zwischen Landstraße und Fluss jagte. Zwanzig Minuten suchte ich in langen, geraden Linien die Wiese ab. Sie flog zwei Meter über dem Gras, mit schnellen, gleichmäßigen Schlägen. Der feste Takt der Flügel wirkte seltsam beruhigend. Das Dämmerlicht sank. Die Eule wurde größer und heller. Der aufgehende Mond verfärbte sich von Sattorange zu Gelb, sowie er aus den Bäumen schwebte. Die Eule saß auf einem Torpfosten, und ich sah die reglos nachsinnende Maske ihres Gesichts, das mich aus dem grauen Feld ansah. Der krumme Haken ihres Schnabels stand wie eine einzelne Kralle aus dem herzförmigen Ausschnitt der Maske hervor. Die dunklen Augen waren weingerändert. Sie flog auf und über mich hinweg, in der ersten Kühle der Frühlingsnacht, und plötzlich rief sie. Der heisere, bellende Schrei zog sich zu einer scharfen Kante und zerging wieder in Stille. Doch es war nicht mehr dieselbe Stille wie zuvor.

17. März

In langen Rollen und Säulen zogen Wolken im grauen Ostwind in die Ferne, dass der Himmel wie grenzenlos schien. Im Einklang mit dem Wind schwoll auch die Sonne, am Nachmittag strahlte sie in den kalten Sturmwind, ehe die Glut eine Stunde vor ihrem Untergang in Nebel und Dämmerung entschwand.

Ich wanderte hinaus zu dem Punkt, an dem das sanfte Flusslicht der Mündung auf die harsche Grelle der See trifft. Eine große Wanderfalkin wehte im Tiefflug übers Wasser, hinüber zu einer Reihe leerer Frachtschiffe, die mitten im Fluss vertäut waren. Sie schoss in die Höhe, um sich auf einem Masttop niederzulassen, blieb fünf Minuten sitzen und flog dann weiter zur südlichen Küste.

Um halb fünf war es schon sehr düster, und über den Marschen jagte eine Sumpfohreule. Direkt unter ihr flog eine Schleiereule, und grimmig schoss die größere auf die kleinere Eule herab. Die Schleiereule tauchte ins Gras, wo sie zehn Minuten verharrte. Nach dieser Begegnung hielten sich beide voneinander fern, jede in ihrer Hälfte der Marsch. Als das Licht allmählich gefror, verschwand die braune Eule, und die weiße wurde noch weißer. Beide jagten auf gleiche Art, wahrscheinlich nach derselben Beute.

Von einigen Bäumen in der Nähe des Bauernhofs, eine halbe Meile nach Westen, stiegen in Wolken Ringeltauben auf. Tausend Vögel gingen hoch, ballten sich zusammen und barsten in einer weitspritzenden Explosion. Ein Falke war dort auf der Jagd, aber zu weit entfernt, als dass ich ihn hätte sehen können.

In der frühen Abenddämmerung überquerte ich die Marsch und ging den Weg zum Dorf hinauf. Erschrocken blieb ich stehen, als ein lauter Schrei ertönte, ein schrilles ›tschää-wit‹, das von einem einsamen Kiebitz über einem Feld im Westen kam. Er flog in schnellem Tiefflug, während er rief. Hinter ihm funkelte direkt über den Ackerfurchen die schlank dahinrauschende Silhouette eines goldenen Terzels. Seine Flügel fuhren hoch über den Rücken, wie er mit langen, wilden, rudernden Schlägen dem Kiebitz nachstellte. Der Kiebitz gewann immer wieder durch jähe Drehungen und Wendungen einen Vorsprung, doch innerhalb einer Sekunde hatte ihn der Falke, der in weiteren Bögen, dafür aber schneller flog, erneut eingeholt. Als der Kiebitz in die Deckung einiger Sträucher entfliehen wollte, stieg der Falke über ihn auf, stand kurz schwarz am Himmel, und stieß dann senkrecht herab. Es war ein haarsträubender Schlag. Der Kiebitz wurde in die Erde gerammt. Beide Vögel fielen wie ein Tier; der eine schlaff und weich in seinem Tod, der andere verkrampft in Schock und Raserei. Dieser einzelne Kiebitz hatte, in Balz und Gesang versunken, den Anschluss an die Schar verpasst. Den toten Vogel in den Krallen, flog der Falke über das dunkelnde Feld hinüber zur Marsch, wo die weiße Eule noch immer auf Jagd war.

20. März

Der morgendliche Niesel dünnte aus in Nebel, der Nebel wich Wolken, doch der Tag blieb trüb und feucht. Kalt blies der Nordost.

Um elf Uhr kehrte der dunkelbraune Terzel zum Obstgarten zurück, warf sein Gewölle von einer Ulme und flog wieder davon. Im Gras unter dem Baum fand ich mehrere Gewölle. Alle enthielten Fell und Knochenteile von Mäusen und einige Ringeltaubenfedern. Um halb eins tauchte der Terzel erneut auf und verbrachte den restlichen Tag im oder nahe dem Garten. Er trägt nun in der Mitte jedes Flügels zwei blauschwarze adulte Federn und in der Mitte des Schwanzes zwei blauweiß gestreifte Federn.

Über dreieinhalb Stunden betrieb er Ansitzjagd von hohen Ästen in Pyramidenpappeln oder Erlen oder Eichen am Bach. Sehr wichtig war ihm die Höhe seiner Warte. Er landete auf dem höchsten Zweig einer Pappel, schaute sich um und flog dann zu einer geringfügig höheren auf. Nach weiterem Spähen und Vermessen mit dem Auge flog er schließlich auf den höchsten Baum der Reihe. Seine Fußarbeit war wunderbar gewandt und genau. Niemals griff er daneben, nicht einmal bei sehr dünnen und biegsamen Zweigen. Oft stand ich nur zwanzig Meter von seinem Sitz entfernt und sah, wie er über meinen Kopf hinweg in den Obstgarten hinter mir schaute. Er hatte keine Angst. Wenn ich in die Hände klatschte oder laut rief, blickte er manchmal zu mir herunter, aber höchstens für eine Sekunde. Ich konnte ohne Fernglas seine Augen und die genaue Zeichnung seines Gefieders sehen. Mit dem Fernglas erkannte ich noch die kleinsten Details, wie etwa die winzigen zitternden Schnabelborsten am Ansatz seines Mundwerkzeugs. Die Federn von Rücken, Mantel und Armschwingen hatten dünne schwarzbraune und braungelbe Streifen, mit einem Stich ins Rötliche. Die oberen Schwanzdeckfedern waren einfarbig rotbraun, heller als Schwanz oder Mantel; die Handschwingen waren schwarz. Die Schultern setzten sich deutlich ab: schwarz-gold gestreift, mit einem hellgoldenen Schimmer von Satin, der selbst bei schwachem Licht noch in der Ferne aufleuchtet.

Nach langem Schauen und Spähen, währenddessen der Falke den Kopf niemals stillhielt, flog er bisweilen auf in den Wind, rüttelte zwanzig oder dreißig Sekunden und kehrte zurück auf seinen Sitz. Er stieß nicht nieder und versuchte keinerlei Angriffe. In der Ferne riefen jedes Mal Rebhühner, wenn er aufstieg, aber einige saßen ganz in der Nähe im hohen gelben Gras, und ich schreckte sie aus ihren Verstecken auf, über denen der Falke gerüttelt hatte. Dieser setzte sich derweil wieder auf seinen Ast und zeigte kein Interesse, sie zu jagen. Spatzen schrillten aus Büschen zu ihm hinauf, hüpften aufgebracht umher und wandten ihre kleinen erbosten Gesichter nach oben. Er ignorierte sie, ebenso wie er mein ausdruckslos aufblickendes Gesicht ignorierte. Er konzentrierte sich verbissen auf sein eigenes, seltsam erfolgloses Jagen, oder auf die Vorspiegelung davon.

Zwischen zwei und drei Uhr wurde er zunehmend unruhiger und

aufmerksamer. Um drei Uhr flog er nach Südosten und war nicht mehr zu sehen. Seine Jagd im Obstgarten war offensichtlich beendet. Eine Stunde später kam er in die tote Eiche geflogen, wo er blieb, bis es dämmerte. Er fing und fraß sechs Würmer. Dazu flog er jedes Mal ins Getreidefeld herab, griff sich einen Wurm und trug ihn mit sich auf einen Ast in der Eiche. Während er ihn in einer Klaue hielt, fraß er ihn langsam in vier oder fünf Happen. Alle seine Bewegungen waren gemächlich und bedacht. Er sah aus wie ein Gourmet, der sich die Delikatesse der Saison gönnt. Zuvor hatte er bereits umfänglichere Beute verspeist. Würmer sind ebenso wie Mäuse lediglich Knabbereien, denen der Wanderfalke in der Mauser offenbar nicht widerstehen kann.

21. März

Am Rande des Südwalds lag ein seit langem toter Waldkauz. Ich hob seine breiten Flügel an, und Puderfedern pufften ihren Staub aus. Als ich den leichten, trockenen Kadaver beiseite warf, verfingen sich die langen Zehen in meinen Handschuhen, unheimlich, so als wäre noch Leben in ihnen. Die kräftigen, knorpeligen Beine, die bis zu den Zehen gefiedert sind, enden in diesen gekrümmten Haken, die hart und scharf wie Stahlnadeln sind. Sie scheinen unvergänglich. Sie werden die zerbröselnden Knochen und verwehenden Federn lange überleben, während hoch und höher das Gras über sie wächst.

Am Bach fand ich unter einem Schwarzdorn eine erst kürzlich getötete Ringeltaube. Blütenblätter fielen hinab ins trocknende Blut. Zwischen den beiden Wäldern verläuft ein kleiner Pfad, der durch schmale Dornheckenfelder und verstreute Eichen und Ulmen von ihnen getrennt ist. Südlich des Pfades steht ein toter Baum: eine sechs Meter hohe Ulmenruine, astlos, im Wipfel zerklüftet wie ein abgebrochener Zahn. Auf diesem moosüberwucherten Fang ruhte hell und golden der Terzel. Als ich näher kam, flog er nach Osten, kreiste, und kam dann in einem Wechsel aus steilem Gleitflug und Innehalten, Stufe um Stufe, auf mich zu. Ich stand in der Nähe des toten Baums und beobachtete seinen Sinkflug. Der große, klobige Kopf, der zwischen den starren Flügeln hing, wurde größer, die starrenden Augen tauchten auf und schauten kühn durch das dunkle Visier seiner Augenmaske. Keine sich vor Angst weitenden Augen, kein Zur-Seite-Zucken; er segelte ganz gleichmäßig herab und zwanzig Meter an mir vorbei. Sein Blick war auf mein Gesicht geheftet, und als er an mir vorbeiflog, drehte er den Kopf, um mich im Auge zu behalten. Er hatte keine Angst und war auch nicht beirrt, wenn ich das Fernglas sinken ließ, wieder hob oder die Position änderte. Er war entweder gleichgültig oder verhalten neugierig. Ich vermute, er betrachtet mich inzwischen als halb Falke, halb Mensch; ich war es würdig, dass er von Zeit zu Zeit über mich hinwegflog, um auf mich herabzuschauen, ganz vertrauenswürdig war ich aber nie; ein verkrüppelter Falke vielleicht, der weder fliegen noch richtig töten kann, unsicher und von sauertöpfischem Gemüt.

Bald brachen die hohen weißen Wolken auf und schmolzen in der Sonne. Ich hielt den Falken in Bewegung, weil ich hoffte, ihn aufsteigen zu sehen. Um halb zwei glitt er, des Gejagtwerdens müde, langsam in die Höhe, breitete die Flügel in die warmen Schichten der Luft und stieg außer Sichtweite. Kreisend und driftend trieb er in den Himmel hinaus, bis meine Augen nur noch einen Punkt wahrnahmen, der durchs Blau stach, dann nichts mehr. Im Fernglas fand ich ihn wieder, über der bewaldeten Anhöhe schnitt er lange, grazile Bögen durch Federn weißer Wolken. Ich lag auf der trockenen Erde auf dem Rücken und sah, wie er allmählich schrumpfte und verschwand. Er erschuf am Himmel wunderschöne Muster und Kritzeleien, geschwinde schwindend wie die Wellenmuster am Uferstrand. Die Sonne war warm, die Hecken grün beschwirrt, Lerchen schickten unter dem segelnden Falken ihren Gesang in die Lüfte. Festen Herzens lag endlich das Land.

Der Falke klomm in die leichtere Luft über den Hügeln, und ich lag stillvergnügt in den feinen Klängen des Feldes und wartete auf seine Rückkehr. Zwanzig Minuten später driftete er von Osten heran und begann langsam zu sinken. Er fegte schleifenziehend im Wind hin und her, kreuzte den kleinen Pfad und kreiste beiderseits über den Feldern. Nach jeder vollendeten Figur segelte er geradewegs voran den Pfad entlang und brauste dabei mit bogenförmig angelegten Flügeln sehr schnell und geschmeidig durch den Wind. Dann drehte er langsam ein in die nächste Figur. Der lange, gerade Pfad war seine Richtschnur. Derart tanzend sank er um tausend Fuß, doch selbst wenn er direkt über mir flog, war er kaum mehr als ein Fleck im Himmel. Durch das Fernglas war er gerade eben als Falke zu erkennen. Leicht und majestätisch machte er sich den Wind untertan, ritt auf ihm, lenkte ihn unter den weichen Bögen seiner Flügel beschwichtigend nach unten, meisterte auch die plötzlichen Böen und spannte sich über die Höhlen der turbulenten Luft.

Ein plötzlicher Strich zur Seite, ein steiler Sturz auf den Nordwald, und die lange Spur bricht ab. Der Falke verschwindet nach unten wie ein Fisch, der plötzlich frei ist. Eine Ringeltaube fliegt über den Wald, schaut auf, schert wild hin und her, fliegt aber weiter. Der dunkle Falkenfleck stürzt herab, bekommt langsam Farbe und prallt wie durch den Rückstoß eines Gewehrs zurück, als die goldenen Füße zum Schlag nach vorn schießen. Graue Federn spritzen auf und wirbeln durch die Luft. Die tote Taube drischt in die Bäume. Der Falke ist verschwunden. Die Luft scheint leer und matt.

Am späten Nachmittag finde ich die Beute, die rücklings im sumpfig grünen Boden zwischen hohen, dünnen Birken und Hainbuchen liegt. Die Fußabdrücke des Falken sind tief in den Morast gestampft; die Taube hat saubere Füße. Sie ist bis auf die Knochen ausgehöhlt wie ein elfenbeinfarbenes Boot.

Hohe Wolken, kalter Wind, der Horizont von der Brise blankgeputzt. Um zwölf Uhr saß der Obstgartenterzel auf seinem gewohnten Ast über den Amseln und Buchfinken. Er flog in die Luft auf und rüttelte, im starken Griff des Windes flatternd, wobei ihm der Himmel zwischen den ausladend geweiteten Flügel- und Schwanzfedern hindurchschien. Als er müde wurde, zog er nach Süden und segelte im Tiefflug durch den Obstgarten und weiter über die Felder. Hunderte fressender Dohlen und Ringeltauben schreckten auf, stiegen hoch, sprengten auseinander und flogen davon. Die Dohlen schraubten sich in den Osten, die Ringeltauben stoben nach Westen, bis sie nicht mehr zu sehen waren.

Der Terzel kehrte zum Obstgarten zurück und hielt erneut für eine Stunde von den Baumwipfeln Ausschau. Als Krähen ihn von einer Pappel jagten, begann er schneller zu fliegen, mit längeren, entschiedeneren Flügelschlägen. Von nun an war er aktiver und aufmerksamer. Oftmals wird ein Wanderfalke im Verlauf seines Tages hungrig, ohne dass er aber bereit oder entschlossen wäre zu jagen. Wenn er dann von Menschen oder hassenden Vögeln gestört wird, ist er wie von seiner Zögerlichkeit befreit und beginnt sofort mit der Jagd.

Nachdem er den Krähen entwichen war, flog er zurück zur Ulme, auf der ich ihn zuvor gesehen hatte. Er wählte nun einen höheren Ast, saß vornübergebeugt, schaute zuckend nach rechts und links, schob unablässig die Füße hin und her. Als er sich löste und mit aufsteigenden Flügeln vom Baum herunterfloss, war sein Blick auf etwas im Obstgarten gerichtet. Er flog behutsam, leise, gegen den Wind, glitt langsam über den flachen Boden. Er hielt inne, rüttelte sich zwanzig Fuß in die Höhe und fiel sanft auf seine Beute. Schwer beladen stieg er empor und flog im Tiefflug zwischen den Bäumen hindurch, eines von zwei Rothühnern in den Fängen, die sich zu weit aus dem Versteckt gewagt hatten. Ich rannte hinterdrein. Er ließ das Huhn fallen, holte es sich jedoch sofort wieder. Erstaunlich schnell barg er seine Beute. Wie das Lid eines zwinkernden Auges fuhr er herunter und wieder hinauf. Dann verließ er den Garten und querte mit schnellen, großen Flügelschlägen den Bach, sank fast auf den Boden, stieg wieder auf und wallte wie ein Specht dahin, immer auf und ab. Ein Rothuhn wiegt ein bis anderthalb Pfund. Der Terzel trug es über mindestens eine Meile, mit einer Geschwindigkeit von dreißig oder vierzig Meilen die Stunde.

23. März

Der heutige Tag war eine ganze Jahreszeit entfernt vom gestrigen, aufgewärmt von starkem Westwind und samtigem Sonnenlicht, verglomm er am Abend in gelbgetränkter Dämmerung. In den Flussauen fraßen dreihundert Goldregenpfeifer gemeinsam mit Kiebitzen, Möwen und Wacholderdrosseln. Wie grasendes Vieh bewegten sie sich langsam durchs Gras. Dann stiegen alle Vögel auf, als wäre mit einem Ruck ein Netz unter ihnen angehoben worden und hätte sie allesamt in die Luft geschleudert. Die kleineren Vögel stoben in die Bäume, die Möwen und Regenpfeifer in den Himmel. Sechs Schnepfen folgten den Regenpfeifern und reihten sich in ihr hohes Kreisen ein.

Durch dieses schwirrende Flügelnetz hindurch sah ich in der Sonne einen Wanderfalken aufblitzen, und ein Regenpfeifer purzelte vom Himmel. Ich brauchte lange, um ihn zu finden, der Falke war mittlerweile schon wieder verschwunden. Der Regenpfeifer war von unten gegriffen worden. Er hatte eine Wunde an der Seite, die aussah, als hätte jemand mit einer schmalen Klinge zugestochen. Von der Brust war einiges Fleisch gefressen worden. Eines seiner Beine war verkümmert und unbrauchbar. Es ist erstaunlich, wie zielsicher der Falke aus einer riesigen Schar augenscheinlich identischer Vögel ein einzelnes auffälliges oder missgestaltetes Tier auswählt. Möglicherweise beeinträchtigt schon die kleinste körperliche Schwäche oder Abweichung im Gefieder auf verheerende Weise die Fähigkeit des Vogels zur Flucht. Vielleicht wollen kranke Vögel auch nicht mehr leben.

Als ich den Obstgarten betrat, gloste der dunkle Terzel in eine Erle am Bach auf und beobachtete mich, wie ich zwischen den Apfelbäumen hindurchspazierte. Er flog zur Haselnusshecke, und ich hockte mich zwölf Meter vor ihm nieder. Wir sahen einander eine Weile an, aber der Falke verlor das Interesse und schaute ins Gras. Als er steif an mir vorbeiflog, sagte mir das scharfe Ruckeln seiner Flügel, dass er Beute gesichtet hatte. Er rüttelte, tauchte ins Gras und stieg mit einer Maus am Fuß wieder auf. Er trug sie zur toten Eiche und fraß sie, neigte dabei den Kopf weit zurück, um den strahlenden südlichen Himmel zu beobachten, wo der goldene Terzel Richtung Küste segelte und Möwen kreisten. Als die lange Schleppe der Vogelwolken hinterm Hügel verschwunden war, flog er zum Bach zurück.

Ich blieb ganz in seiner Nähe, während er über dem Obstgarten schwebte oder in Erlen ruhte, aber ich war Luft für ihn. Er beäugte aufmerksam das Gras zu meinen Füßen und schien irgendeine Bewegung zu sehen oder zu hören, von der ich nichts bemerkte, obwohl ich nur zwei Meter davon entfernt war und der Falke dreißig. Er folgte mit dem Blick der Bewegung. Plötzlich fuhr sein Kopf hoch, und er kam schnell herübergeflogen, um zehn Meter von mir entfernt über dem Gras zu rütteln. Er drehte sich auf die Seite, legte die Flügel an, und stieß nieder. Der Sturzflug ging nur über zwei Meter, aber die Technik ist stets dieselbe, ganz gleich, ob zwei Meter oder zweihundert. Er stieß hart ins Gras, ohne aufzusetzen, weich und geräuschlos wie eine Eule. Federleicht flog er wieder auf, mit einer weiteren, diesmal größeren Maus in den Krallen, die er zu einem Apfelbaum trug und in zwei Happen verschlang, erst den Kopf, dann den Rest. Das alles geschah nur zwanzig Meter von mir entfernt, und ich hatte dabei nicht einmal reglos zu verharren.

Er ruhte zehn Minuten, dann stieg er wieder über die nördliche Hälfte des Obstgartens auf, zwischen Tümpel und Haselnusshecke, wo das Gras kürzer ist. Sorgfältig überflog er die gesamte Fläche und wirkte beflissener denn je. Die zweite Maus hatte ihn nur noch hungriger gemacht. Eine halbe Stunde segelte er im böigen Wind, ohne zu pausieren. Nur einmal stieß er nieder, verfehlte aber sein Ziel. Der sonnenbeschienene Obstgarten war sehr ruhig, mit Spalieren bernsteinfarbenen Lichts. Die einzigen Geräusche waren die durch die Entfernung gedämpften Gesänge der Amseln und Drosseln, der gelegentliche Ruf eines Blesshuhns und das Rascheln und Knarren der Zweige im Wind. Die einzige Bewegung war das stille Peitschen der langen Falkenschwingen, die durch die sonnenbeschienenen Korridore schlugen. Still jedenfalls für mich; für die Mäuse im kurzen Gras, für die Rebhühner, die dummbatzig im hohen Gras unter den Bäumen verborgen saßen, schnitten seine Flügel mit dem sengenden Heulen einer Kreissäge durch die Luft. Was sie fürchten, ist die Stille; wenn das Getöse über ihnen verstummt, warten sie auf den großen Schlag. So, wie wir im Krieg die plötzliche Stille der fliegenden Bombe zu fürchten lernten, weil wir wussten, dass der Tod auf uns fiel, wenn auch nicht, wohin genau.

Im sanften Licht des warmen, wolkenlosen Frühlings schimmerte der blinzelnde Falke hinter den Ästen der Apfelbäume hervor wie eine untergehende Sonne. Als ich durch den Obstgarten lief, folgte er und rüttelte über mir, in der Hoffnung, ich würde etwas für ihn aufscheuchen. Unten am Bach kam hüpfend ein Hermelin durch Dornen und Grasbüschel gerannt, in seinen Pfoten hielt er eine Wühlmaus, gerade so hoch, dass sie nicht durchs Gras schleifte. Die flauschige Maus, im Tode schlaff und fett, war doppelt so breit wie das schmalbrüstige Hermelin. Es war, als würde ein Tiger einen Ochsen tragen. Ich überließ den Falken seiner stillen Jagd und das Hermelin seinem Mahl.

Der eine Terzel hat den wolkenlosen Himmel, die breite Niederung, die Hügel, die Mündungen und die See; zwanzig paradiesische Meilen Jagdlands, eine Million Vögel zur Auswahl, zehntausend Fuß warmer, windiger Luft, in der er segeln und aufsteigen kann. Für den anderen Terzel, der ebenso stark ist, den gleichen scharfen Schnabel und die gleichen starken Krallen hat, gibt es nur den ruhigen Winkel eines Obstgartens, einen Morgen Gras und Apfelbäume, ein paar Mäuse, vielleicht ein Rebhuhn, Würmer, und den Schlaf. Er scheint wie hypnotisiert von dieser engen Symmetrie der Bäume. Er ist wie ein Spieler, der nicht widerstehen kann, noch einen letzten Wurf zu wagen, auf dass ihm das Glück vielleicht doch noch lacht.

Ich lief den Bach entlang und hinauf zur toten Ulme, um zu schauen, ob der Goldterzel von der Küste zurückgekehrt war. Da ich ihn nicht sah, setzte ich mich in eine Ecke des Feldes und wartete. Auf der blanken Erde vor mir lag der Schatten einer großen Eiche, und Silhouetten kleiner Vögel flitzten durch die Phantomkrone. Ich war fast eingeschlafen, als ein Eisvogel über mir vorüberflog, hinunter zum Bach. Noch nie hatte ich einen Eisvogel am Himmel gesehen; immer nur von unten beschienen, vom reflektierenden Licht des Flusses. Hoch über der trockenen Erde stehend, vor dem matten Hintergrund einer Wolke, wirkte der Vogel viel schwächlicher und weit weniger prachtvoll. Das Wilde ist nur dort wahrhaft lebendig, wo es seinen rechten Platz hat. Andernorts mag es exotisch erblühen, aber dahinter sucht das Auge weiter nach seiner verlorenen Heimat.

Um ein Uhr glitt der Terzel von Osten herab und ließ sich in einer kleinen Eiche am hinteren Ende des Feldes nieder. Ich kroch im Schatten einer Schwarzdornhecke heran, bis ich nur noch vierzig Meter von ihm entfernt war, die Sonne im Rücken. Zur Sonne gewandt saß er da und wurde bald schläfrig und schlaff. Er zog ein Bein hoch, steckte es zwischen die Federn und schlief ein, erwachte aber oft, putzte sich dann und schaute sich um. Falken haben einen leichten Schlaf. Ein segelndes Blatt im Wind kann sie wecken, das wogende Geflüster des Grases, auch die sich streckenden und schwindenden Schatten des Abends. Sie sind Flüchtige, die allem entkommen sind, nur nicht der Furcht.

Die Sonne sank, und der Falke glomm im bernsteinfarbenen Schein, wobei sich jede einzelne Feder sehen ließ, glatt und geschmeidig oder sich kräuselnd in der Brise. Im Geflecht der krummen Äste leuchtete der Greif wie ein strahlender, goldbesprenkelter Kupferkessel. Die großen Augen standen an der Kante zwischen den senkrechten Bartstreifen und den waagerechten Augenstreifen leicht hervor. Immer wenn der Falke den Kopf drehte, schimmerte die blanke, blaugraue Haut um sie herum weiß auf. Die Eichen und Ulmen, der Himmel und die Wolken über ihnen, alles spiegelte sich in seinen glänzenden, tintenfischschwarzen Augen wie eine Miniaturzeichnung in gebackenem Eiklar. Es waren merkwürdig träge Augen. Manchmal schienen sie von einem purpurnen Flor überdämmert, ähnlich dem mineralischen Film auf der Linse meines Fernglases oder dem Flor auf der dunklen Haut einer Pflaume.

Zwischen halb vier und vier Uhr wurde der Falke lebendiger, wippte mit dem Schwanz, tippelte mit den Füßen, blickte mit flinken Kopfbewegungen ringsherum und in den Himmel hinauf. Ohne Vorwarnung flog er davon, kreiste über dem Feld in die Höhe und ging in weit ausschweifendes Segeln über, so als holte er aus, bevor er aufstieg. Dann schoss er plötzlich herab, und als ich ihm nach unten folgte, stieg ein Paar Turmfalken in mein Blickfeld empor, das im Tiefflug den Bach entlang gekommen war. Vor dem niederstoßenden Wanderfalken tauchten sie gemeinsam in einem Baum ab. Das Turmfalkenmännchen flatterte unter schrillem Rufen nach Süden; das Weibchen blieb im Baum sitzen. Der Wanderfalke flog nach Norden, in den Krallen die Maus, die einer der Turmfalken fallen gelassen hatte. Offenbar griff er die Turmfalken an, weil er jetzt ein Revier zu verteidigen hatte und keinen anderen Raubvogel mehr darin dulden wollte. Womöglich hätte er einen von ihnen getötet, hätte er die herabfallende Maus nicht gesehen. Er konnte seinem Instinkt nicht widerstehen, ihr nachzustellen und sie zu fangen.

Der Wanderfalke kehrte auf seinen Ast zurück, entspannte sich aber nicht. Seine Augen hatten alle Mattigkeit verloren. Sein Blick stach jetzt aus dem Blassbraun hervor wie winterliches Sonnenlicht, das durch den dichten Wald strahlt. Er kreiste auf in die blauwarmen Schleier und segelte im Wind davon. Der Wind verwehte die schwere, süßliche Luft wie Pollen.

Ich wusste, er würde heute nicht mehr zurückkehren, und alle Vögel um mich herum wussten es auch. Langsam regten die Ringeltauben sich wieder. Eine Schar zog im Tiefflug über das Feld zwischen den beiden Wäldern, ohne je höher als einen Meter aufzusteigen. Die Tauben fürchteten den Sturzflug des Falken, denn viele von ihnen waren beim Queren von Wald zu Wald bereits seine Beute geworden. Die Turmfalken flogen zittrig rufend zur toten Ulme. In den Nesseln unter dem Baum fand ich mehrere Gewölle von Turm- und Wanderfalken. Das Gewölle des letzteren enthielt viele Taubenfedern und mehrere große Kieselsteine von gut drei Millimetern Durchmesser, mit scharfen Spitzen und Kanten. Er schluckt sie bei seinem Bad im Bach, um besser verdauen zu können.

Ich beobachtete noch eine weitere Stunde die fernen Anhöhen, während überall um mich herum Vögel sangen und friedlich pickten. In meinem Gefängnis aus Horizonten beneidete ich den Falken um seine grenzenlose Aussicht über den Himmel. Falken leben auf gebogener Luft. Die graue Flachheit des menschlichen Blickfelds ist ihrem globusrunden Auge fremd.

An der Mündung stand das Hochwasser. Während das Landlicht verblasste, erhellte sich der Himmel über der Küste im Schein des schäumenden Wassers. Der Falke würde über die zerstreuten Sippen schlafender Watvögel herfallen. Ihre Flügel würden in den Sonnenuntergang aufsteigen wie der Rauch über der Opfergabe.

25. März

Gischt fuhr über blauschmelzendes Wasser und sengte gegen den warmen Deich. Die Flut kam. Die sonnenglänzende Mündung war erhellt von leuchtend niederstürzenden Vögeln. Brandenten trieben in Flussläufen und Buchten oder saßen groß und weiß auf grünen Marschen. Rotschenkel und Lerchen sangen. Kiebitze trudelten und tanzten. Sandregenpfeifer prüften die Wellen oder zogen in silbernen Schwärmen darüber wie fliegende Fische. Einer ließ entlang des schmaler werdenden Uferstreifens seinen tiefen Gesang ertönen, ›kiki-di, kiki-di, kiki-di, kiki-di‹, und neigte und schwang dabei seine Flügel. Majestätisch langsam ritten Spießenten hoch auf dem Wasser, aristokratische Eleganz in Braun und Weiß, unnahbar und dünnhalsig. Baumbefranste Inseln dämpften das splittrige Weiß des Deichs, der hinaus in den langen Horizont stach. In der Ferne glänzten die Mandelblüten wie Korallen.

Gelassen schwirrten Rebhühner in Paaren vom Deich. Zuerst ertönten ihre dürren Rufe ziemlich unrhythmisch. Dann gaben die sich zuckend senkenden Schläge den Takt für ein kehliges Rufen, das nach und nach verstummte, während die Vögel über eine Hecke flogen und sich hinter ihr in Deckung fallen ließen. Sie klangen wie aufgezogenes Spielzeug, das sich langsam in Stillstand stottert.

Als die Springflut über die Salzwiesen wischte, zogen die Watvögel in den Himmel; in silbergrauen Scheiben tropften und rieselten sie glänzend und gleitend nieder und wirbelten erneut auf wie Wellen aus dem Meer. Fortwährend hörte ich ihr sonderbares Schnarchen und das darauf folgende Blubbern, das klang, als ob jemand Luft einsog und gurgelte. Von Zeit zu Zeit sah ich eine Spur Blasen durchs Wasser ziehen. Bis schließlich eine dunkle, schnurrbärtige Seehundschnauze auftauchte und dann auch der ganze glatte, stromlinienförmige Kopf. Der Seehund schaute mich an, holte Luft und tauchte wieder ab. Langsam und träge plantschte er durch die Bucht und wieder hinaus in die Mündung. Ein gutes Leben hat so ein

Seehund, hier in diesen flachen Gewässern. Wie so viele Geschöpfe zwischen Luft und Wasser scheint er ein besseres Leben zu haben als wir. Uns gehört kein Element. Nichts hält uns, wenn wir fallen.

Ein toter Tümmler wurde auf den Kiesstrand geschwemmt, schwer wie ein Sack Zement. Seine glatte Haut war rosa-grau gefleckt; die Zunge schwarz und steinhart. Das Maul hing offen wie die aufklaffende genagelte Sohle eines alten Stiefels. Die Zähne wirkten wie der grausige Reißverschluss eines kitschigen Köfferchens.

Ich fand fünfzehn Beutetiere der Wanderfalken: auf dem Kiesstrand drei Lachmöwen, einen Rotschenkel und eine Pfeifente; in der Marsch fünf Kiebitze, zwei Pfeifenten, eine Saatkrähe, eine Dohle und eine Brandente. Die Brandente lag am Ende einer langen Spur aus Federn, die im Schwung des Sturzflugs herausgerissen worden waren. Eine Lachmöwe war auf dem gepflegten grünen Rasen eines Sommerbungalows gerupft und gekröpft worden. Sie lag exakt in der Mitte des Gartens, rücklings in einem Haufen weißer Federn, wie eine vertrocknete Blume in ihrem Bett aus verlorenen Blütenblättern.

Am späten Nachmittag flog eine Wanderfalkin hinunter zur Mündung; hager, majestätisch und groß wie ein Brachvogel. Weit über ihr schillerten Schwärme von Kiebitzregenpfeifern im hohen Sonnenlicht wie die Pilotfische, die dem Hai vorausschwimmen. Die Falkin segelte und stieg langsam höher. Aufwärts kreisend driftete sie im warmen Westwind und verschwand im feinen blauen Nebel eines fernen Himmels. Nichts geschah. Das Meer ging zurück, und Watvögel bevölkerten das sich weitende Ufer. Immer mehr Möwen flogen vom Binnenland hinaus auf See. Eine halbe Stunde später beobachtete ich durchs Fernglas einen Strich Stare, der über mir vorbeizog, und sah dahinter einen stillstehenden dunklen Fleck. Er bewegte sich nicht, aber er wurde größer. Und zwar sehr schnell. Es war die Falkin in gewaltigem Sturzflug. Sie kam direkt auf mich zu und sah gar nicht mehr aus wie ein Vogel. Sie glich einem fallenden Kopf, vielleicht eines Hais, der aus dem Himmel schießt. Leises Seufzen schwoll rasant zu schrillem Geheul, als führe der Wind durch hohe Drähte. Für eine Sekunde wurde die Falkin von einer großen Mantelmöwe verdeckt, die in Richtung Küste flog. Ihr gelber Schnabel mit dem roten Punkt glänzte in der Sonne; die kalten, blassen Augen blickten nach unten. Sie trug den üblichen behäbiggleichgültigen Gesichtsausdruck. Dann gab es einen lauten Knall. Die Möwe bog sich wie heißes Metall. Ihr Kopf zuckte und fiel. Die Falkin hatte sie im Nacken getroffen.

Nach dem langen, fast bedächtigen Sturzflug kam dieser letzte tödliche Hieb überraschend schnell. Mit den Hinterkrallen riss die Falkin der Möwe den Nacken auseinander. Durch die Wucht des Aufpralls wirbelte sie davon wie beim Holzhacken ein Span. Dann zog sie einen sanften Bogen und stieg, nun wieder ganz kontrolliert, über dem Wasser in die Höhe. Aus einhundert Fuß sank die Möwe ausnehmend langsam nieder und ergoss sich auf den Kiesstrand. Die Falkin flog zu ihr und begann zu fressen. Alles Fleisch wurde abgezogen. Die blanken Knochen ragten in den Himmel wie die Spanten eines Schiffswracks.

27. März

Aus einer kleinen Eiche in der Hecke am Deich kamen sanfte, nachdenklich muhende Töne. Es war ein hohler Baum mit kurzem, dickem Stamm, dessen Äste über dem hohlen Mittelpunkt die Krone bildeten. Als ich neben dem Baum stand, sah ich just den Scheitel eines Steinkauzes oben aus dem Stamm lugen. Er wusste, dass ich da war, und schob sich nach einer Minute einen Ast hinauf, um mich in Augenschein zu nehmen. Wir waren vielleicht drei Meter voneinander entfernt. Er blinzelte; erst mit beiden Augen, dann nur mit dem linken. Er ging tief in die Knie, als wollte er flink einen Knicks vor mir machen, und streckte dünn und lang den Hals. Die buschigen weißen Streifen über seinen Augen bewegten und runzelten sich. Plötzlich wandte er den Blick ab, als würde er sich genieren.

Die Augen auf seine Füße gerichtet, wanderte er den Ast noch ein Stück hinauf, dann drehte er sich wieder um und sah mich an. Langsam hob ich mein Fernglas. Der Kauz erschrak und duckte sich. Aber er war auch neugierig und starrte minutenlang in die Linsen. Seine großen, runden Augen waren hell, dabei aber fast ausdruckslos, wie aufgemalt. Die schwarze Pupille war ebenso breit wie die lebhafte gelbe Iris. Der Kauz blinzelte viel, und seine graue Nickhaut flappte wie bei einer Puppe mit einem widerwärtigen Klappern. Er schien mich nicht scharfstellen zu können. Ich hatte das Gefühl, dass er mir keine klare Bedeutung zuschreiben konnte. Ich war wie die Trickaufnahme eines eigentlich bekannten Gegenstands; wenn man ihn nicht erkennt, sagt das Bild einem gar nichts. Dann ließ sein Interesse nach, und er schaute weg. Recht abrupt vergaß er mich und flatterte zurück in den hohlen Baum. Ich war draußen, er drinnen, und er hatte mir nichts zu sagen.

Die Beine von Steinkäuzen sind überraschend dick und kräftig. Sie wirken leicht behaart wie die eines Säugetiers. Im Sitzen sieht der ganze Vogel vollkommen unförmig aus, wie ein Kopf mit zwei Beinen. Man sollte sich vor Anthropomorphisierungen hüten, aber man kann einfach nicht bestreiten, dass Steinkäuze sehr lustig aussehen. Im Flug sind sie einfach nur Eulen, aber wenn sie sitzen, könnte man meinen, sie wären als Clown auf die Welt gekommen. Natürlich wissen sie das nicht. Dadurch sind sie nur noch lustiger, wenn sie so empört und entrüstet dreinschauen, als liefe ihnen gleich die Galle über. Ihre scharfen Krallen und ihr zerfleischender Schnabel sind allerdings gar nicht lustig. Sie sind tödlich. Eulen sind auf der Welt, um zu töten. Und dennoch muss ich, wenn ich einen Kauz von Nahem in einem Baum sitzen sehe, jedes Mal schallend lachen.

Bei Dämmerung, bevor die Jagd beginnt, sind sie wieder anders. Ihr Frühlingslied besteht aus einer einzigen, dumpfen Holzblasnote, die mit süßem Pathos in die Höhe steigt. Das Ganze klingt wie ein ferner Brachvogel, der im Traum ruft. Die Käuze antworten einander über die Felder und Niederungen hinweg, sobald die Dämmerung sich in den Bäumen sammelt. Dann kommt die Frühlingsnacht mit ihrem Duft von kaltem Gras.

Ich überließ den Kauz seinem unruhigen Schlaf und wanderte den Deich entlang zum Mündungsdelta. Stilles Sonnenlicht beschimmerte die einsetzende Ebbe. Etwas Schlangenhaftes schwamm und glitt durch ein gepflügtes Feld. Ein Hermelin, das begierig und flink dem Geruch seiner Beute folgte. Es rannte die Furchen entlang, hüpfte über die Erhebungen, machte kehrt, wand und drehte sich, arbeitete sich in die Feldmitte vor und kam dann an den Rand zurück. Es kauerte, lief, sprang und kroch, und bebte vor Aufregung, wenn es die lebhafte Farbe eines Geruches sah. Dieses Tier war wie ein Menschen, der aus einem Irrgarten zu fliegen versucht. Als es auf die Marsch sprang, sah ich seinen rotbraunen Rücken vorbeihuschen und auf ein Kaninchen zuschießen, das dort graste, krank aufgedunsen, hilflos wie eine im Morast steckende Kuh. Aber das Hermelin tötete es nicht. Der Schrecken seines ganz eigenen Todes schützt es und lässt es leben.

Ein Paar Löffelenten kam zum Fließ geflogen, bremste langwierig in der Luft und platschte spritzend ins Wasser. Das satte Amethyst am Bauch des Erpels glänzte in der Sonne. Er lag tief im Wasser, wie die Lefzen eines Bluthundes hing ihm der schwere Schnabel herab, und sein glatter dunkler Kopf schimmerte grün.

Auf dem Kiesstrand fand ich die Überreste zweier Ringeltauben, die ein Wanderfalke erst kürzlich getötet hatte. Die Springflut hatte den kopflosen Kadaver der Mantelmöwe in einer makabren Laune auf ein Stück Stacheldraht am Deich geschwemmt. Eine bemerkenswerte Beute, selbst für einen Falken. Eine Mantelmöwe wiegt vier bis fünf Pfund, eine Wanderfalkin zwei bis zweieinhalb. Der ausgeweidete Kadaver der Möwe war so schwer wie eine voll im

Fleisch stehende Ringeltaube. Diese großen Möwen töten sinn- und gedankenlos. Ihr Tod tat mir nicht leid.

An der Flutlinie fraß eine Schar von zwanzig Pfuhlschnepfen gemeinsam mit Brachvögeln und Kiebitzregenpfeifern. Eine der Schnepfen war sehr unruhig. Wild trudelnd und plötzlich stürzend flog sie übers Watt, wobei sie den langen Schnabel schwang und vorstreckte wie ein Fechter sein Florett. Sie brauste ziellos von einer Gruppe Brachvögel zur nächsten, stieß nieder, warf sich über ihnen in die Höhe, jagte Alpenstrandläufer auf und holte die Enten von den Salzwiesen. Sie schien bewusst den Angriff eines Falken nachzuahmen: Ihr Verhalten ähnelte dem eines jagenden Wanderfalken auf ganz erstaunliche Weise. Hätte ich ihren langen Schnabel nicht gesehen, hätte ich sie aus der Ferne wohl für einen solchen gehalten. Sehr seltsam ist, dass eine Stunde später ein Terzel aus dem Binnenland herangesaust kam und auf genau dieselbe Weise auf die Watvögel niederstieß. Minutenlang stellte er einer Schnepfe nach, dann verschwanden sie in dichter Verfolgungsjagd hinter der Mündungsinsel.

Um vier Uhr sah ich Terzel und Falkin gemeinsam über die Mündung fliegen. Ein Reiher, der im seichten Wasser gefressen hatte, stieg auf und flog schwerfällig landeinwärts zu seinem Nest. Ich erwartete, dass die beiden in jener spektakulären Weise auf ihn niederstoßen würden, wie sie oft in Büchern über Falken beschrieben wird. Aber sie stießen nicht nieder. Die Falkin ignorierte den Reiher. Der Terzel schoss neben ihm herab und griff von unten an, schwirrte ihm wie ein Affe kreischend um den Kopf. Als der Reiher einen Fisch ausspie, stürzte der Terzel diesem hinterher und versuchte mehrfach, ihn zu fangen, jedoch ohne Erfolg. Dann schwang er sich wieder zur Falkin auf, und sie kreisten über der Marsch gen Norden, bis sie nicht mehr zu sehen waren.

Am Ende des Tages stand der Mond auf dem Wasser. Die Sterne glitzerten, viele Vögel riefen, und Lichter flimmerten über der Mündung. Auf dem Binnenland im Westen glommen rote Wolken.

28. März

Den ganzen Tag über heulte der Südwest. Die warme, sonnenhelle Morgenluft türmte sich in Wolken davon. Um elf Uhr flatterten zweihundert Ringeltauben aus dem Obstgarten auf, als der dunkelbraune Terzel von Süden her eintraf. Ich hatte gerade das östliche Ende betreten. Wir trafen uns am Bach. Eine Stunde lang schaute er sich um, rüttelte, saß auf verschiedenen Bäumen. Er fing eine Maus. Mir gegenüber benahm er sich immer noch scheinbar gleichgültig, behielt mich aber bei jeder Bewegung im Blick, indem er mir folgte oder höher stieg. Er hat mir eine Bedeutung zugeschrieben, die ich nur nicht kenne. Ich bin sein lahmer, todgeweihter Gefährte, seines Ariels Caliban.

Wann immer ich ihn sah, versuchte er zu segeln, doch das Wetter erwies sich als ungeeignet. Er unternahm nur schwache, zaghafte Versuche. Um halb eins versuchte er es erneut. Er stieg dreihundert Fuß in die Höhe, drehte sich und driftete im Wind. Er versuchte, aus dem Niedergleiten in eine Aufwärtsspirale zu gelangen, flog dafür aber zu schnell. So sauste er über den Obstgarten, knickte die Flügel ein und stürzte auf seinen Sitzplatz in der Haselnusshecke herunter. Nach einer weiteren halben Stunde ruhelosen Herumfliegens und Rüttelns kehrte er wieder zur Hecke zurück. Ich setzte mich mit dem Rücken an einen Apfelbaum und beobachtete den zusammengekauerten, unglücklich aussehenden Falken. Die Sonne war heiß, das Gras trocken und warm. Lerchen sangen, weiße Wolken trieben dahin. Unten am Bach rief ein Grünspecht. Der Falke schaute in den Himmel auf, richtete sich mit den Füßen neu aus, schaute herunter zur Hecke, und flog auf. Beute hatte er keine gesehen. Leicht und beschwingt flog er dahin, ritt mit den Flügeln auf dem Wind. Er neigte und wedelte sich aufwärts wie eine Schnepfe, geschickt und grazil in der Luft, Flügelhalt suchend in ihrer weichen Glätte.

Am unteren Hang des Obstgartens befindet sich eine leichte Senke, in der keine Bäume wachsen und das Gras kärglich und kurz ist.

Der Boden dort ist windgeschützt, und warme Luft steigt von ihm auf. Über dieser Senke breitete der Falke Flügel und Schwanz aus, zog in einem langen Halbkreis langsam herum und drehte sich vor den Wind. Aufsteigend driftete er fort. Bald sah ich ihn hoch und klein und schwarz über dem nördlichen Ende des Gartens. Nach Wochen des Zauderns, des Ansitzens und Rüttelns war er nun reif und frei: Er hatte den Absprung geschafft.

Eine jähe enge Kurve, dann verharrte er plötzlich, den Kopf im Wind, auf tausend Fuß. Fünf Minuten lang stand er auf der Stelle in der Luft, spannte und streckte seine angelegten Flügel, ein dunkler Anker fest verhakt in weißer Wolke. Er schaute auf den Obstgarten unter ihm, schwenkte und drehte den Kopf, beweglich, bedrohlich, wie ein Schlangenkopf, der unter einem Stein hervorschaut. Der Wind konnte ihn nicht bewegen, die Sonne ihn nicht heben. Er stand fest und sicher in seiner Himmelskluft.

Mit einem Mal hinaus in die Luft geworfen, streckte er die Flügel und kreiste langsam höher. Er bremste, balancierte, kam ins Gleichgewicht und verharrte wieder. Nun war er nurmehr ein kleiner Fleck, wie die Pupille eines fernen Auges. Gelöst schwebte er dahin. Dann, wie losbrechende Musik, kam er herab.

Er fiel nach vorn und driftete zu seiner Linken zweihundert Fuß in die Tiefe ab, dann hielt er inne. Nach einer ausgedehnten Pause sank er zweihundert Fuß zu seiner Rechten in die Tiefe, und blieb wieder stehen. In diesem senkrechten Zickzack, von Flügelhalt zu Flügelhalt, kletterte er langsam die steile Himmelswand herab. Es gab kein Zaudern oder Prüfen. Er ließ sich fallen, und blieb einfach in der Schwebe, wie eine Spinne an ihrem Faden oder ein Mensch an einem Seil. Schließlich endete das lange Ausatmen seines Abstiegs. Er war in die dickrindige Erdenluft zurückgekehrt.

Ich vermutete, er würde nun ruhen, aber über den offenen Feldern stieg er erneut auf, er konnte der Himmelswärme nicht widerstehen. Er stieg nur sehr langsam, noch mangelte es ihm an Übung.

Seine Flügel streckten und spreizten sich so weit sie konnten, er schob den Kopf vor und hielt die Augen nach oben gerichtet. Nach dem ersten weiten Kreis wusste er sich in Sicherheit. Er entspannte sich und blickte wieder herab. Unter einer großen weißen Wolke wand er sich nach Norden, schwand in langen, ausladenden Kreisen in die Höhe. Er zögerte, den Obstgarten zu verlassen, blieb aber auch nicht bei der Wolke. Langsam segelte er zurück durch die tausend Fuß sonnenheller Luft und setzte sich auf einen Baum nahe dem Bach. Dort ruhte er, nach vierzig Minuten Flug, ohne zu schlafen. Als ich mich näherte, bemerkte er mich nicht. Er schaute in keine bestimmte Richtung. Seine Augen waren geöffnet, aber auf nichts fokussiert. Er flog nach Süden, bewegte sich dabei wie ein Schlafwandler und blickte verklärt nach vorn. Seine Flügel strichen und streiften lediglich die Luft. Die Sonne schien auf ihn herab, und er glänzte wie eine Schale silbernen Wassers, schimmerte lila-braun und feucht wie dunkle Äcker nach dem Regen.

Hinter der Pappelreihe kreiste er und begann wieder aufzusteigen. Dieses Mal schnitt er den Wind, stieg rasch in Richtung Nordwesten, zog in großen Bögen sehr hoch über die Flussniederung. Wie er glitt, sich schraubte, rüttelte und ruderte, schien er endlich von seiner Fixierung auf den Obstgarten befreit. Frei! Niemand weiß, was Freiheit ist, der nicht den Wanderfalken sah, wie er sich im warmen Frühlingshimmel nach Herzenslust austobt, bis in die fernsten Provinzen des Lichts hinauf. Mit kriegerischem Elan stieg er über die Schichten der Flussluft. Wie ein Delphin im grünen Meer, wie ein Otter im schäumenden Fluss rauschte er durch die tiefen Lagunen des Himmels hinauf zu den weißen Riffs der Zirruswolken. Als mir die Arme schmerzten und ich ihn nicht länger beobachten konnte, verschwamm er zu einem kleinen Fleck und verschwand aus meinem klaren Gesichtskreis. Bald fand ich ihn wieder und sah, wie er wieder größer wurde. Er wuchs allmählich und stetig. Von tausend Fuß über der Niederung tauchte er zurück zum Obstgarten, den er noch immer nicht ganz verlassen konnte. Er vergrößerte sich von einem Fleck zu einer Kontur, zu einem Vogel, einem Falken, einem Wanderfalken; ein geflügelter Kopf, der durch den Wind schulterte. Mit Schwung, mit Pracht, mit Flügelschwirren flog er herunter zur Hecke zehn Meter vor mir. Er ließ sich nieder, putzte sich, schaute sich um; die halbe Stunde feierlichen Fliegens hatte ihn in keiner Weise angestrengt,geschweige denn erschöpft. Von der ganzen Niederung, in der er hätte landen können, suchte er sich den Obstgarten aus, in dem ich stand. Es gibt eine Verbindung: ungreifbar, undefinierbar, aber sie ist da.

Jetzt ist es vier Uhr. Die Sonne ist immer noch warm, der Himmel beinah wolkenlos. Der Terzel schaut nach oben. Seinem Blick folgend sehe ich eine kreisende Falkin von Osten kommen. Im reinen Sonnenlicht glänzen ihre geballten Krallen und die hellen Federn darüber wie Gold und Elfenbein. Der ganze Vogel leuchtet in einem kraftvollen aztekischen Strahlen, als wäre er in Bronze gegossen und kein Wesen aus Saft und Federn und Knochen. Die Falkin hat den Terzel kreisen sehen und ist von der Mündung hierher zu ihm gekommen. Das war Zweck seines Fluges gewesen. Er steigt aus dem Obstgarten auf, und gemeinsam fliegen sie langsam vorüber, driften, driften und rufen. Ihre harschen Stimmen hallen in den kieselharten Himmel. Wanderfalken rufen oft, wenn sie erstmalig an ihren Winterplatz kommen, und dann wieder, wenn sie ihn verlassen. Langsam ziehen sie ihre schlaffen Kreise enger. Bald schon kreisen sie in hohem Tempo, der eine weit über dem anderen. In langen Bögen fegen sie hinauf nach Südosten, im Wechselspiel zwischen schnellem Segelflug und langem, weit ausholendem Flügelschlagen. In jeder Bewegung zeigt sich Dringlichkeit und Stärke. Sonne und Wind befehlen nicht mehr über sie. Sie kennen nun ihre eigene Macht, und endlich auch ihren Kurs.

Sie können jetzt die holländische Küste sehen, hundert Meilen entfernt. Sie sehen die sich schlängelnden Mündungstrichter der

Schelde, die weißen Deichlinien und das ferne Glitzern des Rheins im Schatten der aufziehenden Nacht. Sie verlassen die gewohnten Muster aus Wäldern und Äckern, Flüssen und bunten Gehöften: verlassen die Mündung mit ihren grünen Inseln und dem niemals ruhenden Schlangenschlick, verlassen die lohfarbenen Auswucherungen der Salzwiesen, die plötzliche Gradlinigkeit der Küstenlinie und die scharfen, sonnenhellen Kanten der Landschaft. Diese lebhaften Bilder schrumpfen zu einem Regenbogen dicht gedrängter Farben, unterhalb des Horizonts ihrer Erinnerung. Andere Bilder steigen auf, bislang noch als unscharfe Schimären, die erst im langen Weiß der kontinentalen Küste klar und deutlich werden, in den fernen Inseln, die noch im Dunkel liegen, und in den Klippen und Bergen, die aus der Nacht gesegelt kommen.

29. März

Zweihundert Goldregenpfeifer fraßen im grünenden Getreide, wie große Drosseln fuhren sie horchend mit dem Schnabel nach vorn und nach unten. Viele trugen schon ihr Sommerkleid. Schwarz glänzte ihre Brust unter dem Senfgelb ihres Rückens in der Sonne, gleich schwarzen Schuhen, die zur Hälfte mit Butterblumenstaub bedeckt sind. Am Flussufer fand ich die Überreste eines Hasen, der seit mehreren Tagen tot war. An den hervorstehenden Knochen war einiges Fell abgerupft worden. Aus den kleineren Knochen hatte der Falkenschnabel dreieckige Stücke herausgebrochen. Vielleicht war der Hase schon tot gewesen, als er gefunden und gefressen wurde, wahrscheinlicher aber wurde er von zwei gemeinsam jagenden Falken getötet. Ich habe schon mehrere Hasen so aufgefunden, meistens im März, wenn die mausernden Falken es auch auf viele Säugetiere absehen.

In einem Wald nahe dem Fluss sangen Rotkehlchen, klar wie Frühlingswasser, frisch wie das gelockte, gekräuselte Herz eines Salatkopfs. Ihr Lied erklingt ähnlich hell und nostalgisch umflort wie ein Cembalo. Der Wald roch nach Rinde und Asche und Laub. An den Enden der Wege schienen Kreise kalten Himmels auf. Ein Dompfaffmännchen hockte auf einem weit herabhängenden Lärchenzweig. Es reckte den Hals zum Zweig über sich, biss mit einem grazilen Schnippen und Drehen des Schnabels eine Knospe ab und kaute gedankenversunken. Dann hängte es sich kopfüber und schnitt mit dem Schnabel Knospen von einem tieferen Zweig. Es war ein rotschwarzer Fettkloß, eine leicht zitternde, feiste Wamme, die träge äste und nur gelegentlich ein heiseres ›dadada‹ heraushauchte. Der Dompfaff sah aus wie ein Weißdorn mampfender Ochse. Aber die Art, wie er beim Knospenfressen den Schnabel drehte und zog, erinnerte mich an einen Falken, der seinem Opfer das Genick bricht. Egal welches Opfer, der Akt der Vernichtung sieht immer ähnlich aus. In der Grube des Todes ist alle Schönheit Dunst.

Ich ging zum Bach, um nach dem goldenen Terzel zu schauen. Seit dem Vierundzwanzigsten hatte ich ihn in der Niederung nicht mehr gesehen. Um ein Uhr rüttelte ein Turmfalke über den Feldern beim Südwald. Seine Flügel schnippten behutsam durch den Wind, wie Finger, die kurz auf ein heißes Bügeleisen tippen. Sie hoben und senkten sich wie die Klinge eines Schinkenmessers. Er ließ sich fallen, und blieb wieder stehen, die Schwingen von der Handwurzel an nach hinten gebogen, wobei die hellen Flügelkanten in der Sonne blitzten. Dann tauchte er senkrecht herab, mit über ihm gebogenen Flügeln, wie ein Fallschirm. (Turmfalken legen die Flügel nicht wie Wanderfalken seitlich an, wenn sie niederstoßen.) Im letzten Moment flachte sein Flug ab, und dumpf prallte er auf etwas im Gras Verborgenes. Schlaff und grau hing es in seinem Schnabel, als er auf einen Maulwurfshügel flog, um es zu fressen. Sowie ich auf ihn zuging, flog er auf, die Beute ließ er liegen. Es war eine Waldspitzmaus, sehr klein und sehr leicht. Die Abdrücke der Falkenkrallen waren noch auf dem weichen, grauen Fell zu sehen. Ich legte die Maus auf den Maulwurfshügel zurück in der Hoffnung, der Falke werde zurückkehren, nachdem ich fortgegangen war.

Zwei Stunden wartete ich unter der Bergulme nahe dem toten Baum, aber der Wanderfalke tauchte nicht auf. Da setzte im Himmel über mir ein merkwürdig blökendes Geräusch ein, zuerst sehr schwach, dann immer lauter werdend. Es war eine trommelnde Schnepfe. Ich suchte in einer Höhe von fünfzig Fuß nach ihr, fand sie am Ende aber auf annähernd fünfhundert Fuß. Klein wie eine Lerche, flog sie in schnellen Kreisen über ein weites Gebiet. Sie glänzte und glitzerte in der Sonne oder dolchte als schwarzer Diamant durch weiße Wolken. Alle zwanzig Sekunden neigte sie sich zur Seite und ging in flachen Gleitflug über, wobei sie die Schwanzfedern so weit spreizte, dass die hindurchfahrende Luft jenen merkwürdig surrenden Klang von Seidenpapier auf einem Kamm erzeugte, den man ›Trommeln‹ nennt. Acht bis zehn verschiedene surrende Töne waren auszumachen, von denen jeweils der vierte oder fünfte der lauteste war. In einem Crescendo wuchsen sie an, und erstarben, sobald die Schnepfe wieder gleichmäßig kreiste. Der Klang war überraschend laut und durchdringend. Mir schien, als surrten dröhnend laut über meinem Kopf eine Reihe riesiger Pfeile vorüber. Ein ominöser Klang, wie Orakelsprüche aus dem Himmel. Er gab mir das Gefühl, völlig ungeschützt zu sein. Nachdem sie fünf Minuten gekreist und getrommelt hatte, sank die Schnepfe in der Nähe des Bachs auf den morastigen Boden. Im März sind dort immer Schnepfen zu finden, wenn das Wasser hoch steht, zum Brüten aber bleiben sie nie.

Eine halbe Stunde später setzte das Trommeln wieder ein. Die Schnepfe kreiste noch weiter hinauf als zuvor, bis sie kaum noch zu sehen war. Während ich sie beobachtete, sah ich tief unter ihr etwas kreisen, das ich für eine weitere Schnepfe hielt. Doch im Fernglas erkannte ich sofort den Terzel. Er flog flink zur Schnepfe auf, die die Gefahr erst wahrnahm, als er schon fünfzig Fuß unter ihr war. Ihr

Trommeln erstarb, und sie floh in steilem Winkel nach oben, eben so, als würde sie vom Boden aufgescheucht. Der Falke arbeitete sich hinter ihr in die Höhe. Da fuhr die Schnepfe herum, tauchte herab, doch sogleich stieß der Falke nieder und zwang sie wieder aufzusteigen. Dieses Manöver wiederholte sich zehn, elf Mal, bis beide Vögel fast vom hohen Himmel verschluckt waren. Sie spulten sich in enorme Höhen, bis über den Fluss, wo ich erwartete, dass die fast erschöpfte Schnepfe einen letzten Fluchtversuch unternehmen und sich ins Röhricht fallen lassen würde. Sie fiel sehr plötzlich, als wäre sie getroffen worden. Senkrecht stürzte sie in die Tiefe. Der Falke fuhr geschmeidiger herab und steuerte auf die Schnepfe zu. Fünfhundert Fuß über dem Fluss verschmolzen die beiden Silhouetten in einen einzigen Vogel, der wieder aufstieg und dann langsam zum Bach zurückkehrte. Der Terzel brachte seine Beute zur toten Ulme. Dort rupfte und kröpfte er sie, während das Sonnenlicht seine sich kräuselnden Federn in die Farbe goldenen Weizens tauchte. Nach dem Mahl ruhte er, dann flog er nach Osten zu seinem Schlafbaum, einer einzelnen Ulme auf einer der Mündungsinseln.

30. März

Bis zwei Uhr fiel Regen, gefolgt von Schauern und Nebel und wässrigem Sonnenlicht. Ich sah den Wanderfalken um drei Uhr, wie er auf einer Ulme beim Nordwald hockte. Er war groß, gegen die Feuchte aufgeplustert und flog nicht weit fort. Gewaltiger Wind und Regen zogen um halb vier über uns hinweg. Der Wanderfalke ertrug alles, bis er vollkommen durchnässt war, dann flog er zu einem hohlen Baum und kroch hinein, um dem Wind zu entgehen. Als der Regen aufhörte, flatterte er langsam und schwerfällig hinab auf ein Stoppelfeld, auf dem Spatzen fraßen. Sie stoben erst auseinander, als er mitten in sie hineingriff. Mit Leichtigkeit fing er einen und trug ihn zum Fressen mit sich auf die Ulme. Sein langsamer, schwerer Flug glich zum Verwechseln dem einer Krähe, womit er die Spatzen getäuscht hatte. Die Sonne kam heraus und der Falke trocknete seine triefenden Federn. Von Süden schwoll ein Sturm an. In der knisternden Düsternis verlor ich den Falken aus dem Blick. Regen fiel aus einer violetten Wolke und der Wind wurde zu Sturm. Ein Hermelin rannte an mir vorbei und sprang bei jedem Blitz in die Höhe. Es trug eine tote Maus im Maul.

Als der Regen fortzog, stieg Nebel aus dem durchweichten Gras. Überall war das Plätschern und Gluckern des verirrten Regens zu hören, der seine Ruhe im langsam strömenden Flusswasser suchte. Der Falke war verschwunden. Steinkäuze klagten in der frühen Dämmerung.

31. März

Der Sonnenaufgang war kühl und durchscheinend, ein Aufhellen in der östlichen Nebelwand, leicht gleißende weiße Wolken. Eine verspätete Schleiereule schwebte noch den Fluss entlang, weiß über schwarzer Spiegelung. Der Wanderfalke glitt über die stille Eule und stieß auf sie nieder. Ihre Spiegelungen prallten und platschten gegeneinander wie von einem Hechthieb aufspritzendes Wasser. Gewandt wie ein Kiebitz wich die Eule zur Seite, nur flog sie noch schneller; flockenweiße Streifen schillerten auf den grünen Feldern. Der Falke stieg aus der Verfolgung auf, segelte im ersten Sonnenlicht in die Höhe und kreiste nach Osten; die Eule verzog sich ins Dunkel eines hohlen Baums.

Zwei Kleinspechte flogen in einen Lärchenhain. Ich hörte ihre schneidenden, leicht gedämpften Rufe. Mühevoll pressten sie die verwaschenen, rauchigen Töne heraus; ein klagendes Gewieher, wie abgeschnürt. Die Spechte hockten auf einem hohen Lärchenzweig einen halben Meter voneinander entfernt, fauchten und stießen sich gegenseitig mit den Flügeln. Dann nahmen sie eine Ballettstellung ein. Aufrecht sitzend, die blattförmigen Flügel geöffnet zur Präsentation der gewellten Zeichnung ihrer hellen Unterschwingen, reckten sie die Schnäbel senkrecht in die Höhe. Sie sahen aus wie seltsame urzeitliche Schmetterlinge, die sich in einem dampfenden, prähistorischen Urwald auf einem riesigen Baumfarn festkrallten. Einer der beiden flog zu einer toten Weide. Er landete seitlich auf dem Baum, ohne abzubremsen, als hätten seine großen Füße Saugnäpfe. Weiße Streifen durchzogen seinen dunklen, ovalen Marienkäferrücken, der immer aussieht, als hätte eine kleine, weiß gestrichene Leiter daran gelehnt und mit ihren Sprossen Abdrücke hinterlassen. Er trommelte in langen Klopfsalven auf das tote Holz ein, zwischen denen er immer nur kurze Pausen machte. Dabei flog sein Schnabel so schnell zurück, dass die einzelnen Bewegungen gar nicht zu sehen waren und der zitternde Kopf unscharf verschwamm. Sein Trommeln ist etwas langsamer als das des Buntspechts. Es ist höher und wird gegen Ende nicht leiser. Mit ein wenig Übung lassen sich beide leicht voneinander unterscheiden. Das Ohr lernt schneller als das Auge.

Nachdem er sein Trommeln beendet hatte, klopfte er langsam, entschieden und sehr laut ein Dutzend Mal gegen den Baum, wobei er den Kopf so weit zurückzog, bis er mit voll gestreckter Beinlänge nach hinten lehnte. Der zweite Vogel kam angehüpft und landete auf der anderen Seite des Baums. Eine Minute lang waren beide still. Dann flatterte der zweite Specht angriffslustig auf den ersten zu und verdrängte ihn vom Resonanzholz. Wenn das Trommeln des Kleinspechts für längere Zeit erklingt, ähnelt es – sowohl im Klang als auch im Tremor – dem Lied der Nachtschwalbe. Der Ton wird zweifelsohne mechanisch erzeugt durch das stotternde Klopfen des Schnabels gegen das tote Holz, er könnte aber auch auf irgendeine Weise an der Syrinx des Vogels widerhallen. Das würde erklären, weshalb das Klopfen so unglaublich laut ist. Das lauteste Trommeln entsteht, wenn die Schnabelspitzen weit gespreizt sind.

Fitislaubsänger und Zilpzalpe sangen sanft im schwachgrünen Nebel der Wälder auf den Hügeln. Der große Kopf eines Waldkauzes wippte über die schattigen Lichtlöcher einer Tannenschonung. Wo die Sonne hinschien, gab es blaue Flecken, die vor summender Insektenwärme dampften. Weiter unten, hinter den Bäumen, konnte ich die kleinen Felder sehen und die dunkle Vertiefung des Flusses. Ich sah den Wanderfalken auf eine Möwe niederstoßen. Wie in einem Film flackerten sie hinter Bäumen hervor und verschwanden im Dunkeln.

Die Mündung war ruhig; keine Falken, keine Beute. Ein Paar Kiebitze rief über die Marschen, das Weibchen im Gras, das Männchen singend und balzend. Wie ein verrückt gewordener Clown wirbelte es in Orange, Schwarz und Weiß durch die Luft. Dabei schienen seine Schwingen wie Windmühlenflügel über den Boden zu wandern. Sie bogen sich wie Flossen, wogten wie Tentakel, während es in Luftkämpfen wedelte, niederging und wieder aufstieg.

2. April

Frühlingsabend; in der milden, kantenlosen Luft der Geruch von feuchtem Gras, frischem Ackerboden und Agrarchemie. Es gibt jetzt weniger Vogelgesang. Viele der Singvögel im März waren Zugvögel, die zurück in den Norden geflogen sind. Die meisten Amseln und Lerchen sind fort, aber einhundert Wacholderdrosseln schlafen noch in den Bäumen am Fluss. Die Rohrammern sind zurück in ihren Nistrevieren. Die weißen Rümpfe der Steinschmätzer funkeln auf dunkelbraunem Ackerland. Am Fluss liegen zwei vom Wanderfalken erbeutete Vögel. Beides Ringeltauben. Eine ist kaum angerührt; ihre fischhaften Augen haben noch immer den hellen, besessen blauen Schimmer. Von der anderen ist bemerkenswert viel gefressen worden. Sie liegt tief im Röhricht neben einem Berg ausgerupfter Federn; nurmehr eine Hülle aus Knochen.

Eine Schwalbe schwirrt vorbei, purpurn vor dem brüllenden Weiß des Wehres, blau über der grünen Glätte des Flusses. Wie so oft an Frühlingsabenden singt in meiner Nähe kein einziger Vogel, während fernhin alle Bäume und Sträucher von Gesang erschallen. Wie alle Menschen bewege ich mich offenbar in einem rotglühenden Reifen von einhundert Metern Durchmesser, der alles Leben versengt. Wenn ich stehen bleibe, kühlt er ab und verschwindet langsam. Sieben Uhr. Unter Ulmen und Weißdorn dämmert es schon. Ein Vogel kommt im Tiefflug quer über das Feld geflogen, direkt auf mich zu. Wie eine Eule kitzelt er über das hohe Gras. Der tiefe Kiel seines Brustbeins streift sogar die Halme und treibt sie im Flug auseinander. Seine Schwingen schlagen leicht, fächern weit auf, die Spitzen berühren sich fast über dem Rücken. Sein Kopf ist breit und eulenhaft. In seinem schnellen Anflug über das umschattete Feld liegen hinreißende Geschmeidigkeit und stille List. Er schaut hinunter ins Gras und blickt nur gelegentlich auf, um zu sehen, wohin er fliegt. Als er näher kommt, sehe ich, dass es ein jagender Wanderfalke ist, ein Terzel, der in niedrigstem Tiefflug Rebhühner aufschrecken möchte.

Er sieht mich und weicht nach rechts aus, schwenkt hinauf in eine große Bergulme, und bleibt dort sitzen. Das letzte schwache Sonnenlicht scheint auf seinen breiten Rücken, der glänzt wie ein goldener Stoff. Er ist aufmerksam, umtriebig, niemals ruhig. Bald schon gleitet er leise vom Baum und flattert in unsteter Linie nach Nordosten davon. Im freien Feld landet er auf einer Oberleitung und bleibt dort eine Viertelstunde. Er sitzt sehr aufrecht und wachsam, ein markiger Schattenriss im abnehmenden Licht, der über seine linke Schulter schaut. Dann fliegt er, angetrieben von langen, schneidenden Schlägen, niedrig und schnell über die Äcker und hinter die Bäume. Frühlingsdämmerung; das Keckern der Fledermausflügel über dem stählernen Fluss, die Brachvogelrufe der lemurenhaften Eulen.

3. April

Es war warm. Langsam hob der Wind den sonnenbeschienenen Morgenschleier. Wolken bildeten sich, zerflossen aber wieder ins Blau. Ein Abendsegler flog eine halbe Stunde lang über den Fluss, auf seiner Jagd nach Insekten gelegentlich rufend. Die Sonne schien auf seinen flaumig braunen Rücken und stellte seine langen, pelzigen Ohren bloß. Den Wanderfalken sah ich nicht.

Im Südwald lärmten die Buntspechte. Sieben von ihnen segelten gemeinsam aus einem Baum, zitterten wie kleine Ferkel. Sie trennten sich und trieben auf steif ausgestreckten Flügeln davon. Dann sammelten sie sich auf den umliegenden Bäumen und trommelten kurz, ehe sie sich wieder zerstreuten; herrliche Clowns in Arden. Wenn das Holz die richtige Härte besitzt, hat das Trommeln des Buntspechts einen vollen, hohlen Klang. Er begutachtet kurz den Baum, dann lehnt er sich langsam zurück und schnellt nach vorn. Nach dem ersten Hieb folgt eine rasche Salve weiterer Schläge. Der Schnabel scheint dabei einfach nur vom Holz abzuprallen wie ein Ball, der von Mal zu Mal schwächer auf- und abhüpft. Das Pochen wird immer leiser, der Schnabel kommt dem Baum näher und näher, bis er am Ende beinahe daran lehnt und das Trommeln verklingt. Dann wartet er auf Antwort. Manchmal wartet er zwanzig Minuten in ein und derselben Position. Wenn er ein Trommeln hört, antwortet er sofort.

Eine Spechtmeise tippelte über Buchenrinde, gut getarnt, bis das üppige ›tüh tüh tüh tüh‹ ihres Liedes ertönte. Ihr Rücken deckt sich mit der Rinde, ihre Brust hat die Farbe von Buchenlaub. Sie stieß auch einen lauten, hohen Triller aus, der mechanisch vibrierte, als würde ein Specht gegen eine Triangel trommeln.

An allen Hainbuchen finden sich Anfang April Scharen von Grünfinken. Viele von ihnen brummten und surrten schläfrig im sonnenbeschienenen Unterholz des Nordwalds. Einige fraßen im tiefen Laubmulch gemeinsam mit Buchfinken, Kohlmeisen, einer Sumpfmeise und einem Rotkehlchen. Oftmals flog die Schar in trockenem Flügelrascheln in die Bäume auf und driftete dann durch das staubdurchsetzte Gitter aus Sonne und Schatten lautlos wieder herab. Das gelbe Sonnenlicht flimmerte vor diesem dünnen Nieselregen aus Vogelschatten. In der Schar scheinen Vögel wie auf einen einzigen großen Nerv gefädelt. Sie reagieren überspannt auf die kleinste Änderung in Licht oder Bewegung. Plötzlich sah ich unter ihnen einen Kernbeißer, drall und gebieterisch, ein Keiler von einem Vogel, sein schwerer gelber Schnabel wie der Bug eines Eisbrechers. Er rief ein lautes, nachdrückliches ›zink‹, ein Knallen, Zischen und Pfeifen in einem. Ich spähte erneut nach ihm, konnte ihn aber nicht finden. Ich hatte ihn nicht kommen sehen, ich hatte ihn nicht gehen sehen. Wie andere angriffslustig aussehende Vögel sind Kernbeißer argwöhnisch und scheu.

Der dichte Duft der Glockenblumen vermengte sich mit dem Schwefelgeruch, der aus den Obstgärten herüberwehte. Aus Richtung Fluss stieg gemächlich ein Kuckuck auf und folgte den Windungen des Bachs. Er kam in den Wald und hob zu seinem unermüdlichen, zwei Monate währenden Gesang an. Selbst wenn man sehr nah ist und ihn deutlich sieht, scheinen die zwei Töne seines Liedes von ganz tief aus seinem Innern zu kommen. Sie sind immer noch gedämpft, als würden sie in der Ferne erklingen. Er singt mit einer krankhaften Konzentration. Auf seinem Auge liegt ein trüber Film. Die orange-gelbe Iris gleicht einer farbigen Perle, die man ihm ins Gesicht gesteckt hat. Ein leidiger, lüsterner Vogel, der eine Ewigkeit singt und nach dem läutenden Geheul seines Gefährten horcht. Nachdem der Kuckuck im Wald gefressen hatte, flog er auf die Felder hinaus, wo ihn sofort der Wanderfalke jagte, der ihn womöglich am Gesang erkannt und auf ihn gewartet hatte. Der Kuckuck wich zurück in den Wald und kam nicht mehr heraus. Die meisten Falken töten und fressen Kuckucke, wann immer sich die Gelegenheit bietet, wahrscheinlich weil sie für sie leicht zu fangen sind.

Ich folgte dem Falken – es war der goldene Terzel – zur toten Ulme, wo er eine Stunde rastete und in den Himmel blickte. Um fünf Uhr kreiste er in großen Ringen in die Höhe und begann zu segeln. Rufend und nach unten schauend driftete er gen Osten. Er rief lange Zeit, wie der scheidende Falke, der seine Klage zum zurückbleibenden Falken hinabruft. Dann glitt er in Richtung Küste davon. Langsam nahm er Geschwindigkeit auf. Er reiste auf einer weiten Parabel, und lange bevor sein letztes senkrechtes Niedergehen endete, war er im harten, klaren Licht des östlichen Himmels verschwunden.

Ein Grünspecht rief und flog hoch über den offenen Feldern. Ein Häher flog von Baum zu Baum und querte misstrauisch zwischen den beiden Wäldern; der erste, den ich seit Oktober die Deckung verlassen sah. Schwanzmeisen huschten aus den Hecken, um für ihre Nester Federn von den Beutevögeln der Wanderfalken zu sammeln. Die Vögel wussten genau wie ich, dass der letzte Wanderfalke aus der Niederung verschwunden war. Ihrer war die Freiheit, die ich verloren hatte.

4. April

Wildkirschen säumten den grünen Weg zur Bucht mit dem Grün und Weiß ihrer Blätter und Blüten. Dompfaffen plusterten sich auf, schwarz, weiß, scharlachrot, blitzten kurz und verschwanden in kehligem Rufen. Zum Wasserrand hin verblassten die Farben, das Land hörte auf.

Der Himmel war grau, doch mit der Flut trieb Helligkeit herein. Lerchen sangen. Es war wohl das Beste am Tage. Schon kroch die Abenddämmerung durch die fernen Bäume und Hecken. Die Buchten und Mündungen lagen ruhig und unberührt. Das Rufen und Singen der Vögel vermischte sich mit dem Plätschern und Wogen der Flut. Ich war hierher gekommen, um den Wanderfalken zu suchen.

Er hatte die Niederung am Abend zuvor erst spät verlassen, und ich dachte, er würde, ehe er weiterzog, noch eine Jagdpause an der Küste einlegen. Der Wind hatte sich in den Norden zurückgezogen, und der Tag war feucht und kalt. Aber die Mündung war zu friedlich, die Vögel allzu unbeschwert. Der ruhige, leere Himmel war falkenlos. Auf dem Deich fand ich den Kadaver einer Rabenkrähe. Ein Wanderfalke hatte sie vor nur wenigen Stunden getötet. Schwarze Federn umkränzten ihre blutbefleckten Knochen. Ihr grimmiger, schädelspaltender, augenaushackender Schnabel zeigte himmelwärts. Sie war nur Kopf und Schwingen.

Um drei Uhr war ich mir plötzlich sicher, ich müsste, um den Wanderfalken zu finden, noch einmal zur acht Meilen entfernten Küste gehen. Solche Gewissheit habe ich selten, doch wenn sie kommt, ist sie maßgeblich wie das Ausschlagen einer Wünschelrute. Ich ging.

Es schien hoffnungslos. Dunkle Wolken hingen tief im kalten Nordwind, und das Licht war sehr schlecht. Das Meer hatte sich schon weit hinter die Salzwiesen zurückgezogen. Die Felder waren so grau und düster wie die ferne See. Land und Meer waren zu einer einzigen matt-stumpfen Metallplatte flachgeschlagen. Ich mag die Einöde, aber dies war schlimmer als Ödnis. Es war tot.

Eine Brandente lag auf dem Watt, glänzend wie eine zerbrochene Vase; grünschwarz und weiß, kastanienbraun-bronze, zinnoberrot. Aus der Brust waren Federn gerupft, das Fleisch von den Knochen gezogen; das Blut in ihrem Innern war feucht. Der Wanderfalke hatte gefressen; war er noch in der Nähe? Ich kletterte die Böschung des Deichs hinauf und schaute vorsichtig über die Krone.

Da war er, keine hundert Meter von mir entfernt saß er auf einer Oberleitung, hell umrissen vor dem dunklen Himmel des Binnenlands. Er musste dorthin geflogen sein, während der Deich mich verborgen hatte. Er schaute geradeaus in den Wind, wartete auf die Nacht, schläfrig und unwillig, sich zu rühren. Eine Grauammer flog zu ihm hin und presste ihr dürres, schwächliches Tschilpen heraus. Als ich näher kam, entfloh die Ammer, nicht aber der Falke. Bei zwanzig Metern schien er langsam beunruhigt. Er glitt leise von der Leitung, beugte einmal die Flügel, drehte und segelte mit dem Wind. Ich rannte den Weg am Deich entlang und sah ihn hinter dem Damm auf einem Zaunpfahl niedergehen. Als ich mich näherte, bewegte er sich weiter ins Binnenland hinein, flatterte von Pfahl zu Pfahl. Vom Ende des Zauns flog er zu einem kleinen Dornbusch auf der anderen Seite des alten Deichs.

Verdeckt vom flachen grünen Wall, krieche ich auf allen vieren dorthin, wo ich den Falken vermute, in der Hoffnung, er bleibe dort so lange sitzen, bis ich komme. Das kurze Gras ist trocken und brüchig und riecht süßlich. Es ist Frühlingsgras, glatt, beißend wie Meerwasser. Ich vergrabe mein Gesicht darin, atme es ein, atme den Frühling. Eine Schnepfe fliegt auf, dann ein Goldregenpfeifer. Ich liege still, bis sie fort sind. Dann krieche ich weiter, sehr leise, da der Falke lauscht. Langsam entrollt sich die Abenddämmerung. Nicht als kurzer, heftiger Schmerz wie im Winter, sondern als langsames Frühlingsdämmern. Nebel rührt an den Dämmen und setzt sich an den Rändern der Felder fest. Ich muss erraten, wo ich im Verhältnis zum Falken bin. Noch drei Meter weiter, und ich beschließe, ein Wagnis einzugehen. Sehr langsam richte ich mich auf und schaue über die Deichkrone. Ich habe Glück. Der Falke sitzt nur fünf Meter von mir entfernt. Er sieht mich sofort. Er fliegt nicht auf, sondern krallt nur die Füße fester um die dornigen Zweige des Buschs, die zerfurchten Knöchel verkrampft, massig bemuskelt. Seine Flügel lockern sich und zittern zum Abflug gespannt. Ich verharre still, hoffe, er wird sich entspannen und sich an meiner himmelragenden Raubtiergestalt nicht stören. Die langen Federn seiner Brust kräuseln sich im Wind. Seine Farbe kann ich nicht sehen. In der einsetzenden Dunkelheit wirkt er viel größer, als er eigentlich ist. Der edle Kopf senkt sich, und schaut plötzlich wieder auf. Rasch überlässt er jetzt all seine Wildheit der wie dunkles Wasser um uns aufziehenden Nacht. Die großen Augen schauen direkt in meine. Wenn ich den Arm vor seinem Gesicht bewege, blicken sie weiter geradeaus, als sähen sie etwas hinter mir, wovon sie den Blick nicht wenden können. Das letzte Licht zerkrümelt und zerfällt. Die Ferne zieht über die dämmrigen Linien der Ulmen im Inland, kommt näher und läuft hinter der Düsternis des Falken zusammen. Ich weiß, er wird nicht auffliegen. Ich steige über den Deich und stehe vor ihm. Und er schläft.

Matthes & Seitz Berlin · Paperback · 064

Erste Auflage dieser Ausgabe 2024

Großbeerenstr. 57A, 10965 Berlin
info@matthes-seitz-berlin.de

Umschlaggestaltung: Pauline Altmann, Palingen
Satz: Hermann Zanier, Berlin
Druck und Bindung: GGP Media GmbH, Pößneck
ISBN 978-3-7518-4513-7
www.matthes-seitz-berlin.de

Bernd Heinrich

Die Weisheit der Raben

531 Seiten, Broschur
Aus dem Englischen von Hainer Kober
ISBN 978-3-95757-810-5

In diesem Klassiker der Beobachtung und Erforschung von Raben erzählt Bernd Heinrich aufregend und lebendig vom Zusammenleben mit diesen intelligenten Tieren. Seit seiner Kindheit faszinierte ihn diese nahe und doch unbekannte Vogelart. Er schildert seine lebenslangen Streifzüge auf ihren Spuren durch die Wälder von Maine, die Versuche, ihnen näher zu kommen, die Experimente, die er durchführte, um ihr Verhalten zu erforschen, und nicht zuletzt die Mythen, die sich um die dunklen Vögel und ihre vermeintlich zerstörerischen oder schöpferischen Kräfte ranken. Die Weisheit der Raben ist ein Buch, das einlädt, »teilzunehmen an einer Entdeckungsreise: hin zu einem Geist, der uns bisher verschlossen war«. Es ist meisterhaftes Nature Writing, von einem der besten Naturschriftsteller unserer Zeit.

Susan Fenimore Cooper, Judith Schalansky (Hg.)

Stunden auf dem Lande

246 Seiten, gebunden
Aus dem Englischen Jürgen Brôcan, Lena Dahlbüdding
ISBN 978-3-7518-4005-7

Eine »schlichte Aufzeichnung jener kleinen Ereignisse, aus denen im Landleben der Lauf der Jahreszeiten besteht« nannte Susan Fenimore Cooper ihre 1850 erstmals erschienenen *Stunden auf dem Lande*, »eine Menge unbedeutender Beobachtungen über ländliche Themen, an die man sich später am Kamin freudig erinnert«. Doch so bescheiden sie ihr Werk zunächst auch auswies, so entschieden war das Anliegen, das Cooper darin vertrat: Mit Sorgfalt im Detail und dem geschulten Blick einer stets die Schönheit inmitten unvermeidlichen Verfalls suchenden Malerin bezeugt sie, leichtfüßig von poetischer Prosa über essayistische Einschübe hin zu dokumentarischen Passagen gleitend, den Wandel nicht nur der Natur, sondern mit Besorgnis insbesondere jenen, den das anbrechende Industriezeitalter damals bereits zu entfesseln begann. Diesen im scharfen Gegensatz zur Dauerhaftigkeit von Naturprozessen stehenden Entwicklungen setzt die Pionierin des amerikanischen Nature Writings ihren auch heute nicht minder gültigen Entwurf einer Gesellschaft entgegen, die sich durch Kenntnis der Natur und ihrer Formen dem Land in Demut und Dankbarkeit nähert und so zu Einklang zwischen Mensch, Natur und Tier führt.

Matthes & Seitz Berlin